統一後的德國

郭恒鈺主編

三民叢刊 54

三民書局印行

序

一九九〇年十月三日，「德意志民主共和國」（東德）根據基本法第二十三條加入「聯邦共和德國」（西德），這是兩個德國在法律程序上的外在統一。

東德存在了四十年，有自己的意識形態、政經體制、生活方式和價值觀念。加入聯邦共和德國的（前東德）五個新邦有如移植到一個人體內的他人器官，兩者相互排斥，尚未溶為一體。兩個德國的內在統一對東德人民來說，是一個痛苦、複雜和艱難的蛻變，對西德人民來說，又不祇是經濟上的負擔加重。兩德統一，是「從天上掉下來的」，雙方都沒有預料到，也沒有「思想準備」。兩德統一所帶來的問題，更是史無前例。本書所收入的八篇文章，試從政治、經濟、法制、教育等方面來探討統一後的德國所面臨的諸多問題。這些「統一問題」還未結束，也沒有獲得完全解決。這裏所介紹的，祇是動態中的一個斷面，提供關心德國統一問題的讀者參考，並請指教。

編者

一九九二年三月　柏林

統一後的德國　目次

民意與選舉

——統一後的政治發展

姚朝森

統一後的德國，在國際政治領域中，可說是活躍得很。但其內部整合，在四十年分裂所造成的觀念和生活差距下，卻面臨嚴峻的考驗。考驗表現在兩方面：德意志民族如何還是德意志民族、德意志民族要如何對待非德意志民族的德國居民。

德國總統封・魏塞克（Richard von Weizsäcker），在其統一週年講詞中，曾提出「（統一）一年後的今天，我們立身於何處」的問題。他指出，德國在國際全面贊助下，已然完成了國家的統一，但是德國此刻所面臨的挑戰，卻是如何去維護、實現當初在自由氣氛下，走向統一時所提出的口號：我們是一個民族！他說：

「法權一體和同等生活條件，仍待我們以極大的努力去建立。我們必須學習在現存的經濟和社會制度中，去掌握眞實情況。其中的挑戰，對德西區的公民，自然是個大負擔，對德東區的公民而言，則更爲重大！而且這種挑戰和負擔，將會是長期的！……統一後的德國，不是聯邦德國的擴大，而是一個新的共同體。兩邊的公民，都必須對之奉獻出各自的歷史經驗和生活經驗。只有如此，德國才可能有（眞正的）內部的統一。」

也就是說，截至目前爲止，德國的統一只是個形式。雖然年來波昂政壇和思想界，不斷地透過政策作爲、民族情感和人道訴求等方式，要儘速地消弭其間的差距和衝突，以塑造眞正的全德統一，但證諸實情，成效仍極有限。兩區的公民，在各種社會反差的壓力下，遂產生了這樣的疑問：我們可還是一個民族？

而這只是德國總統所提的問題的一面而已。問題的另一面，則來自於因民族整合困難所產生的對聯邦德國立國理想的反彈情緒。封・魏塞克總統接著呼籲，要尊重所有德國居民的生存權。因爲「基本法第一條規定：人的尊嚴不可侵犯。這是眞實的核心要求，適用於東區和西區的德意志民族，也適用於所有人，沒有護照的差別。外國人一如德意志人，是人。尊重他們的尊嚴，是人道義務。」

這兩方面所衍生的爭議，基本上影響到德國一年來的政治發展。本文所要處理的，即是與之相關的重要政治性議題，以及其透過六次選舉，所影響到的政黨勢力變遷，和主要政黨內部聚合的情況。其中引人注目的，並且具有泛歐意義的另一項趨勢，是極右派情緒和勢力的增長。

三項重複出現的議題

統一時效、民族主義和外國人問題，曾在國會引起爭辯，並在歷次選舉中同時或各別地成爲選民投票的主要因素。在我們羅列選舉分析、政黨整合與極右派發展之先，有必要就此三項話題，作一集中的陳述，以助了解。

1. 統一過早來臨了嗎？

這個爭議，貌似假問題，實則牽涉到政黨的歷史判斷和政治後果，同時也反映了兩邊德意志人民，在品嚐了經濟生活和社會地位差異的滋味後，所產生的心理狀態。

早在東德公民以自由投票的民主程序，選出親西德政府的過渡性政府，再由雙方簽署關於建立貨幣、經濟和社會福利聯盟的條約，然後東德舉國併入聯邦德國之時，就有有識之士和「理想」之士，大聲疾呼「西德用馬克吃掉東德」的後果，認爲在雙方公民間的心理、政治觀念和社經條件的差距尚未有適當調適之下即行統一，不但會爲西德帶來沉重的負擔，更會是東德公民的災難！東德不但享受不到西德的福澤，反而會淪爲西德的「殖民地」。

德國著名思想家哈伯瑪斯（J. Habermas），在九一年五月十日的《時代週報》（*Die Zeit*），更爲文嚴厲譴責某些知識份子，在面對社會主義崩潰時的自我貶值，使東德成爲聯邦德國的擴大化，形成另一種對「理性」的摧殘。他認爲，東西德無論在思想上和情緣上，早已是斷了連繫的兩邊，德國統一的到來，只不過是「憲法愛國主義」（der Verfassungspatriotismus）的表現；而統一的過程既不民主，也十足是「領土拜物狂」（der Territorialfetischismus）的延伸，只是科爾這個渣滓內閣所炮製的東西！

對於在野的社民黨而言，統一的契機自我開，成果卻由他人坐享的事實，自是更難忍受！該黨因在統一大選時堅持批判急速統一的態度，以致遭到幾乎滅頂的命運。這項警訊，當然更使該黨時刻不忘利用統一後的經濟不振、社會失調等現象，作爲與科爾政府「討論」統一的時效與責任的工具，一來以表明該黨的眞正立場，二來借以重振黨勢。

社民黨於德國統一後進行了領導層的大換血。其新任主席晏格洪（Björn Engholm）卽不斷地利用會談和國會議場，大肆批評科爾政府在統一過程中所耍弄的報喜不報憂的手法，引導東德公民盲目投票，以及科爾重建德國政策的無能。他認爲，當初在統一過程開始發動時，如果科爾政府能如實說明兩邊的社會經濟實情，並分析清楚統一的後果，則德意志人民將更能冷靜思考這個歷史過程，在統一後也更能理性地面對各種不協調的事實。如今德國已陷入「貌合神離」的地步，大家所面臨的是新的夢魘，既無能克服困境，卻又無法擺脫。科爾所謂統一後不加稅的選舉宣示，事後證明只是自欺欺人的騙術。統一所造就的，只是科爾個人的歷史聲名而已！

類似對急速統一之不合理，以及因之而引起的不良後果的種種批判，當然改變不了既成的統一事實。而全德統一之完成和過程，既順應基本法的規定，也符合當代民主自由的信仰，在血緣性的民族情感要求下，統一，在反批評的人士眼中，因而是水到渠成，是客觀環境和主體願望的結合，並不存在是否人工炮製或提早到來的問題。至於統一的不良後果，他們認爲，是兩種不同社會體制溶合過程中之必然，與時間之早晚無關。

科爾總理在面對反對黨質難時，雖然也坦承政府在統一過程時曾犯下錯誤，執政黨也無法一下子有效解決各種難題，因爲這還牽涉到德國在一年來所負擔的國際義務支出，不過也同時質問：「在統一進程中，社民黨人跑到那裏去了？」與科爾共組聯合政府的自民黨，其主席朗布斯多夫（Otto Graf Lambsdorff）也批判社民黨的質疑，是杯葛重建德國的意圖多於負責的態度，更何況社民黨人也提不出具體的解決辦法。

2. 德意志民族要如何自持？

在很多人眼中，德國統一不光只是該國國家主權之重建，也是德意志民族在歷史上的第二次新生。俾斯麥首相是第一次讓分裂的德意志民族冠在一個國家體制之下，東德和平納入西德建制內，則是再一次克服了民族分裂。於是新生的德意志民族是否又成爲世界歷史進程的主體，一如往日所信奉的歷史信念，或只能自我定位爲歐洲整合和人類共同體的次級單位，便成爲年來德國人思考的另一項主題，其中所潛藏的民族情感和排外意識，在選舉中曾若隱若現，也造就了極右派團體興起的基石。

九〇年統一後的德意志民族與俾斯麥統一時，所面臨的處境自是不同：第一，當今德國已納入超國家性質的組合，如歐洲共同體、北約等，因此在政治上和軍事上的發展動向，都必須受到限制。第二，現行德國實行的是議會民主制度，存在各種獨立性組織，這種體制所體現的是團體和個人的自由，而非昔日所信仰的，支配他族或被他族支配的集體性民族自由。第三，由於歷史遺留，今日德國境內生活著相當多的非德意志民族的居民，在經濟上和社會關係上，他們都已成爲整體德國的一部分。

因此，新德國的重建理念，應當不是基於傳統的「民族國家」的認同感，民族主義亦非新生的德意志民族，在尋求更健全的世界觀時所應標舉的最高理念。「反對德意志式愛國主義」，是無論統一前或統一後，在朝和在野的政客在討論德國新發展方向時，所不斷呼籲的思考方針。「防止德意志民族的擴充」，也是新近德國鄰邦政客和思想家矚目的焦點。

不過，意圖防堵歸意圖防堵，事實上，民族情感和追求富裕的生活，是促成德國再統一的兩大動力。「德意志是唯一的祖國」、「我們以身爲德意志人爲榮」的口號，統一前翻滾於東德公民之口，統一後則化爲全德排外行動的一項情緒根源。東區的德意志人，因四十年來共產黨的政治性壓制，和相對低度的民主與經濟發展，自然無法發展出與他族共存共榮的多元化生活關係，也因而提供了他們以攻擊「次等的少數族類」（如客工、難民等）爲手段，以證明自己是德意志好種的信仰溫床。而西區的極端民族主義者，其長期潛藏的反西方報復主義的觀點，一朝獲得解放，便無視於西德曾是冷戰的受益者，忽視西德繁榮的多元基礎，以及基本法所設定的開放性理想，與德東區的民族主義者互爲聲援。合流之勢，甚至強到要求修改基本法中的政治庇護條款，而聯邦憲法法院，新近亦判決一項要求有條件地賦予非德意志族裔政治權利的聲請爲不合憲。

歐洲共同體的理念，對前德東區的公民自是陌生；即使對德西區的公民而言，統一後的完整主權所必須盡的國際義務，亦是負擔多於得利，去年初的波斯灣戰爭中德國的付出，和日增的國際期望，使他們游移在民族利益和憲法理想之間。

3. 德國是個移民國家嗎？

這項爭議指向三種對象：已在德國生活的非德意志族裔、源自東歐的難民潮和早年移居海外、現在想歸根的德裔。這是前項話題的延伸。

戰後的西德，一方面基於發展經濟的需要，大量引進外籍勞工。這些勞工長年來任勞任怨，對今日的德國繁榮作出重大的貢獻，隨著社會的推移，其事業已遍及各項經濟領域，而且在世代繁殖之後，其人口已達五百多萬，在德國的人口結構中已有顯著的地位。

另一方面，希特勒帝國曾殘害衆多的外族人，也曾嚴酷鎮壓本國的異議人士，這些人士有的幸獲英、美等國的保護，享受政治避難權，有的則因別國拒絕給予避難，無處安身而致死。鑒於這種歷史教訓和人道主義，基本法第十六條第二款遂有這樣寬鬆的規定：政治受害者享有政治庇護權。根據此一條款，德國有義務收容任何政治性難民。冷戰時期，德國扮演民主收容所的角色，固然讓很多理想之士受益。在鐵幕解體之後，則有更多的東歐「難民」湧入德國，要求庇護，根據估計，光去年就達二十萬人以上。

與此同時，去年也至少有四十萬所謂的德裔僑民，在共產集團崩潰後，在見到德國的自由富裕生活條件後，要從蘇聯、波蘭等地「回歸」祖國。

這些實況自然給予德國人強大的壓力感。已然生根的衆多德籍外國人，因其強勁的經濟競爭力、種族繁殖力和不願溶入德國生活方式等，當然是德國新近討論是否或應否成爲移民國家的對象，而後兩類的難民潮，更爲德國人製造新的經濟和社會負擔，而成爲德國人徘徊在憲法理想和現實之間的動力：如果因現實而阻遏難民，固然會爲民族情緒火上加油，長久以來力圖擺脫納粹形象所作的努力將毀於一旦；即使堅持憲法理想，恐怕在經濟不振、兩區德國人關係不平衡等的夾攻之下，亦無法有效消弭排外情緒的浮現。

難民條款應否修訂，當是此項話題的自然發展。因爲它爲全民所關注，民衆間的意見也不一致，所以它不但是執政黨和在野黨在選舉和政治辯論的角力點，在執政黨內部也導致了摩擦。執政的基民盟、基社盟以及自民黨的大部分政客，傾向於修訂基本法第十六條，要從嚴規定難民資格，在野的社民黨則堅持此條憲法理想不可觸及，只能在行政審查的程序上，從速從嚴，以謀救濟實施憲法理想的程序性缺失。基民盟籍的封・魏塞克總統亦因發表不贊同修憲的言論，而被執政的黨友們交相攻擊。

極右派的反社會行動，則是此話題的最直接回應。自統一後，德東區的右派組織和言論即如雨後春筍，攻擊外國人的事件時有所聞，到去年（一九九一年）九月十日到達密集的高點，圍攻難民接待處、移民住家者日有數起，甚至有 Hoyerswerda 小城的難民申請者不得不倉惶再次逃難到他地者！德西區原有的右派勢力亦有不遑相讓的表現。至於這些事件在報章廣播上的反映，則已從最開始的道德性譴責，經法律制裁的呼籲，而到目前「客觀地」分析其社會因素的階段了。

六次選舉的分析

九〇年十月三日是德國統一日，之後在一年內有過或大或小的六次選舉。德國人民對統一或統一後果的評估，這些選舉都有直接、間接的反應。以下逐項加以羅列。

1. 九〇年十二月二日全德大選

這場選舉具有多層意義：一是半世紀以來整體德國人首次在自由與民主的條件下，完整地表達其政治意願，實現了西德基本法所設定的建國要求。二是透過和平投票的方式，東德在政治上完全納入西德建制，參與整個德國的政治運作。三是增強了執政各黨的統一訴求的正當性，而持審愼態度的社民黨，在慘遭滑鐵盧之後，加速地進行了領導層的代間轉權過程。

躬逢其時，並全力配合基本法之統一方針、積極提倡統一意識的執政黨，當然是此次選舉的最大獲益者。科爾總理所領導的基民盟／社民盟／自民黨，本來在統一開始前，已因施政不彰而權位岌岌可危，卻因這場統一熱情而從谷底翻身，科爾也因而獲得第三次連任的機會。總計基民盟得票率卅六・七，席次二百六十八；基社盟為七・一，五十一席；自民黨十一點，七十九席。三黨總席位在國會全部六六二席中，奪取了三百九十八席次，比之八七年的選舉，共增加了二十六席。

由薩爾邦總理拉芳田（Oskar Lafontaine）領軍的社民黨，因在統一中扮演了烏鴉的角色，得票率大幅下跌，只有百分之卅三・五，席次只得二百卅九，失去該黨自一九五七年以來一直獨占的國會最大黨的地位。根據選情專家的分析，社民黨之敗，主要是德東區選民受執政黨所描繪的美好前景所吸引，和厭惡社會主義的情緒的影響，尤其是依據理論應該較傾向社民黨的東區勞工階層，此次選舉中只給該黨百分之廿五的選票，而有百分之六十者選了執政黨聯盟。

在這場「科爾總理的選舉」中，靠環境保護起家的西區綠黨全軍盡沒，只得三・九的選票比率，跨不過西區的百分之五的國會門檻。不過東區的綠黨與九〇同盟（Das Bündnis

90）所組的聯合政團，則受惠於在該區實行的低門檻限制（只需百分之二），而取得八席國會議員。

由德共轉成的德國民主社會主義黨（PDS），在仍願爲社會主義理想奮鬪者的支持下，亦獲得十七個席位，不過在目前的政壇，已居於不重要的地位。

2. 九一年一月廿日黑森邦議會選舉

黑森邦（Hessen）是德國最繁榮的經濟重心之一，自建邦以來一直由社民黨主政，直至八七年才由基民盟取代。在九〇年全德大選中，該邦基民盟與自民黨雖然承統一熱潮之惠，總得票率超越社民黨達百分之十，打破前此幾乎對等的得票均勢。但選舉的結果，仍讓社民黨和綠黨重獲執政的權力，基民盟和自民黨再度淪爲反對派。前者共獲四九・六投票率，五十六席，後者爲四七・六，五十四席。

距離全德大選只有短短一個半月的該邦議會選舉，何以發生這種逆轉政治情勢的效果？根據「社會科學應用研究所」（INFAS: Das Institut für angewandte Sozialwissenschaften）的分析，黑森邦選民慣常以人或事件，而非以政黨爲投票取向。當時所發生的波斯灣戰爭，以及兩大黨對此所採取的態度，當是該邦選民投票的主要參考點。因爲波斯灣戰爭所引發的不安全感和大德國應否介入的憲法爭論，已經籠罩了德國人的心靈。而科爾政府爲感激國際對待德國統一的和善態度，積極援助盟軍戰爭，導致稅負有增加的傾向，遂使衆多原本支持基民盟和自民黨的選民，抱持游離態度，或棄權，或投廢票，其數達廿四萬人左右。

這項選舉結果，對執政黨是項警訊，科爾卽承認是該黨的失敗，而對社民黨而言，則不啻是歷經全德大選慘敗後的一針強心劑，該黨當時的主席佛格爾（H-J. Vogel）卽認爲這是該黨卽將翻身的先兆。

3. 四月廿一日萊茵地——法耳次邦議會選舉

果然，社民黨人又贏了萊茵地——法耳次邦（Rheinland-Pflaz）選舉，該黨囊括了四四・八的投票率，攫取議會一〇一席的四十七席。一躍而成爲該邦的統治者。

當然，最傷心的就是科爾總理了。本邦是他的發跡之地！本邦是基民盟統治四十四年的基地！這次的得票率卻只有卅八・七，是最低的一次！議席只有四〇，比四年前少了八席！而只不過半年前，全德大選中在該邦還有百分之四五・六的得票率，足足超過社民黨百分之十！

科爾說，這是他個人和基民盟「慘痛的失敗」！社民黨人說，科爾的政治生命即將結束。

科爾的稅收政策，是該黨慘敗的主要根源。統一後，科爾不但要拯救德東區殘破的經濟，重建生產設備，充實國民福利，而且爲回報國際責任，協助阻遏東歐和蘇聯的惡性發展，需要大量資金。遂置他於統一前所許的不加稅承諾於不顧，所得稅、保險費、電話費等等都一調再調，德西區人民的荷包越掏越深，統一的熱情只不過半年光景，就已被現實的代價所取代。「社會科學應用研究所」在分析時，引用一項選前民意調查指出，有百分之四一的選民，覺得自己被科爾的承諾玩弄了，而其中的百分之廿八還是基民盟的死黨！

社民黨掌握了本邦政權後，聯邦議院（Der Bundesrat）的政黨比數值隨之改變。以前基民盟與社民黨的比數是卅五：廿九（柏林市因兩黨聯政，其四票屬游動票），經過黑森邦選舉後，變爲卅三：卅一，現在則比值倒轉，是廿九：卅五。科爾雖盤據聯邦國會，不過社民黨也掌握了聯邦議院。雖然在體制上，議院不比國會重要，但是社民黨如要找科爾麻煩，也不失是一條管道。

4. 六月二日漢堡市市議會選舉

基民盟在本市傳統上多居於反對地位，這次選舉結果也不例外，只是獲票率和議會席次比之四年前落了許多，由百分之四十跌到三五，四十九席丢了五席，創二十年來的最低紀錄。而社民黨多了三點，得到百分之四八投票率，席次爲六十一，增加六席，成了絕對多數。

影響這次選舉的因素，據前述的「社會科學運用研究所」的分析，仍然是科爾的稅收政策。有百分之七二的漢堡選民，認爲科爾是「稅收騙子」；百分之六五的選民認爲科爾政府採用挖西牆補東壁的方法，不但無補於東壁的危傾，連西牆也將不保。不過科爾認爲這些反映，只是大衆心理饑渴的效果：渴望卽刻見到統一的利益，速求東西溶合的進程。他認爲這些仍不足影響他執行重建德國的既定政策。他認爲聯合執政的黨派之間無法精誠團結，才是讓選民失去信心的原因。科爾之所以有此一說，乃因半年來政府無能展開施政作爲，符合民衆的期望，社民黨有鑑於東西裂痕有加深之勢，遂挾兩次選勝之威，要求科爾改組大聯合政府共渡難關。科爾焦頭爛額之際，有意與社民黨共商良策，卻招致基社盟和自民黨猛烈攻擊，幾乎演出分家之劇。

社民黨人認爲，科爾因誘導統一而戴上的榮冠，已漸漸失色，此後的每一次選舉，都會是科爾的煎熬。選民在解除統一神話的迷幻後，將更能接受社民黨當初對統一的實際看法。

漢堡選舉的投票比率，是數十年來之最低，比之八七年的近八〇百分點，此次劇降到六十六點，而且投給其他小黨如綠黨、極右的共和黨人、左派的德國社會主義黨等的比率，也顯著提高，顯示選民對大黨嘵嘵其言的不滿，有轉而嚐試講求速決辦法的左右派小黨的傾向。此是社會科學應用研究所的另一項分析結果。

5. 九月廿九日布萊梅市議會選舉

前幾次的選舉主題，主要是繞著統一及其經濟後果打轉，也是兩大黨的主角秀，結果是社民黨漸漸絕地反攻成功，基民盟節節落敗。四個月後的布萊梅市（Bremen & Bremerhaven）選舉，話題轉到帶民族情緒的難民問題。而且兩大黨得票率急速下降，極右派的「德意志民族聯盟」（die Deutsche Volks-union: DVU-Liste D）急速冒頭，大領風騷。

波昂政壇經營東西整合無功，使德東仔（Ossis）飽嚐「一國兩制」（工資、福利、年資，東西邊都不同）的羞辱，德西佬（Wessis）焦慮於生活條件的波動，而東歐國家的新政府又無法控制人口外流，侵及德國人的生存空間，遂使難民問題日日翻騰於報章廣播，由此引發的排外行動，不但指向新難民，連帶波及久居德國的外國人，其激烈的程度，迫使兩大黨不斷譴責右派暴力行爲，也勞動聯邦總統親訪難民招待所和外國人住家，以表達道義支持之意。

極右派青年（光頭族 Skinheads）在 Hoyerswerda 一戰成功，不但迫使難民倉惶逃城，成爲各地排外行動的典範，而且促使德國各界嚴肅正視民族情緒和難民問題。正當兩大黨嘵嘵然於辯論憲法理想之際，標榜「純淨德國」政見的「德盟」，已然連下數成選票，由八七年的三・四百分比，翻成百分之六・二，在一百個議席中奪得六席，多了五席。

「德盟」之成功，在於得到該市各激進團體以及純住宅區公民的支持。後者以往的投票，都徘徊在兩大黨，依地方公共行政項目作取捨，最多惠及綠黨和自民黨，但這次則轉向具意理性的難民和外國人問題。「德盟」以此訴求，得到住宅區選民的認同，獲票比率超過綠黨和自民黨，極右的「共和黨人」(die Republikaner) 也在這種屬於較具中庸理性的中產階級住宅區得到顯著的成長率。

在該市一直單獨執政的社民黨，此次滑落到卅八・八點，比之四年前少了近十二個百分比，議席由五四跌到四一，只好與綠黨、自民黨聯合執政。長期居於劣勢的基民盟，則由廿三・四的得票比例昇到卅・七，由廿五席增加到卅二席。其原因，據「社會科學運用研究所」的分析，除了地方行政的影響外，兩大黨對外國人和難民的態度，當有顯著關連：基民盟一直強力主張要修憲以遏制難民潮，而社民黨則只願限制在行政作業層次，不想從根拔除外人移民的根據。

另外，選民對兩大黨在難民問題上無能的抗議，也反應在低投票率上。兩大黨總得票率，尚不及有效票的百分之七〇，如果用有投票權之公民爲母數來算，所得還不到一半，顯示選民對支配社會價值的兩大黨，已產生相當大的疏離感。

6. 十月七日下薩克森邦社區選舉

難民問題再次左右這次選舉的投票取向。而且主要由小黨獲利，自民黨、綠黨和共和黨人等得票率略增，而社民黨和基民盟則略降。其中以極右的共和黨人所得成果較顯著，在下薩克森邦（Der Bund Niedersachsen）的卅八縣和九個自由市中的五個縣市，共獲一三個代表權，而共和黨人只不過在少數幾個縣市推出候選人而已，此成果實是這次選舉最引人矚目的。

這次選舉只是縣市政府層次，不是邦議會改選。饒是如此，仍有三項值得注意的意義：一是此次投票者只佔有投票權者的三分之二，在講求地方自治的德國，是不太尋常的，而配合愈來愈少的投票趨勢來看，德國選民的政治冷感，似乎越來越強。二是難民問題越來越成爲地區公民關心的問題，而兩大黨既然無法從德國人的利益來看待難民問題，便無法動員其傳統支持者去投票，而去投票的，有相當部分的人願意讓立場較強硬的右派分子去試試看。（即使是）在難民問題上的立場比較背離憲法理想的基民盟，得票率也降了三個百分點。三是兩大黨在大部分的縣市無法再單獨執政，而需要與其他小黨聯合，似乎顯示傳統大黨的政治整合能力有點式微。不過這點尚待以後的地方選舉來明確驗證。

小　結

左右選民投票的因素當然很多，但總結來看，國家統一給德西公民政治態度所帶來的變化，是相當明顯的。而選民從熱烈擁護統一，到對執政黨重建政策表示不滿，再到以難民問題爲投票訴求，是一個顯著的發展方向。至於發展的結果，是否會如有些觀察家所擔心的，到達民族利益與國際整合、愛國主義與人道主義相對立的狀態，當有待往後國際形勢和兩大黨如何因勢利導而定。但統一所產生的政治意識和政策的膨脹壓力，是德國政客和思想家不能不嚴肅面對的。

主要政黨內部的調適

統一當然帶來各政黨改革的壓力；既要在人事上容納代表德東區勢力的政客，在政綱方面，也要有能適應新處境的內容。不過，也不是每個政黨都在今年內，作出顯著的結構性和意理性的調整，因爲前述選舉的成敗，左右政黨改革的意願。本節只挑出社民黨、綠黨和基民盟作爲對象，至於基社盟、自民黨相對地比較穩定，在此不論，而極右派勢力，將在下節分析。

1. 社民黨的危機與轉機

就策略上而言，社民黨在全德大選中，沒有對統一浪潮作出有效的回應，以致落了個慘敗。敗後因領軍參選的拉芳田鬧情緒，主席佛格爾倦勤，黨的領導層幾乎癱瘓。後經 Schleswig-Holstein 邦總理晏格洪主動出任，才算又站穩了腳根，並隨政經形勢的發展而稍微回復舊觀。

四十八歲盛年的拉芳田在全德大選前，甚至統一進程開始前，即是被看好的黨主席和總理人選，他本人略具羣衆魅力，也積極領導反對勢力批評科爾政府，雖在九〇年四月間被一精神異常女子刺中喉嚨，幾乎致命，但復原後仍積極衝刺。不過秉性有爲有守的他，在統一過程中不斷放言高論急速統一的不可行，不但正處於亢奮的大部分德國公民不喜歡聽，黨內高級同志如布蘭特（是西德東進政策，開啓統一契機的制定者，現爲該黨榮譽主席）也對他有所微言。在選舉失利後，遂連競選主席的機會也一併揚棄，聲言需要療養身心而退回薩爾邦舊地。

志願掌盤的晏格洪，在無人競爭和該黨危機意識高漲的情況下，遂得以黨代表幾乎全體擁戴的聲勢，繼任社民黨主席。九一年五月底的布萊梅黨代表大會，除了選舉他之外，並發表一項名爲「德國新憲政」的聲明，強調二個重點：一、該黨原則上反對任何修憲的舉動；二、要求達成德國在經濟、社會層面的眞正統一。

前者主要在新德國參與國際軍事活動的範圍。依據基本法第廿六條和第八十七條前款的立憲義，西德武力只能用於自衞和維護和平，而自一九五五年加入北約組織後，國內外所具有的共識是，西德武力也只能在北約組織指揮下，參與該組織防衞區軍事活動。但新近國際局勢的變化，如危及全球環境和中東權力均衡的波斯灣戰爭、南斯拉夫內戰和可能產生的蘇聯內部衝突等，使新德國應否應聯合國之召，超越北約防衞區加入國際軍事活動，頓成憲法話題。科爾政府基於國際義務感，傾向修憲，讓國防軍活動範圍更大，但社民黨則主張要有條件地修憲。條件之一是聯合國軍事活動，要眞正是爲國際和平，而非充當強國的工具；之二聯合國要先作改革，譬如加強秘書長的職權，安理會結構要改（取消安理會否決權，改採歐洲共同體議事方式），創建有效的維護人權的國際法庭等，否則免談修憲。對此項內容，黨代表大會是以稍微過半數通過的，仍然有百分之四十四的比例堅持維護現行基本法。這種護憲的態度，也強烈地表現在維護難民條款上。

對於德國眞正統一的立場，大會繼受八〇年代以來的政策發展方向，並有鑑於半年來德國社會、經濟發展的不平衡，特別強調經濟領域中的民主和正義原則。八〇年代德國各政黨和團體曾熱烈討論未來生活環境的藍圖。社民黨在基於「反保守派霸權」的原則下，曾有如下的政綱：提倡地球社會的觀念、創建確保人文多元性的文化價值觀、更落實男女在職業和社會各領域的均權、反對盲目發展科技所帶來的禍害、公民要更參與科技發展過程，以及建立更落實全民參與理念的民主國家等。布萊梅大會重申這種向國內、國際社會更開放的政綱方向。

布萊梅集會也完成該黨中央領導權的代換。其重點在年輕化，年達六十歲者都退出前臺，由晏格洪組成五十歲左右的理事會，其中包括拉芳田晉任副主席。卸任主席佛格爾，先退成國會黨團主席的專職，稍後由克羅澤（H-U. Klose）獲得改選接任，而成一單純的國會議員。

布萊梅集會，雖不一定直接影響到漢堡選舉的成功，但該黨已一掃失敗陰霾，而該黨順利完成權力交班，迎接九四年總理改選的信心已然大增。目前所矚目的可能人選，居首者是晏格洪，候補則有克羅澤，不過尚在未定之天。因爲兩者皆是新領袖，而晏格洪不屬於國會黨團。

2. 綠黨的分裂

西區綠黨在全德大選中被逐出國會，是令專家大跌眼鏡的新聞。選前兩天，電視民意測驗還預測該黨可望獲得百分之六點五的票數，國會議席有望增加，然而結果竟落到國會門檻外的三・九！而該黨長年潛存的路線鬪爭，選後遂惡化成分裂的後果，令黨內外都有「綠色年代終結」之嘆！

綠黨以市民運動起家，而以環境生態爲主調。於一九八三年衝進國會，打破國會中長久的三黨壟斷格局。不過由於該黨反既存政治勢力的性格，一直以社會民主者自居，奉行輪流領導制，而無法如實行單一主席制的兩大黨一樣，獲得能開發政治資源的制度性能力；而且由於其政治訴求狹窄，不願摻進更多的社會目標，所以該黨的擴展力受到相當大的限制。其結果，固然使該黨停留在只能參與少數地方執政的層面，在黨內也一直存在著著眼於擴充黨資源的務實派（Realos）與堅持黨理想的基教派（Fundis）的路線鬪爭。

論者曾把綠黨自八〇年建黨到九〇年的發展，分成三個階段：建黨到進入國會的興起階段。在此時期內，因市民運動蓬勃，該黨活動空間大，豐沛的社會資源使該黨沒有建立集中領導制的意願。第二階段自八三年至八八年該黨首次在黑森邦與社民黨共組政府。這時因有執政的經驗與需要，黨內遂出現建立有效領導體制的需求，以便有效動員黨資源，同時也要求擴充黨綱，成爲全民性政黨。於是出現前述兩派的爭執。少數積極的務實路線者集結成「綠色改造」（Grüner Aufbruch）的次組織，基教傾向者亦建立「左翼論壇」（Linke Forum）。前者勢力略大，在由三人組成的黨發言機關中佔了二席。暫時也沒有分裂。不過綠色改造團體的得勢並不代表該黨領導體制的改變，也一直無法有效團結該黨，黨內仍有許多左翼小組織，這些小組織對右翼團體固然不滿，對中間偏左的派別也有微言，整個黨的走向在這些小組織的人的眼中，是要與既存的社會勢力妥協的放水路線。於是遂有今年「生態左派」（ökologische Linke）的脫黨行動。

綠黨在全德大選的困境，一方面是來自於前述的歷史殘留，另一方面也失利於沒有鮮明的宣傳重點。該黨反對德國統一，其說詞與社民黨的拉芳田相同，卻無社民黨的組織動員力，也沒有像拉芳田的領導人物，所以一部分支持者流向了社民黨。該黨並以資本體制吃掉社會主義理想來評估統一，而逆反於德國人的統一熱情，又有一部分選票跑到基民盟的口袋裏。而其左的立場，又不及由德共轉來的社會主義黨，慘敗便成必然。

綠黨當時的主流派佛爾摩（Antje Vollmer，女）和費舍（Joschka Fischer，男），在大選後三天就已公開呼籲要改造政黨，以及消除該黨的意識型態取向。他們認爲，前者的作法，應在於廢除黨發言人獨立於議會發言人的制度。綠黨以前在國會席次之外，同時設有發言機關，以便牽制進入國會的黨員被質變的可能傾向，現在應考慮結合，成爲眞正的國會政黨。另外，爲配合未來的多元化趨勢，應該拋棄傳統意識型態的身段，走出只著重生態和急進民主的政治意識圈圈，以迎接九四年的再起。

綠黨於九一年四月廿七日於 Neumünster 舉行第十三次全國大會，一方面決定新領導人和改制取向，一方面要決定該黨是「改革社會生態的黨」還是「體制內的反對黨」。開會的結果是，黨發言人由三人縮成二人，新任者爲魏思克（Chr. Weiske，女，來自德東區）和伏爾默（L. Volmer，男，來自西區）。參選失敗，屬於「綠色改造」派的佛爾摩女士出局；理事會成員由十三人縮成九人，並設立政治事務負責人（politischer Geschäftsführer），廢除「聯邦委員會」，改設「邦諮詢會」（Länderrat）。至於黨與國會發言人兩軌制，則以三分之二的多數獲得維持。

此次大會在務實派（如綠色改造派）和左翼論壇派的運作下，決定綠黨的屬性要定位爲屬於「生態的市民權利黨」（ökologische Bürgerrechtspartei），卽既要成爲體制內的反對黨，也要改造社會生態。這種模糊的發展方針，自然不爲堅持激進生態主義和女性主義的「生態左派」所喜。其發言人狄特福斯（Jutta Ditfurth，女），既攻擊新綠黨爲「環保科技官僚黨」，繼之又於五月十日率領徒衆脫黨，成立國會外反對勢力。

綠黨在統一後的五次選舉中，並沒有損傷地方元氣。在黨中央改組並確立方向後，正積極尋求新的政治夥伴。目前已與其他從事市民運動的小黨派，如九〇聯盟（Bündnis 90）、另一種名單（Alternative Liste），取得合作聯繫。

3.基民盟之整合與「認錯」

相對而言，基民盟既是統一的受益者，黨內的變化比較少。不過也有兩件值得注意的事，一是東西基民盟領導層整合的失敗，一是該黨在威瑪召開中央會議，發表聲明，承認在統一中所犯的錯誤。

東德納入西德體制後，執政聯盟對東德領導統一的主要政客分別論功行賞，賦予中央職位，以象徵東德公民在決策過程中的參與。但是這種整合的用心不旋踵卽歸於失敗。

這些東德來的政客，在波昂政壇其實屬於異類。他們的職權是空的，對政府的重建政策無置喙餘地。而對習於共黨體制的他們而言，多樣而機動的民主社會關係，不但陌生，而且「被收編」的挫敗感，讓他們覺得週遭環境有著潛藏的敵意。無所措手足，當是他們在波昂的最佳寫照，而隨時準備求去的邏輯推想，最後在狄米傑總辭基民盟一切黨職的行動中，獲得驗證。

喜愛拉小提琴的狄米傑以一介平民，遭逢統一的際會，暴起東德政壇，組成臨時政府與西德合併。隨後在九〇年十月假漢堡舉行的團結東西基民盟黨大會中，被推爲副主席，並兼綱領委員會主席和該黨布蘭登堡邦的領導，然而歡樂維繫不到半年。在全國一片追究東德國安部奸細的聲浪中，狄氏也無法身免。揭蓋之初，狄氏還以這是有心人士敵視前東德公民的陰謀論反擊，等到事件明朗，顯示他以前確實沾到國安部的邊以後，狄氏的道德品質，便成爲已入困境的基民盟的負擔。

另一方面，狄氏雖然身兼黨三大要職，但事實上無法有所作爲。在黨中央，他的聲華只是乘著統一和團結浪潮而來的浪花，潮退之後，就跟著消失。在邦黨部，黨中央既不補助經費，有反政治性格的他，也無法有效掌握人事和開發黨員。因此很早便萌生退意。科爾雖基於團結的需要，特撥三十萬馬克補助該邦黨部，但仍無法令身心俱疲的他打消辭意。他在退職的言談中，一面宣揚放人一馬的胸襟，以免再增添東西兩區的裂痕，一面表示無法理解「

某些人」的馬基維利式權術手腕。

狄米傑九月退職的行動，當然不足以動搖基民盟的根基，馬上又有東區來的人遞補。不過對東區基民盟的黨員，甚至對渴望化解東西差距的德東公民而言，這又是思考「勝者」與「敗者」關係的另一項素材。

在黑森邦、萊茵地法耳次邦和漢堡市連三落敗，社民黨開了次成功的布萊梅黨大會後，基民盟自然不能再依託統一所帶來的聲名餘蔭。另外，也爲了表達對德東區公民逆反情緒，和東西基民盟整合問題的關心，該黨中央於六月九日假威瑪舉行會議，發表威瑪聲明，一方面承認該黨在統一過程中曾犯下「錯失」，一方面再爲德東區描繪一下建設的遠景。

該黨曾犯下什麼「錯失」呢？聲明中沒有提及，但黨主席科爾在統一進程中，所不斷描繪的美好藍圖，一年來不但無法實現，社會情況反而越弄越亂，同時該黨修改憲法難民條款的意圖，間接助長極右派勢力，卻是事實。因此這項「罪己詔」當是基民盟招架各項攻擊的策略。至於它是否代表該黨對自己在這次歷史性事件中所扮演的角色，有新的反省，則不必然。

威瑪聲明的基調是低沉的，相對於該黨八七年所提的對未來世紀展望的新黨綱，和洋溢在九〇年漢堡的東西整合大會上的熱情，統一後的政治負擔，使該黨中央只能著墨於局部建設。八七年該黨對未來的理念，撮其大要，是這樣的：一、科技要爲人服務，要爲值得人生存的環境負責。研究和技術，要以經濟進步、就業和社會安全等內向指標爲取向。二、教育要有助益於個人人格和職業的自我開發。三、肯定家庭是人文社會不可廢除的條件。四、國家當自我限制於本身範圍內的任務。五、自助性團體、社會上的創意性活動和非職業性的參與，是現代社會國的豐盛要素。六、一個和平、自由而有尊嚴的世界。而漢堡會議上，科爾也不斷強調德國統一與歐洲統合的緊密關連，德國所應對全球作出的貢獻。這些在威瑪聲明中退位給東德區基本建設的要求，顯見統一後的發展不振所帶給該黨中央的壓力。

因歷史遺留造成的調適差距和東區經濟負擔兩個問題，在該黨於九一年十二月假德瑞斯登舉行的第二次全德黨大會上再引起重視。尤其對於前者，主席科爾雖在開幕致詞中，特別鄭重表達對狄米傑歷史性貢獻的敬意，但在閉幕宣言中，該黨明確地表示，東區來的黨員，如在共黨體制裏做過不合人道的事，就要個別負起責任。科爾並說，在法治國家，意圖逃避法治規範者，和仍然纏綿於舊體制者，沒有資格擔任新公職，無法在新環境裏獲得利益；在共產黨庇佑下取得財產者，必須重新被調查，以建立社會正義。該黨秘書長呂爾（Volker Rühe）另外指出，該黨基本上仍希望修改基本法中的難民條款，限制不合規定的難民申請管道，以節省支出，轉用於發展各地方。

德瑞斯登大會上沒有多大的人事變動。主席仍爲科爾，秘書長仍爲呂爾，只通過黨理事會所提議的副主席人選：「來自東區」的摩柯女士（Angela Merkel），遞補狄米傑職位，和提昇利伯克內希特（Chr. Lieberknecht，女，來自東區）入主席團，以昭東區之參與。

德國激進右派

近年來的西歐政壇，一個最顯者的走向，即是激進右派思想和勢力的擴張，法、奧、比、丹、挪、意、德等國的激進右派，在重大選舉皆有斬獲，具有歷史傳統和造成過禍害的德國激進右派，其表現自然更爲衆人關注。統一後，因著前述民族情緒的高漲，和其他社經條件的助力，使得激進右派在這一年來的每次選舉中，都成爲活躍的參與者，引起輿論界和學術界探討的興趣，這裏要分二部分來舖陳德國的激進右派政團年來的表現，先作其思想背景的介紹，再看激進右派政團的分合，及其在選舉中的表現。

1. 何謂激進右派？何以激進？

在傳統的政黨光譜上，極右政團指的當然是與左派政團，如綠黨、共產黨等相對立的政治行動單位。不過他們在政治意識和手段上，卻都是反中道的激進主義者，如反對代議民主、訴求於集體思想、用單純手段解決社會問題等，極右派勢力近年之所以在西歐民主先進國興起，約有下述幾個原因：

一、工業化和民主化雖已成爲大部分國家的發展方向，但一方面因其必然導致的泯滅各別文化特色的後果，另一方面因這種方向起自並隱含著基督教的思想傳統，各居於劣勢的第三世界的宗教和文化傳統，在救亡圖存的意識下，遂興起保護各自基本價值的廣義「基本教義論」(Fundamentalismus)思潮，以對抗先進國在現代化理念掩護下的文化侵襲。而西歐先進國以其經濟成就和民主理念，固然吸引和容納許多外來民族，但這些外來民族及其文化，已對西歐的人種和文化風貌產生質變的作用，在歐洲共同體等泛歐運動興起後，如何保留和塑造歐洲獨特的文化風貌，一如其他文化之對於歐洲文化，是西歐基教論者關心的話題，其具體的表現，就是界定歐洲民族和他民族的分野和關係。

二、急速的社會變遷和倫理失調，使西歐人士對建基於普遍性人道主義和進步理念的發展命題產生懷疑。中產階級者無法忍受日增的烟毒、犯罪和愛滋病等威脅，在道德上要求強有力的肅清手法；而收入低層的階層不滿於職業低賤，不滿於外族的競爭者受到既存政治體制的保障。傳統性大黨又無法有效滿足這些要求，於是中間偏右或偏左的選民，有轉向支持「單純」的小黨的態勢。這些右派小黨，既反對現存的憲政理念和秩序，又能提出旗幟鮮明的排外主張，遂獲有生存和發展的空間。

三、東歐集團解體後，歐洲國際局勢已然改觀，西歐國家以其政治和經濟優勢，自然能扮演起領導的角色，各國政客也有意把東歐整合進來，形成更大的歐洲勢力。不過難民潮正急遽衝擊西歐的生活圈，西歐各國所承受的壓力以其地理關係亦有所不同，因而反難民潮不但在西歐具有共性，在緊鑼密鼓的歐洲統合進程裏，如何分攤難民壓力，也是某些國家徘徊在歐洲統一或國家利益至上的一部分動力。

德國極右政團興起的動力和思想，除了上述之外，尚有如下幾個思想特徵：

一、用軍事式行動表達民族主義，其敵對者包括生活於德國的外國人、少數族類，甚至其他國家。德國的極右思想，當然還包括以德意志民族爲中心的軍國主義和泛德意志民族論。

二、生物學式和社會達爾文主義的反閃族思想，以及種族優越論。否定人類有所謂平等這項基本權利。

三、不具容忍胸襟，奉行強者有權的教條，要求一國內部思想上的純淨度，無法參與需要妥協的政治論辯。

四、講求絕對服從領袖的紀律，以及相對應的權威式或獨裁式國家組織。反對多元民主的思想，因爲在他們的眼中，多元民主只是利益團體的政治壟斷，人民的「總意志」無從獲得表達。在這種思想傾向下，納粹時代公法學家許密特（Carl Schmitt）的存在主義式「敵與友」的政治概念，半世紀後又有復興的趨勢。

五、以納粹式國家爲典範，否定納粹的歷史罪行。把對納粹德國的批判，視爲列強（包括西方和共產集團）報復主義，意圖否定德意志民族的迫害手段。

戰後東德和西德的政客和思想家，在佔領國的輔助下，曾制定各種法律和透過政治教育，意圖從根拔起這種不理性的意識型態，不過其效不彰。東德統治者以其政治暴力，雖然得逞一時，但由統一後在德東區所發生的排外行動來看，其勢反而更加兇猛。西德政府的手段比較溫和，大部分人也恥談納粹，不過極右的思想意識，仍然存在戰後到統一之前的極右派政客和支持者之中。

造成德國極右勢力昇騰的外在原因，當然是來自前述的統一後的經濟不振、社會失調等。尤其是德東區勞動力，以前在國家庇護下，工作和生活皆獲保障，統一後則必須自食其力，以其相對落後的教育和技術水平，不易與德西區同胞比拼，失業人口遂居高不下，其數接近二百萬。怨懟之情，部分轉而對外。德西區勞動力受世界性不景氣影響，失業人口亦節節昇高，其數亦在一百三十萬左右。他們是屬於政治態度浮動的一羣，極右思想易受他們的青睞。

另外一個較特殊的動力，來自統一後的全德非共化措施所導致的反社會行動。

德東區的極右派，不但排外，而且也反統一後的社會。統一後德國各界爲了樹立正義，排除共產主義餘勢，曾厲行追查共產黨特務和國安部線民的罪行，勒令高級學校中受共產意識型態影響較深的系所和課程改組或休教，這些在「熱血」青年的眼中，不啻是勝利者趕盡殺絕的報復手段；他們認爲東德公民既無法躲離共產政權的支使，即使是當代人也無權作這種歷史性的裁判工作。而對於那些父兄是共幹或共產社會受益者的青年而言，往日的榮光今日竟成道德的罪犯，既得的財產還必須重新分配，歸還原所有權人，更是雙重打擊。因此東區極右派的反社會行動，還兼及攻擊同種族的公民。

2. 兩個活躍的極右派政黨

戰後德國厲行反納粹的消毒政策，但是四十多年來，極右派的活動並未因此匿跡，各種小團體仍或明或暗地進行反支配者努力的行動，總人數約維持在萬人左右，與之有關的刑事案件，每年也有幾百件。不過這些小團體都沒有滙成過巨流，組成有意義的政黨，只是各自爲戰。四十多年間比較具規模的團體有三個：「德國國家民主黨」（die Nationaldemokratische Partei Deutschlands; NPD）、「德意志民族聯盟」(die Deutsche Volksunion; DVU-Liste ）和「共和黨人」(Die Republikaner)。前者於一九六四年創黨，活躍於六、七十年代，近年來則因人事和經費問題，其勢已爲德盟和共和黨人所奪。後兩者在統一前後，仍有積極的表現和成果。

A、德意志民族聯盟

一九七一年由胡萊博士（Dr. Gerhard Frey）主持創盟，約有四千個盟員，於八七年改稱「德盟—德名單」，發展至九一年，盟員已有二萬多人。胡萊是個成功的出版家，名下有多家出版事業，每年盈利可達八百萬馬克。其所發行的三份週報，總發行量有十幾萬份，是該盟的發言喉舌。該盟的日常經費和選舉支出，都由胡氏負擔。

該盟以愛國主義、重振德意志精神、恢復一九三七年帝國版圖相號召。胡萊和其黨徒把二次大戰的起因，歸諸於英國之對德宣戰，是諾曼民族對德意志民族的挑釁；戰後西方列強對德意志的改造，則是意圖從心理上徹底征服德意志民族，以獨佔支配全世界的優勢。這是他們的歷史解釋。在此認識下，他們要求德國現存的政治勢力擺脫佔領軍的支配，恢復戰爭受難者的名譽和賠償；反制劣等族類，如客工、難民和外國人等入侵德意志生活圈；強力反擊當前的道德瑕疵，如烟毒、賣淫；在國家利益下考量歐洲整合的各種方案；以及更直接的民主和開放大衆傳播工具如電視廣播等等。

德盟雖曾參與各級選舉，但得票數有限，大部分都被排除在議會之外。唯一在八七年布萊梅市議會選舉中，於布萊梅港選區獲得百分之五以上票數，攤派到一個席位。即使在以德國統一之熱情爲基礎的全德大選中，在各邦的得票，亦遠落於同性質的共和黨人之後。但半年多後，德盟卽在布萊梅市大翻身，連下六席！而在這次選舉中，難民問題卽是焦點，在該市長期執政的中間偏左政黨，社民黨，因在此問題上持溫和立場，得票率和席次兩遭敗績。胡萊博士預估該盟在未來的各邦議會選舉，仍將會有所斬獲，因爲該盟的選民基礎已擴展到對現狀不滿的中產階級。

B、共和黨人

在組織和理念方向上，共和黨人和德盟差不多；都強調個人領導，都標榜純淨的愛國思想，理應有相結合的基礎。不過兩黨素來各行其是，其因在兩黨領導者個性不和，經常互相攻訐。

共和黨人於一九八三年十一月在慕尼黑由前基社盟黨員荀虎伯（Franz Schonhuber）

手創。由首創時的一百五十名黨員，急速累積到目前二萬多人，其中尚有數達千人的國防部隊成員；同情該黨的警政人員，據警察工會的估計，也佔該工會的百分之廿以上。其尚可發展的空間，可謂不小。

該黨初期參加選舉，得票率都在一個百分點左右徘徊，最多只在母地巴伐利亞邦八六年選舉中得過百分之三，而且都是該邦基社盟傳統支持者的「賭爛票」。時隔不到三年，八九年的柏林市議會選舉，共和黨人竟然得到百分之七點五的支持者，同年的歐洲議會改選，德國選區也有七點一百分點的票流向該黨，使共和黨人分配到六個代表德國的席位，一時之間，鑄造該黨爲德國繼社民黨、基社民盟、自民黨、綠黨後的第五大黨的地位。

共和黨人以愛國熱情衡量道德，以生物學理論宣揚民族意識，而非以文化認同爲基。他們認爲，德意志人才是有道德的，血統是民族認同的源頭，因此德國只屬於德意志民族，建立純淨的德國人空間，是德意志民族的最高使命。所謂環境保護，也要落實到以德國人爲主的範疇，德意志與自然是一體的，客工和難民是摧毀這種生態環境的因素，所有意圖整合這些外國人的政策，都是與德意志民族爲敵的。「敵」與「友」的劃分，在共和黨人眼中是清清楚楚的；善良的德國人是友，其他人是敵；自由法治國的提倡者、國際主義者等，也都是共和黨人之敵。爲掃除這些障礙，個體必須服從代表整體的領袖，要建立威權式強國，警察和軍隊都是支柱，都是該黨發展的對象。共和黨人目前有一枝不算小的社會科學工作者，執教於大學政治、社會、歷史學等領域。

前東德臨時政府如莫德洛內閣和狄米傑內閣曾宣佈共和黨人爲非法政黨，禁止該黨在德東區活動，不過在全德大選中，共和黨人亦獲百分之一・三的德東區選民支持，在德西區有百分之二・三，比德盟有成績。在隨後的下薩克森邦社區選舉，該黨亦據有十三席位，分別參與地方政治，獲得紮根的機會。

餘言

一年多的時間不算太長，但統一的浪潮卻沖激著德國內外的結構。許多潛藏的社會意識和政黨內部問題，都浮到水面。透過選舉，人民有機會對各種社會價值作選擇，各政黨也必須在人事和政綱上作出相應於新形勢的調整。統一既成定局，如何消化伴之而來的政治、思想壓力，是聯邦和各邦政府、思想者和勞力者、在朝和在野政客，共同努力的範疇，也是德國對全世界的責任。急速的統一，雖然使德國各界措手不及，無法有效確立和規劃發展方向，但有三個領域和方向，吾人認爲是統一後的「新德國人」所應注意的：

一、新德國和歐洲的關係。新德國、歐洲和冷戰結束後再度急速變動的世界，要如何互相調適，歐洲共同體即將由經濟整合到達政治整合的境界，成員數也繼續增多，德國以其豐厚的國力和地理優勢，實可也應該扮演一個和平的角色，以促進歐洲整體安定。如果德國在不久的未來如願進入聯合國安理會，則德國上下應更體認到歷史進程裏，國家主體與國際環境並不只存在支配與被支配的縱貫關係而已。

二、政治、經濟、社會和思想等，都需要新觀點、新方案，以總結四十年的分裂經驗，爲登上新高峰作準備，其方向吾人認爲亦不應背離前項原則。

三、自然、社會和個體的生活世界，要從生態學角度重新出發，揚棄百年來所累積的文化積習。德國人以其哲學智慧和優異科技，當能爲遭逢環境生態危機威脅的世界，作更積極的貢獻。

統一後的德國經濟

張勝洋

一九八九年以來東歐與蘇聯的政治經濟變化，是第二次世界大戰以後又一令人矚目的大事件：至此，人們清楚地認識到，戰爭絕不可能成爲改變世界的手段，而只是摧毀這個世界的工具；只有通過和平的方式才能謀求實現人民的意願，給人類帶來幸福。

這一論點在經濟理論及經濟政策中同樣實用：在東歐實現民主政治以後，長期以來強制施行的所謂「社會主義計畫經濟體制」，也成爲廣爲唾棄的辭藻。一時，當年被計畫主義者所禁錮的「資本主義式」的市場經濟便成爲政治家所追求的時尚。

誠然，言論起來容易，思想起來也自由，可是，行動起來卻是困難重重。何況在資本主義及社會主義的歷史中，從未有過從命令式的計畫經濟過渡到市場經濟的實例，就更談不上什麼理論了。這時，虔誠的社會主義者們仍在徬徨，善於論爭的經濟學家們還在思索，而勇於創新的政治家們已經付諸實踐了；最好的例證便是東西德國的統一。市場經濟與計畫經濟的統一？無稽之談。原東德的經濟體制將拋之亦盡，而必須將資本主義的「大兄弟」的方式請進來。自然，這也不是一件那麼容易的事情，因爲兩個國家畢竟不比兄弟之間的關係。因此，本文試圖描繪出東西德國版圖上「兄弟和解」之經濟一面，其中將主要涉及到經濟的如何「統一」（第一篇）、「統一」後德國經濟面臨的前景（第二篇）以及東德式的經濟體制轉換道路給予東歐的「小兄弟們」的啓廸（第三篇）。

文中，作者只能述及這場「經濟統一鬧劇」中的重要梗概，不可能要求文章的面面俱到，更不能對讀者希望了解的特殊問題全部詳盡論及。鑒於東西德國經濟的「統一」令中國讀者如此感興趣，作者只能對文中之不足之處感到抱歉。此外，如果本文能豐富您的知識、充實您的閱讀，我將感到無比的欣慰。

一　東西德國的經濟統一之路

在東德的四十一年歷史中，高度集中的中央管制經濟乃其經濟體制的集中表現：共和國成立伊始，便逐漸地引進了蘇聯式的社會主義制度，建立了以生產資料公有制及國家對國民經濟進行集中計畫管理的社會主義經濟模式；五十年代初，東德又加入了以蘇聯爲核心的社會主義陣營，成爲「經濟互助委員會」（簡稱：「經互會」）的成員國之一。

四十多年來，東德的國民經濟發展及其人民生活水平在東歐各社會主義國家中首屈一指，一直被譽爲「社會主義的明星國度」。但是，就是這樣一個發達的「社會主義國家」，在與市場經濟制度的角逐中，也崩潰得最快、最爲徹底。自然，東德經濟的全面坍塌，不能僅僅歸咎於個別因素造成的後果，而是計畫經濟體制長期以來的缺陷和弊端的邏輯結論。

㈠　統一前的東德經濟狀況

與「經濟互助委員會」的其他成員國比較起來，東德的經濟發展可算是「卓有成效」：工業產品的花樣較多，高、精、尖技術相對發達，農業收益比較穩定，人民的生活與福利也基本上能得到保障，住房問題似乎已經得到解決。生活必需品價格低廉而且長期穩定，甚至也沒有「失業」現象。

但是，這一切似乎都只是一種假象。一九八九年十月以來，東德人民的不滿情緒增加，數以千計的人途經匈牙利、捷克斯洛伐克以及波蘭而移居西德。聲勢浩大的「西移」浪潮，便是東德國民經濟的全面崩潰、以及東德社會主義經濟體制走向滅亡的開端，從而也宣告馬克思的幻想在德國土地上嘗試的失敗。

1.計畫經濟的嚴重缺陷

東德憲法第九條明確規定：東德的經濟體制是「社會主義計畫經濟」。在這樣一種經濟體制中，只有國家擁有對生產資料的所有權，中央決定生產什麼、生產多少以及由誰生產，也在中央分配進行生產所必須的資金和材料；企業只是被動地完成上級下達的計畫指標，與此相適應，也從中央分配到投資資金、原材料和半成品；國家確定生產的目標、生產比例、工資水平以及物價水平；通過對外貿易的壟斷，國家也對對外經濟的發展進行計畫干預。

這樣一種經濟體制的弊端是極爲明顯的：產品的價格由國家官僚機構隨意制訂，不能反應市場上眞正的供給與需求狀況；企業得不到來自於市場的信息，也沒有競爭的壓力，因而不可能知道應該生產什麼以及生產多少；國家經濟政策的目標是儘量地提高國民經濟的自給自足程度，保障人民羣衆基本生活必需品的供給水平，這樣，建立了一系列設備陳舊的、對環境有害的、以「大而全」爲特徵的經濟中心，沒有及時地推進國民經濟的結構轉變，從而阻礙了企業之間的競爭，也妨礙了新技術的廣泛傳播與運用；以攤派和配額爲特徵的官僚管理體制，不能保證相互聯繫的生產環節的協調，嚴重影響企業生產的正常進行；企業以消極的方式應付國家的計畫指標：爲了更容易地完成國家下達的計畫，只是運用已經經常操作過的陳舊工藝。爲了保證原材料和資金的充分供給，便謊報數據，進行大量的庫存，其結果是能源的嚴重浪費，企業生產的不效益，也沒有產品的質量，更不能保證以人民羣衆的需要爲目的進行生產。

自六十年代以來，東德政府更試圖進行有限的經濟改革。但是，收效甚微，以「新經濟政策」而自居的改革不外是部分地將權限下放到企業，而沒能觸及到計畫經濟體制的根本。因而，何內克（Honecker）上臺以後，又將企業的權限收回到中央，繼續執行嚴格的計畫統一管理。

2. 統一前的東德經濟狀況

東西德國統一之前，東德的經濟已經是困難重重，瀕臨崩潰的邊緣。

從經濟的增長來看，自七十年代中期以來，國民經濟的增長速度便越來越下降了，本來就已經很低的計畫指標都難以實現。片面地強調社會政策的措施，諸如解決住房問題、提高養老金、給予家庭補貼等，而忽略了對企業經濟的投資，投資額從一九七〇年的百分之十六降到一九八八年的百分之十。十幾年以來，國家幾乎沒在宏觀設施領域進行過什麼投資。

生產設備落後，宏觀設施差：統一前的東德生產設備老化現象嚴重，生產技術與生產工藝相當落後，從業人員中，極大部分是進行設備的保養和維修；交通網絡遠遠不能適應國民經濟的需要，通訊設備嚴重負荷，而且陳舊不堪，教育、衞生事業極度糟糕；就住房而言，從數量上看還算勉強，總計有七百萬套住房，卽平均每千人達四百二十套，人平二十七平方米，問題只是過於陳舊，四百萬套（卽百分之六十左右）住房是在一九四五年以前修建的，許多城市中心都必須進行維修，無數村落已經全部成爲廢墟。

從居民的物質生活水平來看，也絕非理想可言。理論上，收入分配是按勞取酬、多勞多得，而實際上卻往往搞平均主義，多勞少勞一個樣，獎金也是一律平均分攤。這樣，工人缺乏勞動積極性。就供給而言，只能基本保證生活必需品的供應，而且居民購買物品極爲困難，常常是快到晚上的時候貨架便空空如也。沒有產品的質量、新鮮花樣，沒有新技術，消費者根本沒有選擇的可能性。

物價是通過硬性的行政規定而產生的，只有全國統一的價格體系。物價結構嚴重偏離市場的供求關係，國家對生活必需品和勞務進行大量的財政補貼，因而，食品、童裝、能源及燃料等價格低廉；相反，對高檔消費品則課以高額的稅收，如小汽車、電視機、洗衣機等，一般的公民根本不能享用。

在對外貿易領域，也是困難重重。近幾年來，與西方的貿易逐年下降，在「經濟合作與發展組織」（ＯＥＣＤ）市場上的競爭能力日漸減弱。因此，東德國家的外滙收益不斷下滑；爲了收入一個西德馬克，一九八〇年時只需在國內花費二點四東德馬克的成本，而到了一九八九年就得用上四點四東德馬克了。另一方面，因爲進口的需要，外債也逐年增加，幾乎到了無力償還的地步。

3. 一九八九年東德社會經濟的發展

一九八九年來，東德經濟更是不景氣起來：工業生產不能完成計畫，原計畫增長百分之四點二，而實際只達到百分之二點五；國家的計畫指標也不能兌現，三百八十三個國家項目中，只完成了一百六十七個。其他經濟部門也沒有什麼兩樣。

更爲嚴重的是，在柏林牆被打開以後，東德居民西遷，就業人員減少，給生產帶來不可逾越的困難。一九八九年秋天，正當共和國在大張旗鼓地慶祝成立四十周年之際，數以萬計的東德公民營集在西德駐布達佩斯、布拉格以及華沙的使館，要求移居西德。一九八九年十一月九日，出於內政外交的壓力，東德政府開放了曾經關閉二十六年之久的柏林牆，這樣，每天有二千多人移居西德。到一九八九年底，東德已經失去了三十四萬三千居民，其中二十二萬爲從業人員，爲總就業人數的百分之二。在少數地區和職業領域，明顯地可以感覺到勞動力的流逝而帶來的嚴重困難。

九〇年開始，移居西德的現象仍有增無減。到二月中旬，僅僅四十五天的時間內，就有八萬五千人移至西部。如果這樣繼續下去，到年底時，將達到七十五萬人，給東德經濟帶來的後果是可想而知的。必須說明的是，勞動力的問題一直是東德經濟的一個難題：統一之前，百分之九十具有從業能力的人都在就業，勞動力的潛力實際上已經挖空了。只是勞動力沒有得到有效地投入，許多從業人員被安排在可以不要的工作位置上，官僚的管理機構也養著龐大的職員隊伍。而且勞動力西移的問題也一直沒有得到解決：一九八四年到一九八八年期間，共有十五萬人移至西德，其中百分之六十（約九萬人）爲就業人員，而且都是年輕力壯、具有技術知識的專業工人。一九八九年以來的發展，更是火上加油，加速了計畫經濟在東德的全面崩潰。

因此，爲了挽救東德經濟，避免經濟的全面崩潰而帶來的社會後果，必須盡快地尋求有效措施，以促進經濟體制的根本變革。

(二) 德德貨幣經濟同盟

鑒於東德經濟面臨的困境，變革現行的經濟體制已經是勢在必行。四十年來的中央計畫管理經濟已宣告徹底失敗，再也沒有其他的路可供選擇，只好迅速地向市場經濟體制過渡。

嚴格地講，市場經濟是貨幣經濟，市場經濟的正常運行也依賴於貨幣的職能得以充分地發揮。因而，從計畫經濟到市場經濟的變革，必須首先改變現行的貨幣觀念，進行深入、徹底的貨幣改革，以創造市場經濟發揮作用的必要前提條件。在東德的情況下，貨幣改革顯得尤爲必要，因爲公民已經失去了對東德馬克的信任，而是嚮往著值錢的西德馬克。

1. 變革東德貨幣體制中的選擇

在社會主義計畫經濟中，貨幣只起著一個被動的作用：它不是被當作一個自我運行、通過市場來調節經濟發展的變量，而是被看作屈服於國家經濟政策的指標。這樣一種貨幣制度，不僅在對內經濟中不能反映產品的成本、價格、質量、勞動生產率之間的關係和產品的稀缺關係，而且在對外經濟中不能將本國產品與世界市場上的產品掛鈎，造成國內經濟與世界經濟的隔絕。同時，由於體制造成的產品供給緊張、行政式武斷的物價管制，使得營集在人民羣衆手中的貨幣財富大量過剩，只不過這是一筆虛擬的財富而已，因爲它不能被轉換成現實的、消費者所期望的物質產品。因此，社會主義貨幣的特徵是國內缺少產品的自由兌換，國際則沒有貨幣的自由滙兌。

改革這種貨幣制度的目的，是要將貨幣轉變成爲令經濟組織信任的硬通貨。因而，不僅要達到貨幣在國內的自由使用，成爲眞正的價值標準，而且要將國內貨幣溶入世界貨幣體系之中。這裏，東德政府面臨著三種選擇，即進行貨幣改革、實現貨幣自由滙兌化或者引入西德馬克作爲官方的支付手段。

(1)貨幣改革的可能性

以計畫經濟爲主的國家，供給與需求比例失調，貨幣與產品、物價脫節。一個嚴重的現象便是人民手中的貨幣過剩，而市場上的物資短缺，爲典型的賣方市場。而且，通過行政式的物價管制，通貨膨脹被人爲地給壓制了起來。到一九九〇年初的時候，東德的經濟仍未擺脫這一局面。從統計數字上來看，集中在人民手中的貨幣財產高達一千九百億東德馬克，其中包括一千六百多億馬克的私人存款、二百五十億馬克的保險金。由於產品供給的不足（比如購買一輛小轎車必須等十幾年的時間），過剩的貨幣（也就是說按照現行的價格買不到東西的貨幣）約達三百五十億到四百億馬克。

一方面，爲了解決這部分過剩的購買力問題，另一方面，在今後物價放開的時候，也保證不發生過度的通貨膨脹，影響到人民羣衆的切身利益，便可以參照一九四八年西方占領區（卽後來的西德）的榜樣，進行貨幣改革，以對部分剩餘貨幣進行切割。這樣，既可以解決長期蓄集起來的通貨膨脹問題，也能保證貨幣的購買力不致下降。

但是，這一選擇沒有得到東德政府應有的重視，主要基於如下原因：首先，從過剩的貨幣量來看，東德的國民生產總值達四千五百億馬克，四百億馬克的過剩貨幣可以說不算十分嚴重（與國民生產總值的比例不到百分之十），與戰後初期西方占領區的情況相比，就沒有進行貨幣改革的必要了。其次，也可以通過其他方式來解決這些過剩貨幣問題。例如可以將原來的國有企業進行私有化，以股份的形式出售給公民，這樣，便可以將過剩的貨幣財富用於投資，而不是去滿足長期以來積壓的消費需求；也可以設想將以前的房地產折價賣給人民，從而減輕諸如住房等一系列社會問題；還可以促進建立私有企業；或者亦可將部分存款暫時凍結起來，以便等到經濟逐步恢復以後再漸漸地放開；最後，從社會的角度而言，人民羣衆也難以忍受貨幣財產的變相貶值。還在莫得羅夫政府進行設想的時候，東德居民便作出了反應：湧向銀行擠兌存款；提前支付以前的貸款；搶購各種消費品；大量地購買地產以及通過各種不同的渠道和方式將不值錢的東德馬克兌換成西德馬克。

這樣，執政的東德政府便認爲，至少是在目前，進行貨幣改革不是一條可行的路子，而必須尋求其他解決辦法。

(2)貨幣的自由滙兌化

爲了重新贏取人民對貨幣的信任，將東德馬克實行自由滙兌化也是經濟改革與經濟體制轉換的必經之路。完全的貨幣自由滙兌意味著，不論是本國居民，還是外國公民及其他經濟組織，隨時都可以把東德馬克兌換成第三國貨幣，特別是國際上的硬通貨，如西德馬克、美元及瑞士法郎等，而且也可以自由地將東德馬克輸出到第三國。

貨幣的自由滙兌是經濟自由、經濟自主及向世界市場開放的後果，它可以促進企業獨立的經濟行爲，方便外貿業務的進行，使得本國經濟與世界經濟緊密聯繫，保證比較成本利益在國際貿易中得以實現。曾經是計畫經濟的國家，如果想依靠自己的力量來完成到市場經濟的變革，則必然走上貨幣自由滙兌的路子。

自然，許多國家都不可能立即實現完全的自由滙兌，而必須區分不同的方式和程度，可以在貨幣兌換的目的、貨幣兌換的數量、以及兌換貨幣的人等方面有所限制。各個國家可以根據自己的不同情況，而採取利於自己的貨幣政策措施。

①逐漸過渡的自由滙兌

在一九九〇年三月東德的公民普選以前，社會統一黨的後繼人——民主社會主義黨（PDS）的總理莫得羅夫執行的經濟政策方案，便是逐漸地向貨幣的完全自由滙兌過渡。這種貨幣自由滙兌，在經濟改革之初，不論是在貨幣自由兌換的目的還是在兌換的貨幣種類上，都受到一定的限制。在貨幣種類上，東德政府試圖以固定的滙率將東德馬克與西德馬克掛鈎，而西德馬克則可以隨時隨地兌換成第三國貨幣，這實際上也就意味著沒什麼限制，只是東德馬克與其他貨幣的兌換率是固定下來的。但這種自由兌換在目的上受到的限制卻相當大，只能適用於一定的使用範圍，比如說東德政府只考慮到了進出口業務與長期債務的償還，而沒顧及到本國公民的外滙需求（如進行旅遊等），因而可以說是非常有限的。他們認爲，只有當經濟改革逐步深入、而市場經濟的條件也比較成熟的時候，才能實行完全的、不受任何限制的自由滙兌。

從時間上，莫得羅夫政府也進行了大致的計畫，他們希望，東德馬克的局部自由滙兌可以在一九九〇年內實現。一九九一年的時候，可望實現完全自由滙兌。但是，這一逐步過渡的方案遭到來自各方的譴責，特別是貨幣專家，因爲這樣既不能取消國內的外滙管制措施，物價管制與工資管制政策也依然保留，與以前的貨幣政策相比較沒有什麼進步。

②完全自由滙兌化

在貨幣政策的變革中，最激進的道路便是立卽實行完全的貨幣自由滙兌。持這一觀點的人認爲，目前的東德（九〇年時）不可能像西德當年那樣有十年的時間來完善市場經濟制度。鑒於東西德居民之間巨額的收入差距，要制止東德居民移居西德的浪潮，政府必須採取極端的經濟政策措施，以贏取人民對政府政策的信任。此外，立卽實行完全的自由滙兌，將東德經濟對世界經濟開放，也可以促成東德國民經濟結構的快速調整，以市場的稀缺關係作爲經濟發展的導向。

誠然，貨幣的自由滙兌也不是沒有條件的。從國際上而言，一個國家的貨幣的吸引力到底有多大，取決於作爲這一貨幣後盾的國家經濟實力。在東德，立卽實行完全的貨幣自由滙兌便意味著，不僅東德馬克最初會嚴重貶值，而且將一直存在著繼續貶值的趨勢。如果經濟的發展不能相應地跟上來的話，貨幣將永遠疲軟下去，仍將不能獲取公民的信任之感。這樣，國內的搶購之風也必然十分嚴重，又會影響到貨幣內在價值的穩定，亦將妨礙經濟的發展。因此，只是採取局部的貨幣政策措施，遠遠不能滿足市場經濟的要求，還必須相應地進行其他領域的改革，快速地發展國民經濟。

⑶引入西德馬克作為官方的支付手段

在民主德國的特殊情況下，還存在著改革貨幣體制的第三條道路，那就是將西德馬克引入東德，作爲官方的支付手段，實施「德德貨幣經濟同盟」。

早在一九九〇年一月中旬，社會民主黨議員馬提亞斯—麥依爾（I. Mathias- Maier）便首先提出建議，廢止不值錢的東德馬克，引入西德馬克。此後，這一建議越來越受到政界的重視，並在經濟理論界進行了廣泛的討論。二月初，聯邦財政部長魏革爾（Waigel）認爲德德貨幣經濟同盟的方案可行。二月八日，聯邦政府便作出決議，準備與東德政府就此進行磋商，並計劃在莫得羅夫總理訪問波昂時具體籌劃。二月二十三日，東西德國政府在波昂達成協議，組成一個專家小組，進行貨幣經濟同盟的準備工作，專家小組下分爲貨幣、經濟改革、財政及社會保障等分組。九〇年四月底在專家小組工作的基礎上，聯邦政府與新選舉上臺的東德政府達成一致：以九〇年七月一日開始，德德貨幣經濟同盟生效。

如何變革東德的貨幣經濟體制，不論是在東德，還是在西德，都進行過廣泛深入的討論。一般而言，經濟學家的觀點多傾向於第一、第二種選擇的結合，也就是說，在國內進行貨幣改革，重新贏得人民羣衆對貨幣的信任感；在對外經濟中，迅速地創造條件，走貨幣自由滙兌化的道路，通過對內對外貨幣觀念的變革，迅及的走上經濟自由、加快發展的軌道，對於國民經濟的獨立自主發展而言，也是一條必經的、而且是安全的路子。可是，鑒於東德居民大量向西德移居及其給東德經濟帶來的困境，必須儘快地採取措施，給予公民以美好的未來設想，因而，情急心切的政治家們便優先了第三種選擇，而且從儘快地統一國家（以免節外生枝！）的角度而言，這也是一條良策，故德德貨幣經濟同盟方案從設想到實施，只不過是短短的半年時間。

2. 德德貨幣經濟同盟

首先必須說明的是，德德貨幣經濟同盟並不僅僅涉及到貨幣改革的問題，而是包攬了貨幣和經濟領域的一籃子措施。在貨幣方面，主要表現在把西德馬克引入東德境內，排除東德馬克於流通之外。同時，東德也必須將西德的對內對外貨幣制度照搬過來，如雙重銀行體系、中央銀行的貨幣主權以及對外經濟的自由等等。此外，德德貨幣經濟同盟也對東德經濟的發展及如何解決社會問題等作出了相應的規定，只不過其中心點是在東德實現貨幣經濟，因而，我在這裏也只略爲論及其貨幣政策上的措施。

(1)貨幣主權

聯邦德國信貸機構的特徵是雙重銀行體系，也就是說，中央銀行通過對貨幣供給的控制而調節整個國民經濟的貨幣政策，商業銀行以創造貸款的方式而調節企業經濟的發展。國家貨幣政策的行使，是獨立於國家經濟政策之外的中央銀行的任務。據此，中央銀行必須依據《中央銀行法》，通過貼現率政策、中央銀行準備金政策以及公共市場業務，控制市場上的貨幣流通，保證貨幣內在價值與對外價值的穩定。自然，發行鈔票的權利，也獨歸中央銀行所有。

實行貨幣經濟同盟，將西德馬克運用到還是自主的國家東德，就自然而然地涉及到貨幣主權的問題，這就意味著，原來東德的中央銀行必須放棄其在貨幣政策上的一切權利，它既不能繼續印刷鈔票，也不能獨立地制訂貨幣經濟政策。這一系列的權利，都必須轉讓給西德聯邦銀行來行使，也就是說，作爲一個國家，東德已經完全失去其貨幣主權，從而，經濟的獨立性也不能再得到保證。因此，可以明顯地看出，德德貨幣經濟同盟是德國國家統一在經濟上的先聲。

但是，東德在貨幣政策上也還沒完全失去其共決權利。在恢復成立五個聯邦以後，東德各邦將依據西德的模式成立邦中央銀行，它們與西德的聯邦邦一樣，也必須在德意志聯邦銀行占有席位和投票權，從而參與和影響聯邦銀行貨幣政策的制訂與實施。

⑵貨幣兌換

把西德馬克運用於東德並作爲官方的支付手段，就必須將一切以東德馬克作爲價值單位的財產與經常性經濟交易項目換以新的價值單位。這裏，不僅僅只是換湯或者換藥的問題，而且還存在著藥和水的比例問題。換而言之，貨幣兌換中的困難在於：第一，東德馬克沒有一個以貨幣的購買力爲基礎的對西德馬克的比價（比較其含金量則完全是一種荒謬的想法），沒有人準確地知道一個東德馬克到底值多少西德馬克。因而確定兌換比例時是隨意的，取決於當時的政策導向，沒有客觀的判斷標準；第二，國民經濟有著不同的經濟流量，比如說存款貸款關係、債權債務關係以及工資、房租與養老金的支付等等，如何區分這些不同的經濟關係並確定它們之間的相關性，也是一個必須解決的問題。

因此，德國在實行貨幣經濟同盟的時候，借鑒了一九四八年貨幣改革時的經驗，首先區分了貨幣存貨與經常性的貨幣支付兩大類別：

貨幣存貨：貨幣存貨包括居民手中的現金，在銀行的存款、保險金、企業債務、私人貸款及國家的對內對外債務。要確定貨幣存貨的兌換比率，存在著較大的困難性：根本上而言，東德缺乏相應的統計數據，如果說有的話，也只是殘缺不全，許多統計資料甚至人爲地予以僞造。因此，只能以官方的統計資料爲基礎，加以估測而最終定論。

據原東德中央銀行在九〇年初的數據，進入流通的東德馬克（即現金鈔票包括硬幣）約爲一百五十億馬克，保險金估計總共達二百至二百五十億東德馬克，居民在銀行的存款計約一千六百二十億馬克，企業債臺高達二千六百億馬克，國家外債淨達一百八十五億美元。

如何將這些貨幣存量換算爲以西德馬克計價的財產，曾經產生過不同的設想：最初的時候，一般以爲東德馬克與西德馬克的比率在一比一（即一個東德馬克兌換一個西德馬克）到五比一之間，但到底在這一區間內的哪一點，則沒作出任何說明；然後有人提議，可以將所有的貨幣存貨以一比一的比率進行換算，但兌換時只能支配五千馬克，剩下的存款將隨著東德勞動生產率的提高、經濟的復蘇而逐漸地放開；九〇年三月初，聯邦銀行給聯邦政府提交了他們的方案，據此，每一東德公民可以按照一比一的比率兌換最多二千馬克，其餘的不論是存款還是債務，一律以一比二的比率兌換成爲西德馬克，而且可以立即支配；四月，聯邦政府作出了最後定案，把聯邦銀行以一比一兌換的限額從二千馬克提高到四千馬克，其餘與聯邦銀行的方案一致。但是，這一兌換比率能在多大程度上反應出東德的經濟實力，目前還難以定論，至少是明顯地考慮到了社會政策的因素，而且科爾總理在東德實行公民普選的演講中也許諾了不讓東德財產貶值。

經常性的貨幣流量：經常性的貨幣交易項目主要包括諸如工資、房租、養老金以及其他國家補貼性的支付。到統一前爲止，東德的工資制度和工資體系是國家行政統一規定的，因而，沒有作爲市場經濟中勞資合同基礎的自主磋商權利。爲了保證勞動者的利益，必須在進行工資制度改革的同時，創造勞方與資方共同協商勞資合同的前提條件，也就是說，必須加強工會的獨立地位。

據聯邦政府統計，東德經濟的勞動生產率還不到西德水平的一半，而另一方面，東德工人的平均工資水平也只有西德工人平均工資的百分之五十左右，故可以將工資以一比一的兌換比例而付給西德馬克。從社會政策的角度來考慮，這樣做也有其必要性，因爲東德工人的工資水準已經低得不能再低了，否則，還不如享受西德的社會救濟金。但可以設想的是，隨著東德經濟的恢復、勞動生產率的不斷提高，東德工人的工資也將不斷上漲，以致最後達到西德水平。拉平東西德的公民基本生活水平，已經成爲政府再三強調的社會政策目標。

養老金及其他經常性的支付也將以一比一的兌換比率支付給西德馬克，因爲東德的福利事業本來就低得可憐，難以確保這些人過上正常、體面的生活。這裏，也須逐漸地與西德現行的社會福利制度進行協調，以望一段時期以後縮小並拉平差距。

3. 德德貨幣經濟同盟帶來的影響

實現德德貨幣經濟同盟的最大好處在於，東德作爲一個國家因此而失去其部分經濟主權，從而加速了兩個德國在政治上的統一進程，爲其在經濟上作好充分的準備。

就經濟發展本身而言，貨幣經濟同盟亦將帶來一系列深刻的變化。以下我略爲列舉幾條，而不作更深的論述：

・工人的勞動積極性將不斷提高，因爲用他們自己的勞動掙來的錢可以買到自己需要的產品。

・隨著經濟政策中各種限制的取消、市場經濟條件的逐漸創造，西方資本的流入將迅速增加，新技術、新設備的投入有利於經濟的恢復發展和結構調整。

・東德企業將面臨國際市場的強烈競爭，可以促進企業的積極性和主動性的發揮，適應市場經濟的需要，生產價廉物美的產品。

・這樣，東德的勞動生產率也必然迅速地提高，供給緊張的現象會儘快得到解決。

・而且，公民也贏得了行動的自由，可以不受阻礙地到第三國去旅遊。

當然，即使實行了貨幣經濟同盟，仍不可能完全解決經濟體制轉換中的一切問題：首先，人口西移的問題仍將繼續存在。現在，東西德工人之間的收入差距越來越明顯，在有了自由流動的可能性以後，東德工人絕不願意繼續待在家鄉，而是到能掙三到四倍工資的西德去，特別是那些有技術訣竅、經過培訓的專業工人。從統計數字上來看，德德貨幣經濟同盟實行後的一年之中（即截至九一年六月底爲止），從東德移居到西德的人達二十四萬，此外還有四十四萬六千流動勞動力，他們住在東德，工作在西德。這裏必須說明的是儘管阻止東德勞動力的西移是貨幣經濟同盟的原始動機，但是，隨著事件的發展，這一措施的目的已經是旨在加速國家的統一了，因爲在統一後的德國，勞動力的東去或西移已經是市場經濟的基本原則，只是目前東去的人還爲數甚少，因爲那裏沒有什麼可以吸引他們。

此外，將西德馬克引入東德的作法，如果運用不當或時機不成熟，則更容易阻礙經濟的發展，加深經濟危機的程度。東德經濟的嚴重缺陷在於勞動生產率低下，這樣一來，約百分之六十至百分之七十的企業面臨倒閉的威脅，如果沒有相應的新投資跟進，則失業是一必然的後果，更將引起社會動盪，導致人民羣衆的不滿，威脅到經濟的正常發展與向市場經濟的過渡。

一年多來的實踐證明，以貨幣經濟同盟而期望的經濟高漲並沒有快速地出現，所謂的第二個德國「經濟奇蹟」也遲遲不見苗頭。相反，東德的危機狀況越來越嚴重。這就說明，只是在貨幣制度上下某些功夫，儘管創造了經濟變革的條件，卻沒從整個經濟體制去作努力，還是不夠的。經濟起飛的條件是市場經濟與貨幣經濟的有機結合，缺一不可。

㈢ 廢除公有制，建立以私有制爲基礎的市場經濟：託管局的作用

社會主義經濟是以公有制爲基礎的。在那裏，不允許私人對生產資料的所有權。其結果是，個人的自我利益不能與公共的社會利益達成一致，因而產生稀缺經濟；與此相反，私人對生產資料的所有權，包括對一切稀缺產品的所有權，是市場經濟的一個前提條件。通過市場的交換過程，能夠確保生產資料被掌握在具有能力和管理知識的企業家手中，從而爲整個社會發揮效益。因此，在從計劃經濟到市場經濟的變革中，必須廢除公有制，建立以私人對生產資料的所有權爲基礎的市場經濟。

具體到東德而言，就是要解體舊的國營聯合企業，轉化爲私有企業，以私營經濟的方式進行生產經營。在這裏，受國家委託而管理原東德國有企業的託管局（Treuhandanstalt）起著特殊的作用。

1. 東德公有制企業的形成

在東德四十餘年的歷史中，其公有制體系主要是分三個步驟而形成的，它們是四五年納粹投降以後蘇聯占領當局進行的土地改革，一九五〇年以來東德的農業集體化運動以及一九七二年後對私人工商業的沒收。

(1)占領區的土地改革

一九四五年九月，蘇聯占領區的各邦及省管理處下達命令，進行土地改革。據此，凡是擁有一百公頃以上的土地占有人以及納粹分子和戰犯的財產，全部予以無償沒收；被沒收的土地隨同國有土地一起納入所謂的「土地基金」，分配給雇工和無地少地的農民；分配的土地不准出售、不能分割、不可抵押、也不准出租（勞動者所有制）。還剩下約三分之一的土地，歸邦、縣作爲全民所有制財產進行管理。從統計數據上看，從一九四五至一九四九年，共沒收了三百二十萬公頃土地。

與此同時，也有部分地開始了工業改革，沒收了薩克森的福利克（Flick）康來恩。事實上，在此之前，少數城市及邦就已經下達命令，沒收納粹戰犯的財產。蘇聯占領當局把大多數沒收的財產移交給當地德國的管理機構，這就成爲以後國有工業的基礎。

(2)一九四九年以後的農業集體化運動

一九五二年七月，在東德社會統一黨的第二屆黨代會上作出決議，將個體農民經濟轉化爲農業生產合作社（LPGS），這便是農業合作化的開端。儘管理論上說是自願的，而實際上卻經常是強制性的。在此之後，農村出現了三種形式的農業集體所有制：初級的形式是共同使用耕地、草場和森林；稍高級一點的形式是共同使用土地、勞動工具、機器和設備；第三種形式是建立共同的農業企業，共同使用包括房屋、倉庫等。在一定的程度上，仍然存在著農業個體經濟，但規定只能擁有半公頃土地和少量的牲畜。

到一九六〇年，東德的農業合作化運動便基本結束，東德的人大會議（Volkskammer）曾聲稱社會主義生產關係在東德農村取得了全面勝利（「社會主義之春」）。

(3) 一九七二年以後的國有化浪潮

一九七二年二月，東德社會統一黨又決定將國家參與的企業、私人工商企業以及建築業改造成爲全民所有制企業，從而，完成在工業中生產資料所有制的社會主義改造。到一九七二年六月爲止，絕大多數私人工商企業、以及公私合營的工商企業中不屬於國家所有的份額，都以售賣的形式轉讓給了國家，工業生產的百分之九九・四實現了國有化。只是到了一九七六年以後，因爲計劃經濟造成的供給短缺和就業上的困難，政府才又鼓勵私人手工業和小商業，但類似的私有企業是十分有限的，規模也相當微弱。

自然，除開對原有的私有企業進行國有化以外，國家還在部分領域進行過或多或少的投資，從而興建了一些國有企業，成爲公有制經濟的重要組成部分。東德公有制的形式，在農村主要體現爲農業生產合作社，而工業和商業中則是以「大而全」爲特徵的聯合體（Kombinate）。

2. 私有化的道路

目前，不僅僅是在東德，而且在東歐其他曾經是社會主義國家的波蘭、捷克斯洛伐克以及匈牙利，都面臨著對全民所有制企業進行私有化的問題。到底走哪一條私有化道路爲宜，則必須因各國的具體情況而定。

(1) 波蘭、捷克式道路

在波蘭和捷克斯洛伐克，也對國有企業的私有化道路進行過廣泛深入的討論。它們採取的策略是以發放股份票證的方式，將大型國有企業直接轉化爲股份公司。最初，發放的票證只是一種名義上的證券，而不能進入資本市場。根據相應的法律或規章，確定不同階層（如一般公民、企業在職人員、經理階層等）具有不同的購買股票的條件；以後，待資本市場比較完善、而且股票交易所也在正常運行的時候，便可以兌換成眞正的、能自由買賣的股票。

這一政策措施的優點在於，股票是面向全體人民發放的。這樣，將社會主義的全民所有制財產轉化爲個人的私有財產，實行所謂的「人民資本主義」，也可以避免掌握在人民手中的存款的貶值。其最大的不利之處是所有權過於分散，無數小股東的存在不能對企業的生產經營產生較大的影響，也不能及時地更換無能的管理人員，企業經濟對市場的適應能力也較差。同時，這樣一種作法也難以吸引具有投資實力的潛在投資商和具有創新精神的管理人才，延緩了向市場經濟的快速過渡。

⑵**東德的解決辦法**

東德式的道路卻是通過託管局信託管理企業並進行私有化的方式，即依據一定的法律程序，將原東德的國有企業暫時委託給一個國家建立的託管局，由它來完成這些企業的私有化的任務。這樣，託管局可以運用其企業經濟與市場經濟的專業知識，逐漸地將這些企業賣給具有整頓企業能力的投資者。其特點是，並不將企業以小股份的形式分散處理，而是把它作爲一個整體的經濟單位予以出售。

這一解決方式是與民主德國的特殊條件分不開的。要快速的變革東德的計劃經濟，則必須依靠西德的資本與企業的市場經濟的經驗，而東德的經濟實力還不如「兄弟國度」西德的三分之一，因而西德也具備投資和整頓東德經濟的力量。採取託管管理的方法，可以吸引這些潛在的投資商，既能滿足它們對利潤的追求，又能順利地完成東德經濟向市場經濟的轉變。而且，託管局還可以獨立於國家的其他經濟政策諸如充分就業政策之外，完全、徹底地以市場經濟的方式進行私有化。

3. 託管局的成立及其任務

託管局，全稱全民所有制企業信託管理局，是莫得羅夫政府決議成立的，成立於一九九○年一月，即柏林牆開放之後不久。最初，沒有明確地規定託管局的政策目標，也沒有一套如何處理這些企業的具體方案。只是在九○年三月東德進行公民普選以後，人大委員會才在新政府的建議下於九○年六月頒布了一項法律，即「全民所有制企業私有化和重新組織法」，簡稱「託管法」，從而委託託管局對全民所有制企業全面地進行私有化。在德德「統一協議」中，這一法案也在第二十五款中沒作變動地沿用了下來。

託管局的總部坐落在東柏林。一九九一年一月，託管局從組織上進行了擴建，在原東德的五個邦建立了十五個分局，以便於與各邦和區政府之間進行更好的合作。從業務上也進行了分工，柏林的總部負責管理具有一千五百從業人員以上的大企業，而中小企業則由各地的分局管理出售。

託管局的任務可以說是十分艱巨的：它主管九千多個企業，下轄四萬五千多個工廠；它還管理著二萬多個商業機構，七千五百多個旅館和飯店，以及幾千個藥房、書店和影劇院；此外，二百三十萬公頃的農用土地和一百九十萬公頃的森林也屬託管局的管轄範圍；各黨派和羣衆團體、軍隊、國庫及國家安全部的財產也由託管局管理。各黨派的財產也是一筆不小的數目，據託管局的數據，以前東德的黨派總共有財產一百億馬克，其中六十四億馬克爲地產及房屋，還有無數的企業參與以及十三億馬克現金。這些財產的最大部分是東德社會統一黨的，在德國統一之後，它們均由託管局控制管理。這裏主要是區分合法購得的財產與非法占領的財物，非法的將沒收，而合法的部分則將歸還給各黨派。總而言之，除開財產管理、企業的私有化任務以外，託管局還必須爲三百萬人的工作位置負責，他們是東德總就業人數的百分之五十左右。

在業務上和法事上，託管局受聯邦財政部的監督。但是，託管局的董事會可以獨立地作出決議，其直接控制機構是一個由二十三人組成的公法形式的監委會，大多由西德大股份公司的經理組成，東德五個邦各有一位代表，工會也有一人代理。託管局的第一任董事長是原聯邦鐵路局局長戈爾克（R. M. Golke），在他上任後不久，因與監委會意見不一，而且託管局的任務也極不明確，受到來自各方面的指責，因此而下野。第二任董事長是原河斯

(Hoesch) 公司董事會主席羅魏德 (D. K. Rohwerder)，九一年三月，羅氏在其寓所被人謀殺，副董事長布羅爾 (B. Breuel) 繼任董事長一職。

託管局工作的目的是很明確的：目前，它管理著東德約五千億馬克的財產，包括全民所有制企業及集體所有制企業，要將它們儘快地進行私有化。「託管法」第二條明確規定，託管局應按照市場經濟的原則，將全民所有制企業進行私有化或予以出售；它應促進經濟結構朝著市場經濟的方向轉變，特別是對可以整頓的企業的繼續發展與私有化施加影響；通過有目的的拆散企業，建立具有市場能力的經濟結構。可以看出，託管局的任務主要是兩點：私有化和整頓。對能適應市場經濟發展的企業，必須迅速地進行私有化；那些勉強可以保留的企業，則必須加以整頓；而那些沒有任何希望的企業，則必須小心地、但又是堅決地予以停頓。

4. 到目前爲止的成就

將幾乎是整個國民經濟交給一個託管局而執行其私有化任務，是一項十分艱巨而且沒有前例的工程。近兩年來的實踐證明，託管局必須征服重重困難，以能勝此任。但是另一方面，託管局又掌握著原東德成千上萬企業及其從業人員的生殺大權，具有無上的權力，其政策成功與否，亦將成爲衆矢之的。

(1)私有化的成果

託管局剛成立的時候，因爲忙於建設組織自身，還未來得及顧及到委託給它的本來任務。只是到了九一年初，託管局的組織已經初具規模，因而，其工作的進展也變得比較順利起來。

託管局是這樣理解它的任務：整頓東德經濟的既快又好的路子是快速地推進私有化，將企業出售給潛在的投資者；只有在極少數例外的情況下，託管局才自己加工出方案，整頓那些可以救助的企業；已經不能整頓的企業，則必須停頓，而且是越快越好，以免繼續浪費資源。因而，私有化是其首要的目的。根據託管局的觀點，大多數的東德企業還是可以整頓的。到九〇年底，不能整頓而停掉的企業僅四、五十個，牽涉到四至五千人的工作位置。

但是，至少到九〇年底之前，託管局出售的企業數與預期的私有化目標相去甚遠。這一年，託管局總部賣出的企業不到二百個，收益近十五億馬克；分局也只出售了二百來個企業。不過，這一數字中沒包括賣掉的零售商業、旅館、飯店、藥房、書店和影劇院，它們之中的大部分實際上已經被賣掉或正在磋商之中。到九〇年十月，約二千八百個以前的財主得回了他們的企業財產（沒收財產的歸還），但到九一年初時，還有一千七百項申請沒得到辦理。

進入九一年以後，託管局的工作逐漸走上了正軌，私有化的工作也越來越順利。到三月底，總共已經賣掉了一千二百個企業。從時間順序上看，九〇年第三季度時月平均賣掉三十三個企業，第四季度月平均一百零三個，而九一年第一季度已經達到二百八十四個企業，第二季度月平均增至四百三十個企業。到九一年底，託管局總共賣出了五千二百個企業，其中二百五十個賣給外國投資者。從工業來看，到九一年底約出售了一千個企業，三百個企業歸還了原主，確保了三十五萬人的就業，但還有四千多個工業企業沒能賣出，爲剩下來的企業中絕大部分（百分之六十）。而且，在剩下的企業中，肥肉已經很少了，私有化的任務也越來越困難，但據託管局的說法，百分之七十的企業都是可以整頓的。

(2)為什麼私有化的進展如此之慢？

許多批評家認爲，託管局的私有化工作進行得太慢，而且各項政策執行不力。更有人認爲，託管局的政策目標應予以重新定論，也就是說，應該將經濟結構的調整及保證（充分）就業作爲政策重點。但是，他們卻忽略了託管局私有化工作的複雜性。

首先，託管局的工作受到一系列法律條文的束縛。原東德的全民所有制企業大多源於對私人企業的沒收，而依據聯邦德國的「基本法」（相當於憲法），私人財產是不可侵犯的，這樣，必須解決以前「非法」沒收的財產問題。這裏，一系列法律及「協議」作出了不同的規定：

——「統一協議」認定，一九四五年到一九四九年期間蘇聯占領當局進行的沒收不准翻悔，因爲這屬於國際法的問題，而且「基本法」是聯邦德國成立時制定的，管轄範圍沒那麼寬；

——「託管法」規定，一九四九年以後的沒收與充公應以「物歸原主」的原則行事，也就是說，歸還的原則應優先於經濟上的補償。

這種不平等的對待，直接侵犯了當年蘇聯占領當局進行的沒收受害人的利益，使得他們到聯邦憲法院申訴。直到九一年四月，聯邦憲法院才作出判決，認定申訴無效。因此，只能以其他的形式對他們的損失予以經濟上的補償。

一九四九年以後的沒收應以「物歸原主」的原則去辦理。這樣，幾乎所有的國有企業（除新建的以外）都有主可查。據估計，約有一百萬人提出了歸還一百五十萬項財產項目的申請。如果他們的歸還要求成立，則託管局不能支配這些企業，更不能進行私有化。

因此，由於缺乏具體規定財產所有權問題的法律，沒能很好地利用九〇年時好的投資氣候，東德的企業在不斷倒閉，新的生產能力則還沒有創造。九一年下半年，聯邦議會頒布了一項新的法律以規定不明確的財產權問題，取消私有化過程中的最大障礙，其主要內容包括三點：暫時將原企業主安排進他們的企業中任職；能通過私有化而保證工作位置的企業，託管局有權予以出售；在少數例外的情況下，如果原業主認爲安排得不妥當或拒絕的話，則託管局及其他社團可以支配這些地產和房屋，而不必考慮歸還原主的原則。這些規定減輕了託管局的工作負擔，爲私有化的快速進行消除了一個障礙。

其次，私有化的程序也是極其複雜的。首先必須進行招標，而且是國際性的，還要就出售企業的價格及其他方面的條件進行磋商；同時還要對出售的財產項目進行明確的劃分；更要避免先把肥肉賣了，剩下的賣不出去的現象。原則上是在國際上進行招標，感興趣者必須粗略地弄出一個整頓方案和資助計畫，而且必須通過有關銀行的審核。與其他的私有化例子相比較，一九八二年以來，聯邦德國僅出售了六百七十家公共企業，銷售收入也只有九十四億馬克，而且是在相當有利的情況下。英國進行的激進私有化也是極爲緩慢。可見，要將一個嚴格的公有制經濟全盤地轉化爲私有經濟，是多麼的艱巨。

最後，在相當短的時期內，也難以找到足夠多的具有能力和水平的私有化與整頓專家。進行企業合併，需要合適的企業經理及管理人才。在聯邦德國，沒有一個大銀行具有二十五個以上的「合併專家」。如果培訓的話，則需要時間，不可能一時造就那麼多需要的人才。

但是，時間不饒人。私有化進展緩慢的後果是：沒能進行私有化的企業仍然需要進行補貼和各種形式的國家援助；企業被迫處於一種觀望等待的狀態，調整措施遲遲難以實施；以前的銷售市場（特別是在對外貿易中）幾乎完全失去，而新的市場就根本難以開拓；高級職員流走了，技術工人也迅速減少，剩下的勞動力絕大多數是國家的社會負擔。因而，條件不是在朝好的方向變化，而是越來越糟。

(3)整頓及其他經濟政策目標

託管局政策的基本原則是私有化優先於企業整頓，儘可能快地爲企業找到私人買主。這是出於如下原因：首先，如果託管局優先執行國家的整頓政策，則總是存在著這樣一種危險，即以政策性的考慮（如保全就業等）而代之以經濟性的決策，其結果必然是資源的浪費，嚴重地影響市場經濟結構的產生。

其次，託管局不論是從任務上來看，還是從人員編制上來看，都不可能爲每一個需要整頓的企業設計出一套合適的整頓方案，並監督方案的執行。離開了私有化優先的原則，企業就會產生謀求短期市場利潤的行爲，而削弱逐漸形成的成本效益觀念。從競爭的角度而言，可能導致企業以尋求國家補貼來轉移市場的競爭。

但是，在目前的情況下，絕大多數的企業一時還難以賣出。怎麼辦呢？答案只能是迅速進行整頓：那些馬上可以賣出去的企業的整頓是新的所有人的事情；而那些需要較長時間才能進行整頓的企業，必須從託管局那裏得到財力上和人力上的支持。這裏還有一個技巧上的問題，即如何判斷哪一個企業還可以整頓而哪個企業又不能整頓呢？德國評審經濟發展的專家委員會建議，以一般銀行的判斷標準，如果銀行將不再發放給該企業貸款的話，則認爲該企業是不可整頓的，必須馬上停產，以免繼續發放補貼。

對那些一時難以出售，而又可以整頓的企業，必須繼續進行財政上的補貼，這也是託管局的任務之一。在託管局成立的初期階段，除開託管局組織的自身建設以外，還必須將全民所有制企業轉化爲股份公司和股份有限公司，更換和雇請企業經理，保證託管企業的資金流動等，這些都是託管局份內的事情。在貨幣轉換以後，大多數東德企業需要資金以支付到期的經常性項目和發給工人工資，託管局以一定的標準給這些企業發放貸款，以周轉其資金流動。九〇年第四季度，託管局辦理了四百個貸款申請，總金額達二十億馬克。另一資金問題也得由託管局解決，即以前東德全民所有制企業所欠債務的還本付息問題。在必要的情況下，託管局還可以作出決定免除這些企業的債務，或者申請破產。爲此目的，根據德德「國家協議」（Staatsvertrag），託管局可以從銀行貸款一百七十億馬克；「統一協議」（Einigungsvertrag）簽字生效以後，又將這一貸款的限額提高到二百五十億馬克，以能保證企業生產不因爲資金問題而受影響。

當然，託管局在出售企業的時候，還必須考慮到企業今後的就業問題，希望能增加雇員，而不是裁減更多的從業人員。因此，在磋商企業出售的條件的時候，託管局也要求買主出具就業上的許諾。另一方面，託管局則在企業的售價上作一定的讓步。但是，就業問題不應成爲託管局政策的中心點，特別是在許多企業已經出售以後。九一年底，在託管局管轄企業中的從業人員達一百六十五萬，占東德總就業人數的比例僅爲百分之二十二。這樣，減輕了不少來自社會的對託管局的壓力。

(4) **如何處理託管局私有化的收入？**

當然，在出售企業的過程中，託管局也可以取得一定數量的銷售收入，比如九一年的私有化收入就達九十八億馬克，估計九二年將收入一百四十八億馬克。如何處理這些銷售收入呢？一系列的法律條文作了極爲具體的規定，主要包括如下幾項：

・據「託管法」第二十五條第七款，託管局可以在資本市場上進行貸款，私有化後的收入可以部分地用於歸還貸款及付利息。

・根據「託管法」第五條第一款，託管局應將其私有化的收入優先用於東德企業的結構調整。

託管局面臨的私有化的困難性

就業人數	至少49人	50-99	100-199	200-499	500-999	1000人以上
馬上可以私有化企業所占的比例	35%	31%	21%	22%	12%	8%
可望出售的企業所占的比例	47%	54%	58%	51%	54%	58%

說明：以每一組作為一百，得出可以出售的企業在該組中所占的比例。

・根據「統一協議」第二十五條第七款，託管局應支付託管企業在一九九〇年六月三十日以前在德意志信貸銀行（原東德中央銀行）及其他銀行的貸款。

・根據「統一協議」第二十三條第三款，託管局和聯邦政府各承擔一半原東德政府債務的利息。

・根據「統一協議」第二十五條第三款，託管局的收入還應該用於歸還原東德的農業企業所欠的債務；以及根據「統一協議」第二十五條第六款，如果可能的話，還應給予在貨幣兌換時以二比一比率兌換的存戶予以補償。如何去進行補償，則沒作任何具體說明。

由於託管局在財政上的各項任務，到目前為止，儘管通過私有化也取得一定的收入，但託管局的財政卻是入少於出，九〇年的出超達四十三億馬克，九一年底時增至二百零五億馬克，估計到九二年底將達到三百一十四億馬克的出超。

目前看來，託管局的根本任務不僅還遲遲沒有完成，而且任務還十分艱巨。隨著時間的後移，託管局私有化的工作越來越困難了，其速度也將漸漸地緩慢下來，因爲易出售的企業已經賣掉了，剩下來的只是些「老、大、難」型企業。託管局面臨的繼續私有化的困難，可以從右表中看出來：

從表中可以看得出來，馬上可以私有化的企業隨着企業規模的增大而更困難，一千人以上的大企業中只有百分之八可以馬上出售，儘管平均看來百分之五十以上的企業都有賣出的機會。據託管局的觀點，目前他們已經完成了百分之四十的任務，三年以後可以完成私有化工作。即使是私有化的任務完成了，德國經濟上的「統一」仍遲遲不能實現，因爲經濟的統一意味著拉平兩個不同層次的國民經濟，這將是一項長期的、艱難的工程。

二　統一後的德國經濟

——是機遇？還是挑戰？

在聯邦德國的經濟政策中，一直追隨著四大經濟目標，即持續、適度的經濟增長、高就業水平、物價穩定以及對外經濟平衡，並且通過《穩定法》以法律的形式將它們固定下來，成爲判斷歷屆政府經濟政策成功與否的準繩。

德國實現國家統一後，經濟政策上也面臨著新的課題：鑒於四十年來計劃經濟給東德帶來的嚴重後果，要儘快地穩定東德經濟，並使之納入快速增長的軌道，並不是一件輕而易舉的事情，而是一個長期的、艱難的調整過程。因此，在新的情況下，西德傳統的經濟政策目標將面臨嚴峻的考驗。同時，東德經濟向市場經濟的轉變，不僅市場的擴大給德國經濟帶來良機，而且通過整頓以及經濟的大量投資，長遠來看也爲經濟發展帶來強大的動力。這裏，我們將試圖對一年多來德國的經濟發展進行某些剖析，並對今後的發展動向作出預測。

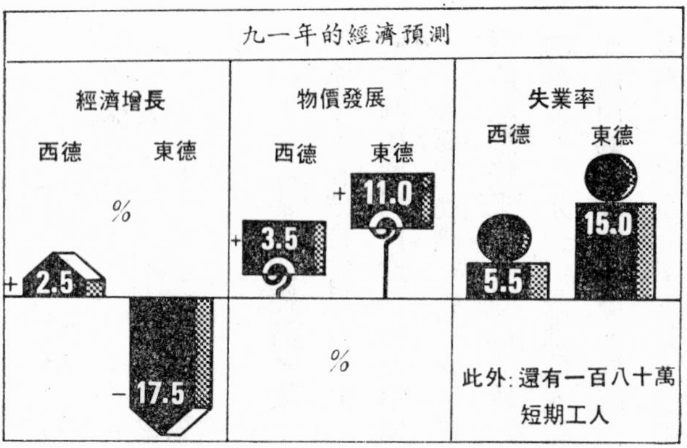

圖說：經濟研究所的經濟審定

(一) 德國經濟政策中的四大目標

從字面上看，聯邦德國經濟政策中的四大經濟目標是極爲空洞的，因爲沒有具體的標準來判斷。因此，我們將在以下對它們作一簡單的定義。需要說明的是，這些經濟政策目標不可能在同一時期全部得以實現，而是具有先後秩序。至於哪一時期優先哪一個經濟政策目標，則取決於當時政府經濟決策的著重點。

1. 持續、適度的經濟增長

作爲經濟政策目標的經濟增長本身就是有爭議的，何況這裏還加上了持續、適度兩個定語。一般而言，持續的經濟增長意味著盡可能地避免經濟的周期波動。在市場經濟中，經濟必須對市場的變化作出快速的反應，因而，周期性的變化是不可避免的，這時，國家必須採取措施，儘量地降低經濟波動的幅度及其對經濟發展帶來的不利影響。

而適度的經濟增長則意味著，國民經濟的生產潛力必須得到相應的增加，以滿足充分就業等經濟目標的需要。這裏，可以區分生產潛力的增加和開工程度的提高。一般而言，判斷經濟增長並不以生產潛力的增加爲準則，而是以生產潛力的實際開工程度（即一個國家一定時期內實際創造的國民生產總值及其發展狀況）。經濟的周期性發展也可以通過經濟的開工程度而得以證實：開工程度在不斷提高，經濟便走向繁榮，相反，經濟便陷入衰退。

爲了說明一國的人民生活水平，也可以運用人均國民生產總值這一指標。因爲，社會總產值只能說明經濟的總體發展水平，而不能體現居民的福利狀況，比如一個人口多的國家如印度的國民生產總值完全可能超過某一發達的工業國家，但這並不能說明印度的人民已經富裕了起來。

此外，現代經濟的發展還以工業化水平的高低作爲判斷國民經濟發展的標準，因而，一般也以分析工業的發展狀況代之對經濟發展的總體研究。在經濟理論（特別是福利經濟理論）中，還經常運用福利標準來判斷經濟的發展程度，如勞動生產率、收入分配狀況、環境及業餘生活等等。這裏我們就不作一一介紹。

2. 高就業水平

失業是現代世界經濟中的一個普遍現象，不論是市場經濟，還是計劃經濟（如待業），都將出現失業現象。失業的原因是多種多樣的，或者因爲經濟的動盪發展，或者因爲經濟結構的轉變，或者因爲資本配置的不足，以及工資上升而造成的成本增加等等。

具體能說明一個國家失業發展狀況的指標，主要有失業的絕對數量以及失業率的發展。按照聯邦德國的定義，失業率是指總失業人數與非自立工人加上失業人數的總和之比，而不是失業人數在總就業人口中所占的比例。除開失業率以外，短期工作人數的發展也能說明就業的一般趨勢，也就是說，短期工人數增加，則企業的經濟狀況在變壞，市場也開始不景氣起來，一段時期以後經濟將發生衰退，失業也隨之增加；相反，短期工人數量的減少，則意味著國民經濟在好轉，就業便會增加。

3. 貨幣價値穩定

從理論上講，貨幣的價値取決於一定量的貨幣在不同時期內能夠買到的產品的數量：商品的價格水平越低，貨幣的價値就越高，相反，貨幣的價値也就越低。因此，貨幣的價値經常與貨幣的購買力同義而語。

不同產品的價格發展是不一樣的，因而，我們必須區分絕對價格和相對價格兩個概念。相對價格指某一（或某類）產品的價格發展與其他產品的價格發展之間的關係，說明這一產品的相對稀缺程度，在市場經濟中起著信息作用。而絕對價格則指平均物價水平的發展，與貨幣購買力起反比例的變化，因此，可以由絕對價格的變化而導出貨幣購買力的發展。

但是，絕對物價也不是一個絕對客觀的量。最初，人們將一年內一個國家的國民價值創造的總和（即社會總產值）與貨幣量進行比較，計算出一個平均價格水平，以其時間序列的變化而作爲衡量物價水平發展的標準。必須說明的是，這裏的貨幣量不僅僅包括中央銀行發行的貨幣，即現鈔，而且還包括商業銀行的貨幣創造，如活期存款、定期存款等等。目前，聯邦德國運用的物價指數是「生存物價指數」，即「城市四人工人家庭的消費物價指數」，它是以一籃子城市四人工人之家消費的產品價格爲基礎的，通過計算出其在不同時點的變化而得出物價水平的發展。這一物價指數的不足之處在於，一旦產品的質量發生變化或者消費者的習慣有所改變，則難以通過物價指數得到反應，也就是說，它只能反應物價指數的量的變化，而不能反應出生活水平的質的變化。

4. 對外經濟平衡

從字面而言，對外經濟平衡是一個極易引起誤解的概念。從一個國家的國際收支平衡表來看，其對外經濟總是平衡的。因此，準確一點說，這裏指的是對外貿易的平衡。

當然，對外貿易的平衡並不是說進口和出口從價值上正好相等，因爲那種情況純屬偶然，而更大的意義上是指進出口貿易持續、穩定的發展，儘量避免出現較大的順差或逆差的現象。聯邦德國政府確定的對外經濟平衡目標是，貿易順差約爲國民生產總值的百分之一。但在實際中，這一目標是難以堅持的，西德自六十年代以來一直是貿易順差國，順差經常達國民生產總值的百分之五或更多。

以下，我們將分別看看這些經濟政策目標在德國統一後的新的考驗。

(二) 經濟增長

德國從經濟上的統一，才不過一年多的時間。因此，要判斷德國經濟發展的趨勢，必須將西德和東德的情況區別對待。

1.東、西德經濟實力的比較

原來的東德，國土面積爲十萬平方公里，約爲西德總面積（二十四萬八千平方公里）的百分之四十四；東德有人口一千六百六十五萬，爲西德人口（六千一百一十七萬）的百分之二十七。

但是，要比較東德和西德的經濟實力，則存在著相當大的困難性：一方面，東德和西德的統計方法相去甚遠；另一方面，東德的統計數據殘缺不全，還經常人爲地加以修飾，因此，以前東德的統計數據幾乎不能運用，因爲它不反映東德的眞正經濟狀況。九一年初的時候，德國國家統計局第一次以西德的統計方法計算出一九九〇年下半年度東德的部分經濟數據。儘管也不可能反映出經濟的全景，卻具有一定的可比性。據此，東德的經濟還不如西德經濟的零頭。九二年初，聯邦統計局又第一次計算出統一後德國的經濟發展狀況，得出的結論類似於上年的統計。

一九九一年，即德國統一後的第一年，整個德國的社會生產總值達二萬六千一百三十八億馬克，其中東德共生產了一千九百三十一億馬克的社會總產值，爲德國社會總產值的百分之六點九（九〇年下半年：百分之七點三），因而輕微下降了。西德各邦共生產社會總產值爲二萬四千二百〇七億馬克，因而，東德的社會總產值只有西德的百分之八不足（九〇年下半年：百分之八點三）。

一九九一年，東德的勞動生產率，即國內生產總值與總就業人數之比，人均達到二萬六千馬克（九〇年下半年：一萬二千五百馬克），僅爲西德水平的百分之三十（九〇年下半年：百分之二十八點五），因爲西德工人平均創造的國內生產總值爲八萬八千八百馬克。相比起來略有上升，升幅達二個百分點。

與此相比較，東德工人的平均工資水平則相對較高，九一年東德工人平均每月工資達一千六百六十馬克（九〇年下半年：一千三百馬克），爲聯邦地區工人每月平均的工資水平的百分之四十五（九〇年下半年：百分之三十七）。

從社會總產值的來源與運用來看，九〇年下半年時，東西德的差距還比較大。在來源方面，東德百分之四十四的社會總產值來自工業（西德：百分之四十），服務行業創造百分之十七（西德：百分之二十九）的社會總產值。在運用方面，東德的私人消費占百分之六十四點一（西德只有百分之五十六點三）；東德國家消費的比重達百分之二十五點六，西德只有百分之二十二點二。而投資在東德的社會總產值中占的比重百分之十點四，比西德的百分之二十三點六低得多。

但是到了一九九一年，東西德社會總產值的來源與運用在結構上就趨於一致，說明東德經濟朝市場經濟的轉變已經初獲成就。

當然，這裏只是對統一後已經發生變化了的經濟進行比較，很難說明統一前兩國的經濟狀況，我們也不在這裏去深入地研究。

2. 滑坡的東德經濟

德國實現經濟統一後，東德必須儘快地向市場經濟過渡。在這種極端的條件下，東德的經濟正經歷著一個痛苦的調整過程。儘管人們早已預知，東德經濟將難以經受這種嚴重打擊，生產將大幅下降。但是，其衰退的幅度之大，令經濟學家和政治家們都感到茫然。

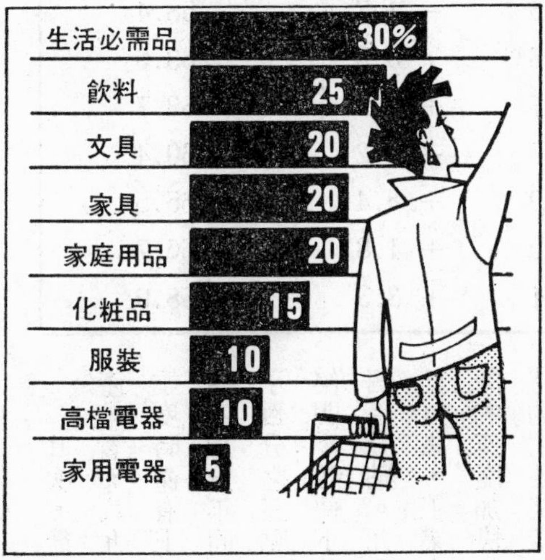

東德產品在東德商店貨架上的比例（九一年春）

首先，從社會總產值來看，在九〇年第三季度，東德的BSP就比上一年同期下降了約三分之一。據部分經濟研究所預測，東德的國民生產總值在九一年還將下降百分之十七點五，只有到了九二年下半年，國民經濟才能逐漸復甦，據聯邦經濟部估計，九二年東德的社會總產值將比九一年增加百分之十。

表一：統一後東德工業的發展

時間	與上月相比	指數（90Ⅲ＝100）
90: 8	− 7.2	100.7
9	− 9.8	90.8
10	− 0.2	90.6
11	＋ 8.5	98.3
12	−18.1	80.5
91: 1	−17.3	66.6
2	− 9.0	60.6
3	＋ 4.1	63.1
4	− 5.9	60.4
5	− 1.7	58.4
6	＋ 5.3	63.6
7	＋ 0.2	63.7
8	− 5.2	60.4
9	＋ 8.4	65.5
10	＋ 1.8	66.7
11	＋ 3.3	68.9

其次，從工業生產來看，八九年第三季度時還有上升的勢頭，比上年同期增加了百分之三點八，但第四季度便下降了一個百分點。九〇年開始以來，工業生產下降的速度加快，九月時的工業總產量已經比八九年九月（統一前工業生產的最好時

期）減少了一半。九一年，工業生產仍在繼續下降，最低的九一年八月，工業總產量只有九○年第三季度平均值的百分之六十點四。

東德工業生產的迅速下降，是由許多因素造成的：第一，來自「經濟互助委員會」的訂貨嚴重下降。九○年初以來，經互會各國不再履行以前的義務，大量減少對東德的訂貨，不僅是因爲缺少外滙，而且是以同樣的價格到西方去買質量更好、技術更先進的產品。九一年以來，國外訂貨仍在減少，到七月份時，訂貨總量比上年同期減少百分之二十三點三。第二，由於經濟結構的調整，大部分工業企業必須限制生產，而許多企業還不得不完全停工；新建的工業生產能量不是還沒納入計劃，就是還沒有開工。因而，生產的限制不能得到新的開工的補償。第三，東德地區工資的增長快於勞動生產率的發展，也阻礙了中小工業企業的建立。儘管如此，工業還是有最初的回升跡象：九一年三月，東德的工業生產便比二月份略有增加，從而達到一月份的水平；在五月份達到工業生產的最低點以後，六月和七月又略有回升；只是八月份時，東德工業生產又降到九一年五月的水平。之後，連續幾個月都有上升的趨勢，儘管增幅不大，沒有人們期望的那麼好，但是再沒有下降，說明東德工業已經走出谷底，正朝著好的方向轉變。

除工業以外，建築業和服務行業的情況也差不多。在東德經濟的調整過程中，建築業被認爲是經濟復甦的先導。但是，還在統一之前，東德建築業中的需求就開始下降，許多政府計劃的項目已經停建，新計劃的項目只不過存在於紙上。統一以後，建築行業仍繼續滑坡，而且越來越受到西德建築業的強大競爭：九〇年中期，東德建築行業便削減了十五萬個工作位置。目前，建築業仍沒有回升的跡象，主要的障礙在於房地產及其他產權關係的不確定房屋買賣時法制上和行政上的不健全以及缺少地產市場等，當然，房租不能彌補造房成本，也難以吸引投資者。近來，建築業的部分領域變得較爲樂觀起來，因爲邦和地方的財政狀況有所改善，可以進行公共設施領域建築項目的投資；隨著企業新建和改建計劃得以進行，大量的投資項目已經動工。今後幾年內，東德將成爲巨大的建築物，建築行業也定能爲經濟復甦起著先導作用，並成爲整個國民經濟良性發展的訊號。據專家估計，九二年的時候，建築業將增加百分之十到十五。

服務行業中的差別較大：飲食、旅館以及手工業等行業在社會主義計劃經濟中極不發達；社會消費性的服務行業，如衞生事業、文化教育事業等，則人員編制過多，國家給予大量的財政補貼；與企業的產銷相聯繫的服務，則大多由「大而全」的聯合體包辦。隨著向市場經濟的過渡，在不發達的服務部門中，供給將逐漸擴大，以適應人民羣衆需求的發展；與產銷緊密聯繫的服務，將從聯合體中分離出來，並形成相互間的競爭；而社會服務性的部門則必須由國家來解決。總的來看，德國的統一也給東德的服務行業帶來巨大的影響：第一，統一之初，對高消費嚮往的心理使得東德消費者偏愛西德的服務（如旅遊等）；第二，東德服務行業中價格嚴重上漲，也極大地影響了對它的需求，消費中自我動手的成分越來越多；第三，缺少合適的地段和房屋，也對手工業和小商業的發展產生較大影響。但是，服務行業中已經出現最初的好轉跡象。九一年第一季度，在新註冊的三十三萬個企業中，三分之二是手工業、商業、旅館和娛樂行業，儘管總的規模還不算大。可見，服務行業的復甦不是很久遠的事情。

總的看來，在國民經濟的調整之初，東德經濟各項指數的下降是不可避免的。問題只是下降的時間持續多久，下降的幅度有多大。東德經濟何時能走出谷底而重新起步，目前還難以定論。但是，不論是工業，還是建築業和服務行業，都有最初的好轉跡象。九二年初，東德的經濟情況是，工業還比較困難，將繼續解雇雇員；手工業卻明顯已經復甦，建築業正走向高潮，百分之八十到九十的企業都很滿意。德國主要經濟研究所預測，東德經濟在九二年下半年將普遍開始回升。只是回升的潛力有多大，是否能帶動德國經濟走向繁榮而出現第二個「經濟奇跡」，我們將拭目以待。

3.西德經濟的短暫繁榮

對西德經濟而言，德國的統一是一個不可多得的良好機遇，不僅能保持前兩年快速增長的勢頭，而且來自東德的大量需求使其走向繁榮。

一九八八年和一九八九年，西德的社會總產值實際增長將近百分之四。九〇年，社會總產值的實際增長率平均達百分之四點六。特別是實行貨幣經濟同盟後的第三季度，社會總產值的實際增長高達百分之五點五。但是，九一年只是上半年保持了這一好的增長勢頭，全年看只比上半年增加百分之三點二，說明統一的刺激已經逐漸過去。

此外，西德經濟的繁榮還表現在開工增加、貨物供應時間推

表二：西德社會總產值的實際增長
（與上年同期相比）

時間		增長率（%）
88		3.7
89		3.8
90	平均	4.5
	第一季度	4.5
	第二季度	3.4
	第三季度	5.5
	第四季度	5.3
91	第一季度	4.2
	第二季度	4.8
	第三季度	2.5

長、商品庫存明顯減少。經濟增長的刺激主要來自東德的大量候補需求，特別是消費性需求，給商業和服務行業帶來了難得的好時光。九〇年中期以後，西德各州的零售商業都出現比上年同期的兩位數式的增長。特別是在接近東西德邊界的地區，如西柏林九〇年七月零售商業比上年增加百分之五十一點六，八月比上年增加百分之五十二點八，其他州如下薩克森州、石勒蘇益格——荷爾斯泰因州以及黑森州也是類似情況。在來自東德的消費浪潮中，最初是電器商品和生活必需品的銷售額激增，如在九〇年第一季度，電器產品的平均銷售便比上年增加百分之十四點三。到九〇年下半年以後，汽車的銷路走俏，特別是舊汽車，東德公民紛紛更換了不甚雅觀的「特賴皮」（東德汽車 Trabant 的戲稱）。九一年以來，來自東德的消費刺激也明顯下降，西德零售商業的銷售再也不像上年那樣快速增加，九一年十月，零售商業的銷售額只比上年增加了百分之二點三。

對西德的工業而言，來自東德的刺激並不是特別的強烈。從表三中可以看得出來，西德工業在德德貨幣經濟同盟後的發展非常平常，沒出現大起大落的現象。這是因爲，對於一個外向型的西德式經濟而言，東德的市場畢竟是十分有限的，難以獲得更大的刺激。而且，在統一之前，西德經濟在東德市場上就十分活躍，是東德最大的西方經濟伙伴。而且，從年平均數來看，西德工業生產也相當穩定，八八年的增長率爲百分之三點七，八九年增至百分之

表三：貨幣經濟同盟後西德工業生產的發展

時　　間	工業生產指數 (1985＝100)	與上年同期相比 (%)
90年7月	113.1	5.8
9月	123.5	5.4
12月	117.0	4.0
91年3月	127.0	2.8
6月	125.1	7.3
9月	125.4	1.5
12月	115.4	−1.4

五點零，九〇年上升到百分之五點三，但九一年又降到了百分之二點九的水平，這也說明，東德給予的短暫刺激已經過去。可是，西德企業在東德的投資活動將隨著東德經濟的好轉而活躍起來。根據慕尼黑經濟研究所的研究結果證明，一九九〇年，西德企業在東德的投資總共達四十五億馬克，一九九一年計劃投資一百五十億馬克，一九九二年將提高到一百七十億馬克，這也將極大地促進東德經濟發展。

4.聯邦政府的「東部復興計劃」

在東德經濟的變革過程中，生產會嚴重下降，失業會大量出現。爲了儘快地轉變經濟的不利發展，國家必須採取一系列的措施，特別是在公共投資方面，進行大量公共設施的投資，以給予私人企業以良好的投資環境，起到就業的橋樑作用。九一年初，聯邦政府制訂了

「東部復興計劃」，爲期兩年，準備在九一年和九二年對東德分別投資一百二十億馬克，主要用於以下項目：

表四：聯邦政府的東部復興計劃

項目	資金：九一年（百萬）	九二年（百萬）
(1) 地方投資	5,000	
(2) ABM	2,500	3,000
(3) 交通	1,400	4,700
(4) 城市房建	1,100	1,100
(5) 地區經濟	600	600
(6) 造船援助	130	260
(7) 環境	412	400
(8) 高校	200	200
(9) 投資補貼	388	650
(10) 聯邦房地產維修	270	50
(11) 其他		1,040

地方投資項目：提供總共達五十億馬克的資金，供地方投資而用，主要用於房屋和設備的維修，特別是學校、醫院及養老院。

創造勞動措施（ABM）：九一年提供二十五億馬克（九二年增至三十億）的資金創造工作位置，以後談到就業時我們還將具體涉及ABM措施。

交通領域：總共給交通領域的修繕提供了六十一億馬克（九一年：十四億馬克；九二年：四

十七億馬克），其中，十九億馬克用於建築聯邦一級公路，二十五億馬克用於改善地方交通。

城市住房建築：爲此，九一年和九二年各提供了十一億馬克的資金。其着重點爲：每年各用七億馬克來修繕，擴充和增修出租房屋，百分之二十的資金用於私人購房補貼，一人最多可以得到七千馬克的補貼，九一年和九二年各爲此提供二億馬克；此外，還計劃二億馬克用於城市建設，一億馬克用於保護碑貼和文物。

促進區域經濟的發展：爲了促進落後地區的經濟發展，聯邦和州將各提供一半的資金，改變地區經濟結構。九一年與九二年，聯邦提供各爲六億馬克的資金。

對援助船舶企業、改造環境、促進高等學校的發展、對私人經濟進行投資補貼等，聯邦政府也準備了數量不等的資金。

通過以上這些措施，聯邦政府希望能克服東德經濟在近期內的糟糕狀況，從而，爲整個德國的經濟高漲打下基礎。九一年底，百分之九十九的該年度的資金都已經支出。據聯邦經濟部認爲，東部復興計劃九二年底以後還將延長。

5. 未來展望

目前，德國經濟發展的總的圖象是：西德經濟在高漲後已經平緩下來，東德經濟已經逐漸穩定。問題只是，東德經濟穩定下來後朝着好轉的方向發展的潛力有多大？這裏，仍存在着一系列的不利因素，例如工人的培訓問題、環境汚染的問題、公共設施落後等等，另外，東德工人的工資增長過快，與勞動生產率的發展脫節，也令人感到憂慮。與上一年相比，東德平均工資水平提高了約百分之六十，而勞動生產率仍停滯不前，將或多或少地阻礙經濟的恢復與發展。

但是，據主要經濟研究所預測，東德經濟將於九二年初普遍走出谷底，建築業在九〇年秋便有上升的勢頭。因而，從長遠來看，東德經濟的恢復發展具有很大的潛力，這裏的優勢在於：新的投資使用最現代化的設備，給生產的發展打下良好的基礎；而國際上的強烈競爭和企業的市場經濟觀念則給予企業以生存壓力，更新將成爲經濟發展的動力。某些經濟專家認爲，東德的經濟發展已經類似西班牙的經濟結構。

不容質疑的是，西德經濟也將利用這一有利的經濟氣候，增加企業的生產潛力。但是，從整體而言，東德經濟能給予西德經濟的刺激是十分有限的，因爲東德的市場與經濟潛力對以外貿爲生的西德經濟而言，只是短時期內的嗎啡，一旦市場飽和以後，西德經濟又必須另求它路了。普遍的觀點認爲，西德九二年的國民生產總值將只增加百分之一點五左右，而且某些專家已經呼籲德國（西德）將發生經濟衰退。因此，今後幾年內德國經濟的總體發展趨勢應該是：東德經濟將快速恢復，西德經濟高漲的情形也將平緩下來。決定德國經濟長期發展的力量應是世界經濟的發展，取決於西歐美國的經濟狀況，取決於蘇聯、東歐各國經濟體制的成功變革，也取決於其他第三世界國家經濟的健康發展。

㈢ 就業的發展狀況

東德在從計劃經濟到市場經濟的變革中，必須革除以前非效益的國家管制經濟，這樣，企業的關閉、合併、出售以及轉行是不可避免的，失業便是具邏輯後果。

1. 統一後東西德的就業發展狀況

表五：統一後西德就業的發展

時間	就業人數（萬）	比上年增加（萬）
90: 6	2841.3	67.6
9	2880.0	71.2
12	2874.8	73.1
91: 3	2874.9	58.4
6	2900.3	59.0
9	2923.0	43.0
12	2893.4	18.6

表六：統一後東西德失業和短期工人的發展

時　間	西　德			東　德		
	失業人數（萬）	失業率（%）	短期工人數（萬）	失業人數（萬）	失業率（%）	短期工人（萬人）
90年7月	186.4	6.9	3.0	27.2	3.1	65.6
9月	172.8	6.8	3.2	44.5	5.0	172.9
12月	178.4	6.8	5.1	64.2	7.3	199.0
91年3月	173.1	6.5	13.9	80.8	9.2	199.0
6月	159.3	5.9	16.3	84.3	9.5	189.9
9月	161.0	5.4	13.3	102.9	11.7	133.3
12月	173.0	5.8	17.3	103.8	11.8	103.5
92年1月	187.0	6.3	21.5	134.3	16.5	52.0
2月	186.3	6.1	24.8	129.0	15.9	51.8

跟經濟的發展一樣，東西德統一後勞動市場上的發展也是兩種完全不同的圖象：西德的就業不斷增加，失業逐漸減少；而東德的就業則迅猛下降，失業與日俱增。

在西德勞動市場上長期以來的緊張狀況隨著德國的統一而緩解下來，就業人數一度增至二千九百萬人（九一年六月），即使是九一年十二月，儘管來自東德的刺激在經濟的各方面都逐漸減弱，但西德的總就業人數仍比九〇年底多出十八萬六千。與此相反，西德的失業人數則在不斷地下降，從九〇年七月的一百八十六萬人降至九一年九月的一百六十一萬，失業率也從百分之六點九降至百分之五點四，這是科爾政府一九八二年執政以來勞動市場最好的時期。只是九一年十月以來，西德的勞動市場也在朝著不利的方向變化，失業人數又增加到九二年二月的一百八十六萬，失業率達百分之六點一，長期以來比較穩定的短期工作人數則突然升至二十四萬八千，這一切都是西德經濟發展中的不好兆頭。

而且，西德的失業大軍並不是突然消失了，而是從西德轉移到了從前的東德。儘管在實行貨幣經濟同盟的時候就認識到了東德失業的嚴重性，並且採取了相應的措施（所謂的「社會同盟」），但是，要真正避免失業是絕對不可能的。九〇年下半年以來，東德失業人數的發展突飛猛進，從七月份的二十七萬增至年底的六十四萬，九一年七月更是增加到一百零六萬，失業率也相應地從百分之三點一

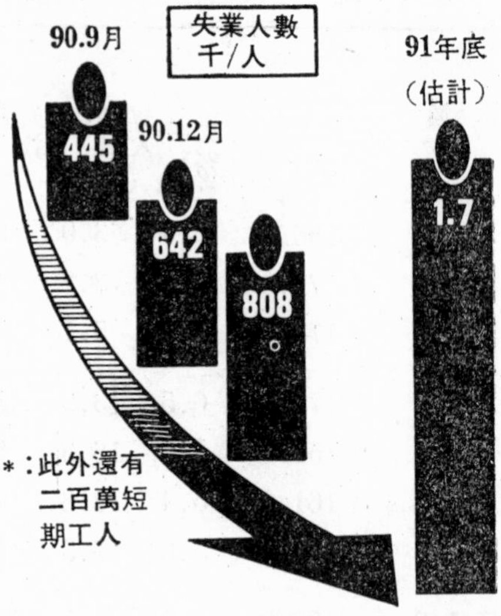

東德勞動市場的困境

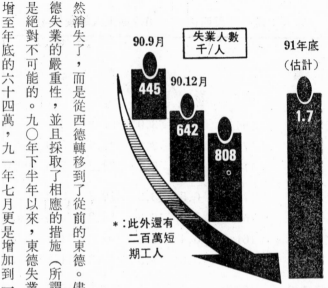

提高到百分之七點三或九一年七月的百分之十二點一。此外，短期工人數的增加也相當迅速，九〇年底時，就已經接近二百萬，只是九一年中期以後，才逐漸有所下降。目前，東德的勞動市場仍沒有好轉的跡象，相反，而是在變壞，失業人數一度上升到一百三十四萬，失業率也相應地提高到百分之十六點五。這樣，東德人民的失業並不只是一個短期的問題，而且是對德國經濟穩定發展的長期威脅。

九二年一月，整個德國的失業人數比九〇年底增加了四十五萬，從而在德國統一後第一次超過三百萬失業人數大關。聯邦政府經濟部估計，九二年西德失業人數將保持一百八十萬，東德失業高達一百三十到一百四十萬，甚至有人認爲會超過一百五十萬。因而，九二年德國的勞動市場將十分緊張，也給政府帶來嚴峻的挑戰。

2. 聯邦政府促進就業的政策

爲了促進勞動市場上的良性發展，聯邦政府不僅採取了積極的就業政策措施，而且還給予大量的財政補貼。一九九一年，聯邦勞動局從聯邦預算中獲得七百零九億馬克的資金，其中一半是爲積極的就業政策而支出的。從表七中可見，聯邦政府在東德勞動市場的投資（二百零六億九千九百萬馬克），比在西德勞動市場使用的經費還要多三分之一左右。

以下，我將簡單地介紹一下聯邦政府促進東德就業的幾項措施。

(1)短期工作費

短期工作工人費的規定，一直到一九九一年底都有效。其具體內容是：在許多情況下，東德的工人將面臨解雇的威脅，其現有的工作位置也難以保住。爲了避免這種情況的解雇，保證工作位置，可以由聯邦勞動局支付短期工人費。這裏，聯邦勞動局承擔一切短期工作費享有人應交的醫療保險和養老金保險，只是享受人必須任何時候都可供聯邦勞動局支配，以便在適當的時候把他們介紹到另一個工廠去工作。如果在領取短期工作費時工人還參加勞動局的職業培訓措施，則聯邦勞動局還可以付給生活費用，有小孩的工人可以得到最後工資的百分之七十三，其他工人則得百分之六十五的工資。

表七：聯邦勞動局的就業政策措施

目的	西德（百萬馬克）	東德（百萬馬克）
職業培訓	7819	7721
復職費用	3591	716
短期工人費	290	7022
勞動創造措施	2860	2740
額外勞動創造		2500
總計	14560	20699

(2)職業培訓和轉業措施

除開支付短期工作費以外，對失業工人、短期工作工人的職業培訓也具有極其重要的意義。聯邦勞動局制訂了一系列職業培訓措施，直到九二年底都有效。其中主要有：

・廣泛促進在高等學府、專科學校及其他教育機構進行的職業教育及轉業措施，因爲東德的專門職業教育機構還沒健全。

・爲了給予每個工人廣泛的職業前景，也資助還沒受到失業威脅及沒有收到解雇通知的在職工人的培訓。

・到九〇年底，聯邦勞動局利用勞動部的特殊基金一億八千萬馬克，設立了一百二十八個教育深造的機構，具有一萬八千七百個職業深造的位置。這一措施將繼續進行下去，到九三年底，還將提供二億五千萬馬克的資金，繼續設制二萬到二萬五千個深造位置。

此外，聯邦勞動局的各分局也給予工人以各種信息和諮詢，經常給予多方的勞動指導，特別是讓工人了解在何種行業需要何種教育。

(3)勞動創造措施（ABM）

勞動創造措施，簡稱ABM，是聯邦政府直接爲解決東德工人就業而採取的措施。原計劃將這一措施執行到九一年六月三十日，後又延長到了九二年底。

運用ＡＢＭ資金，聯邦政府促進一系列具有公共利益的項目。這些項目中，如果沒有國家資助，則要麼根本不可能進行，或者是很晚才得以進行而又難以完全實現的措施，例如環境保護、交通和社會事務性部門。這些項目如果雇用失業工人，則可以得到幾乎是百分之百的工資補貼，而且還可以給予三分之一左右的實物費用補貼，並能發放優惠低息的實物貸款；承建人可以是城市、區、縣或邦，也可以是大學、公共企業、社會福利組織、經濟企業或者各種協會。

到九〇年底，東德已經有二萬七千人參加ＡＢＭ措施。因此，聯邦勞動局決定將九一年的參加人數提高到十三萬，提供資金二十八億馬克。九一年二月，聯邦政府又一次決定將參加人數提高到二十五萬，可支配的資金也翻了番。但是，到今年九月底，參加ＡＢＭ措施的人數大大增加，已經大大地超過了計劃的二十六萬人，故聯邦勞動局決定將今後參加ＡＢＭ措施的工人工資補貼降至百分之九十，實物補貼也降到百分之二十。九一年底的時候，參加ＡＢＭ措施的人數已經達到四十萬。據聯邦勞動局透露，九二年將再增加十五萬ＡＢＭ位置。

除開在公共部門投資，以帶動私人資本以外，還計劃了如下促進勞動就業的措施：

・雇主如果額外雇用年齡較大的失業工人，則可以得到完全的工資補貼，特別是雇用年齡較大而失業的時間又比較長的工人。

・失業工人如果自立開業，最初幾個月內可以得到過渡性的補貼。

通過以上一系列政策措施，聯邦政府試圖暫時地緩和東德勞動市場上的緊張狀況。而且這些措施也已經部分地取得成果：據估計，九一年內東德經濟失去了總共三百萬個勞動位置，而到年底的時候，東德的失業工人總數才一百萬左右，其餘的二百萬勞動位置是如何彌補起來的呢？我們可以得到如下數據：九一年之內，東德工人進入退休和退休前狀態的達六十多萬，五十多萬人到西德去工作，四十萬人參加聯邦政府的ＡＢＭ措施，還有四十萬人參加聯邦勞動局的轉業及培訓措施，這樣，聯邦政府爲東德勞動市場的財政支出（總共約爲三百五十億馬克）解決了東德八十萬人的工作問題。

當然，光靠國家的力量是不夠的，還必須依靠整個國民經濟的發展，特別是私人資本的大量投資。鑒於東德經濟目前的困境，失業問題在一段時期內還是難以解決的，這也是一年多以來東德社會不穩定的因素之一。而且，ＡＢＭ措施本身也是不無爭議的，它就像是東德取消計劃經濟以後，國家給予的第二個「鐵飯碗」，它並不是解決面臨失業的人的困難，而是與私人經濟爭奪技術勞動力（因爲ＡＢＭ的人工資目前比私人經濟中高），從而排擠市場。端到這個「鐵飯碗」的人又可以像在計劃經濟中坐吃山空了。從這個意義上而言，ABM措施嚴重地阻礙了向市場經濟的過渡。至於誰是誰非，目前各有己見，仍難以定論，只是國家的政策措施在某種意義上解決了東德的許多問題，不僅僅是一時的失業，而且給他們創造了職業前景，穩定人心；同時也能改善宏觀設施等方面的落後狀況，給私人經濟的投資創造條件。

㈣ 物價穩定

德國的統一，對馬克貨幣價值的穩定也是不無影響的。一年多以來的發展說明，不論是在西德，還是在東德，物價的上漲都在加快，通貨膨脹率的上升已經是一個危險的信號；此外，爲了資助東德經濟，德國政府也必須大舉借債，公共債務的增加也是通貨膨脹的一個重要的潛在因素。

1. 通貨膨脹的發展

從以下表八可以看得出來，不論是舊的聯邦邦，還是新的聯邦邦，物價指數的發展都是傾向於上升的。西德的物價指數從九〇年六月的一百零六點八增加到九一年十二月的一百一十二點六，物價上漲率也相應地從百分之二點三上升到九一年底的百分之四點二。如果說九〇年還可以將物價上漲率保持在上一年的水平（九〇年：二・七%；八九年：二・八%），而九一年便比九〇年增加了百分之零點五。據聯邦政府估計，九二年的物價上漲將在西德達到百分之三點五，經濟專家認爲這一估計還過於保守樂觀。

表八：統一後德國物價的發展狀況①

時間		西德		東德	
		物價指數 (85=100)	上漲率 (%)	物價指數 (89=100)	上漲率 (%)
90	平均	107.0	2.7		
	3月	106.3	2.7		
	6月	106.8	2.3		
	9月	107.5	3.0	96.6	−3.4
	12月	108.1	2.8	99.1	−0.9
91	平均	110.7	3.5		
	3月	109.0	2.5	111.4	8.2
	6月	110.5	3.5	114.1	10.5
	9月	111.7	3.9	115.4	16.6
	12月	112.6	4.2	127.6	26.7

①指全體家庭的消費物價指數及其變化

在東德，實行貨幣經濟同盟後的初期，物價的平均水平還略有下降。但是從九一年初開始，物價上漲速度加快，年中以來，上漲的速度超過百分之十。九一年底，更是達到了百分之二十六的高水平。

物價快速上漲的原因，在東德和西德是不一樣的。在西德，因爲國家在發展東德經濟中的重擔，必須進行大規模的投資，因而必須提高債務和增加稅收，就是一九九一年，德國的公共債務就將達一千四百億至一千六百億馬克，給物價穩定帶來不良的影響。此外，工人要求提高更多的工資，沒考慮到給國民經濟帶來的不良後果。再則，因爲經濟的過熱發展，企業要求貸款增加，聯邦銀行的貨幣政策措施執行不力也是一個重要因素。儘管幾次緊縮銀根，但不論是在時間上還是從幅度上看，銀根都緊得不夠。

新的聯邦邦的情況則不一樣。這裏，必須改革以前的官僚物價體制，放開商品價格，以不同的步驟使得物價逐漸達到西德水平。統一之初，先是將工業品和生活必需品的物價放開，使得這些產品的物價水平較快上漲，有的甚至超過西德水平，但等到需求較爲穩定以後，價格水平也基本保持與西德一致，某些產品的價格甚至還低於西德水平。九〇年底，國家又將能源、交通及住房領域的部分物價放開，因而電氣、煤氣費上漲百分之二百，鐵路客運價格上漲百分之八十，市內公共交通價格上漲百分之四十四，因此，公共事業的價格成倍上漲，整個物價水平也在上移。但是，由於公共事業在私人消費中占的比例不是很大，故整個物價水平的發展還沒出現過於出格的局面。

2. 統一的費用：公共財政赤字劇增

到目前爲止，儘管德國已經統一一年多了。但是，要能比較準確地估計東德經濟復甦需花費的資金，還是不可能的。因而，只能通過模型作一大概的估計。據慕尼黑經濟研究所採用的模型估算，今後五年之內，原東德需要七百至九百億馬克的投資，其中，國家必須負擔四至五百億，而私人企業將從事三百至四百億馬克的投資，也就是說，國家必須每年對東德進行一百億馬克的投資。通過「東部復興計劃」，國家已經在九一年和九二年將一百二十億馬克的措施列入預算，儘管不是全部用於經濟建設。但是，這樣宏大的資金援助絕不可能是一年兩年的事，而必須中長期地繼續下去。

目前，因爲東德經濟的癱瘓狀況，東德的政府機構（邦和地方）還沒有能力來進行必要的投資，它們的稅務收入少得可憐，也不可能指望近幾年內有所改善，因此，也要依靠聯邦財政的補貼。

就聯邦政府而言，要順利地解決發展東德經濟的任務也不是那麼容易的。一方面，統一之前聯邦財政就已經是債務累累；另一方面，德國的統一至少到目前還沒有出現聯邦政府所期望的經濟活力，因而，給財政帶來的收入也是極爲有限的。因此，政府只能採用傳統的手法，要麼增加稅收，將負擔轉嫁給勞動人民，要麼再行舉債，增加資本市場的壓力。

儘管在統一後聯邦大選之時，執政黨ＣＤＵ及柯爾總理一再聲稱不再增稅，統一的費用完全可以通過經濟的動態發展來資助。但今天的事實證明，這一切許諾只不過是競選謊言而已，至少他們是過於樂觀地估計了東德的經濟狀況及其給經濟帶來的激勵。一旦清楚地認識到目前的處境以後，增稅也就提到了議事日程。九一年七月一日，《稅務修正法》生效，對所得稅征收總額達百分之七點五的附加費用，期限爲一年，但也有可能會延長。與此同時，還提高了原油稅和保險稅，使得汽油的價格出現了幾十年來的最高上漲，甚至比石油危機時價格上升還嚴重。九二年一月開始，還將提高烟草稅。另外，目前正在討論增收商品流轉稅的問題。

另一方面，國家還大舉借債。按照年初制訂的九一年度財政預算，此年的新債將淨增七百億馬克，實際還有可能超過這一數字。與前幾年相比較，八九年的時候，公共債務總共只二百六十億馬克（其中聯邦債務爲二百一十五億馬克），占社會總產值的百分之一點二。到了九〇年，總債務便增加到一千一百二十億馬克（聯邦借債九百億馬克），在社會總產值中的比重增至百分之五，九一年時還將上升。

不論是增加稅務，還是大舉借債，都將增加貨幣政策的負擔，給貨幣價值的穩定帶來威脅。九一年七月提高稅務時，西德物價便上漲了百分之四點四，東德物價上漲更是達百分之七點五。聯邦銀行一方面呼籲政府節省開支，另一方面運用傳統的貨幣政策，控制貨幣量的發展。九一年中，聯邦銀行便將貼現率提高了零點五個百分點，抵押貸款率也兩次從百分之九提高到百分之九點五。儘管聯邦銀行的一切努力，九一年德國的通貨膨脹率還是超過百分之三這一水平，明顯地高於九〇年的百分之二點七，是十年以來的最快上漲。因此，德國的統一及東德經濟所需的援助給德國馬克的幣值穩定帶來新的考驗。

(五) 對外經濟的發展

西德是一個傳統的對外貿易國家，德國的統一，也給德國的對外經濟發展帶來一系列的影響。從表九可以看得出來，西德的進口和出口有增有減，但總的趨勢都是在增加，只是進口比出口增加得更快。九一年四月，德國進出口貿易自一九八一年以來第一次出現了逆差（總共達十四億馬克），九月，對外貿易又一次出現三億馬克的逆差，這給嚴重依賴對外經

表九：西德對外貿易的發展

時間	進口（百萬馬克）	出口（百萬馬克）	盈餘（百萬馬克）
90年7月	45842.1	54025.8	8984.0
9月	43164.7	48469.9	5305.0
12月	47599.9	48621.4	1022.0
91年3月	52452.1	55012.9	2581.0
6月	52375.2	52561.5	186.0
9月	53400.0	53100.0	−300.0

濟的西德無疑是一個嚴重的打擊。

西德對外貿易的這種發展，主要是因爲東德的需求仍高漲不減，導致進口的快速增加。九一年前三個季度中，進口比上一年增加了百分之十六，總額達四千八百四十億馬克，而出口只比去年同期增加了百分之三點一，達四千九百二十億馬克，這樣，前三個季度的外貿順差僅爲可憐的八十億馬克（九〇年前三個季度的外貿順差爲九百一十億馬克）。

據九一年中期德國外貿機構對四十八個國家進行的民意測驗，九一年，德國的出口將增加百分之二到百分之三，因爲少數亞洲和拉美國家的市場在開放。但是另一方面，德國的進口將增加百分之十左右，主要是歐洲的國家把德國的統一看作一個良好的機遇，擴大對德國的出口，例如一九九〇年，丹麥對德國的出口增加百分之十八，葡萄牙百分之二十四，土耳其百分之四十，而且進口的高潮近期內仍將持續下去。從進口和出口的總和看，德國在世界貿易中的份額（目前爲百分之九點八），仍能保持下去。

可是，進口的急增和出口的減緩將導致德國的外貿盈餘急遽減少。從表九中就可以看得出來，德國對外貿易的順差從九〇年七月的八十九億八千四百萬馬克降至九一年六月的一億八千六百萬馬克，九月時更是出現了三億馬克的逆差。這也將嚴重地影響德國馬克對外價值的穩定。因而，馬克兌美元和其他自由兌換貨幣的比率總是起伏不定，從九〇年一度時期的一馬克兌換零點七一美元（一美元＝一・四馬克），降到九一年上半年的一馬克等於零點五五美元（一美元＝一・八馬克），最近，馬克與美元的比例又升到零點六四美元（一美元＝一・五七馬克）。貨幣對外價值的不穩定，又將影響對外貿易的發展。

東德的情況比西德更糟糕。在向市場經濟結構轉變的過程中，東德的對外經濟結構也必須得到調整。以前，東德的對外經濟單一地向「經濟互助委員會」的社會主義國家發展，九一年開始，經互會國家以硬通貨進行外貿結算，因爲缺少外滙收入，便大量地減少了對東德的訂貨，因而使得東德的對外貿易幾乎陷於癱瘓。只是在目前，東德還只能顧及國內經濟的發展，不可能在外貿領域作更多的事情。

㈥ 結束語

到此爲止，我們從經濟增長、就業、物價穩定以及對外經濟發展等方面對統一後的德國經濟作了局部的分析。這裏，我們又回到本文的附標題上：德國經濟的統一，是機遇？還是一個挑戰？我們也必須給予一個答案。

要完全徹底地變革一個根深蒂固的計劃經濟，建立一個全新的經濟制度，對國家的經濟政策而言，無疑是一個嚴重的挑戰。不僅以前的經濟政策目標受到嚴峻的考驗，而且新的問題有待去解決，而且是越快越好。這些都不是紙上談兵的事。

但是另一方面，德國的統一也給經濟的發展帶來一個機遇。不僅西德經濟在短時期內將繁榮下去，而且東德的經濟發展也存在著希望的曙光。今後幾年內，德國經濟發展的脈絡已經比較清晰，可以作出如下論斷：

從經濟增長來看，東西德在統一後將發生第二次逆向發展，也就是說，西德經濟的增長會疲軟下來，而東德經濟將全面恢復。九二年，西德實際社會總產值的增長將只有百分之一點五左右，工業生產會停滯不前，甚至下降；東德的社會生產總值的實際增長將達百分之十，各個行業也將全面恢復。據估計，東德經濟在四到五年內將出現期望的「奇跡」。

就業上，東西德的發展比較一致，失業人數都將增加，總失業人數將增至三百二十萬左右，是戰後以來的最高紀錄。只有到秋天以後，東德的勞動市場才能穩定下來，失業不再增加，就業則越來越多。到那時，東德的勞動市場會好轉起來，但也很難改善整個德國勞動市場的狀況。因此，充分就業的目標將在統一後的德國經濟政策中起著舉足輕重的作用。

與此相比較，貨幣政策上則不至於引起過多的憂慮：一方面，隨著東德經濟狀況的改善，聯邦的財政負擔將越來越輕，給予貨幣政策的壓力也越來越小；另一方面，聯邦銀行將繼續堅持一貫執行的緊縮貨幣政策，保證馬克的內在和外在價值的穩定。引起貨幣政策上憂慮的是德東西區的工資的快速增加。在近段時期的勞資雙方磋商中，工會要求的工資提高都在百分之五以上，引起經濟界的極大不安，因爲不論是在東德，還是在西德，勞動生產率幾乎都停滯不前，工資的上漲只能帶動物價的全面上升，這種工資物價的螺旋上升關係會嚴重抑制經濟的發展。

外貿是聯邦德國的立國之本，可是近兩年來，因爲東德的需求增加，德國外貿狀況不甚理想，順差越來越少。九二年一月，外貿順差只有五千萬馬克，因此，國際收支逆差在逐漸增大，九一年底時還只有十七億馬克，九二年一月便增至六十四億馬克。在東德市場已經逐漸飽和以後，對外貿易及世界市場又將提到西德經濟的議事日程，據聯邦經濟部的說法，九二年預計社會總產值的百分之一點五的增長，如果沒有外貿領域的貢獻，便不可能實現。

因此，改革東德的計劃經濟是一項極爲艱難的任務，不僅是對東德，而且對西德也是一樣。但是，目前東德經濟的轉變已經取得了巨大的成果，如果眞能在三、五年內出現奇跡，那麼，社會主義的改革者們將無地自容了。

三　從計畫經濟到市場經濟

——經濟發展的東德模式及其對東歐經濟發展的啓迪

㈠ 引言

七十年代以來，世界經濟在危機，而社會主義國家的經濟卻在快速發展，經濟學家的注意力也主要集中在對發展中國家經濟的研究。可是近幾年來，人們的視線又轉移到變革後的東歐，從事對從計畫經濟到市場經濟的變革的理論探討。這一變化的背景是：自一九八九年底以來，原先是社會主義的東歐各國，從政治體制上已經相繼走上了民主化道路，那種蘇式高度集中的計畫經濟體制已經不能適應新的政治氣候。改變現行的經濟管理模式，實施以市場機制爲中心的經濟體制，便成爲這些國家的當務之急。

經濟理論上，在這一領域仍存在著一塊未被逾越的地區。不論是東方式的社會主義經濟理論，還是西方的市場經濟理論，都沒能為這一變革提供足夠的理論基礎。從這一點來看，東西德經濟統一之路令經濟學家感興趣，因為在一個同樣推行了四十餘年計畫經濟的國度中，以國家統一的方式而廢棄舊式經濟體制、引入新的經濟運行方式，無疑也為變革社會主義計畫經濟提供了一個發展模式的例證。

一九九〇年七月一日，德德貨幣經濟同盟的實施，是德國經濟統一的里程碑，同時也是東德經濟發展的轉折點。自此，計畫經濟與市場經濟在這裏並存，並進行著直接的較量，計畫經濟的一切弊端也就暴露無遺。但是，兩個性質完全不同的國民經濟的統一，並不是簡單的數學組合，不論給發達的資本主義國家西德，還是給「發達的社會主義國家」東德，都帶來一系列嚴重的挑戰。只是在國家統一的陶醉之中，一切的危機感和責任感都被政治家們忘記得一乾二淨了，更是沒有拿出解決落後的東德經濟的可行方案。

先前，聯邦政府曾經認為，統一後東德發展的資金問題不足一提，因為統一將給予雙方的經濟以強大的動力， 經濟的動態發展可以自然而然地周轉出資金，以解決東德面臨的困境。但是，聯邦政府完全過低地估計了四十年社會主義經濟帶來的嚴重危機。一年以後的今天證明，聯邦政府的一切幻想都遭破滅，特別是對選民們的「不增稅收」的許諾只不過是一時的謊言罷了。今天，我們也就更能夠理解德德貨幣同盟之前許多經濟專家（包括聯邦銀行行長玻爾）的忠告。

東德的經濟發展模式是特殊條件下的產物。首先，柏林牆打開以後，東德的勞工可以自由地流到西德勞動市場，給東德經濟帶來的壓力也隨之增大，必須進行結構調整；貨幣經濟同盟實施以後，給予了東德一個硬的、可以自由滙兌的貨幣，又增加了經濟的國際競爭壓力。從這兩點來看，發展的條件都絕不能說特別有利，變革越是極端，經濟所承擔的壓力就越大。因而，東德的發展模式能給予東歐各國的經驗價值極爲有限。但是，與東德一樣，東歐各國也無可奈何地試行了幾十年的社會主義計畫經濟。政治制度變革以後，它們也崇尚西德式的「社會市場經濟」。東德經濟變革中的著眼點，以及一年多以來的成功與失敗的經驗教訓，仍可以給予這些國家以不同的啓廸。特別是從長遠來看，向世界市場的開放、貨幣的硬化以及經濟結構的調整，仍是這些國家經濟發展的核心問題，必須予以逐步的解決。

㈡ 東德的經濟發展模式

任何經濟的發展，實質上是經濟的自我更新過程。這裏，熊彼特（Schumpeter）的「創新」理論仍不失其現實意義。熊彼特認爲，在經濟的內部存在著一種力量，它使得經濟衝破

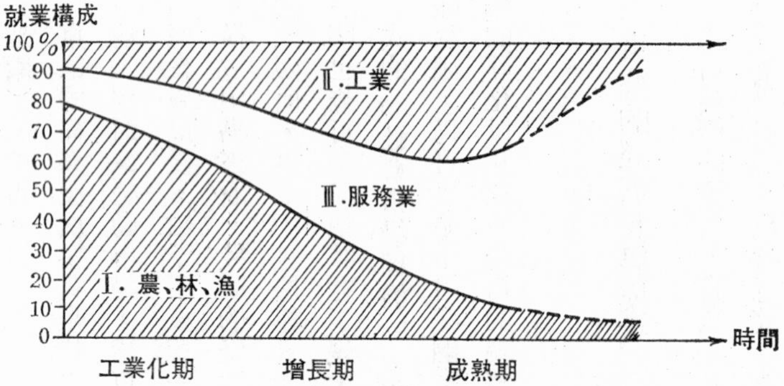

西德的經濟結構

舊的均衡而又達到新的均衡。這一力量便是創新，它才是經濟發展的眞正動力。他認爲，創新包括以下五種活動：第一、引進某種新的產品或提供一種新質量的產品；第二、採用新的生產方法；第三、開闢新的市場；第四、提取某種原材料或半成品的新的供給來源；第五、實踐一種新的組織方式。在研究從中央計畫經濟到市場經濟的變革的時候，熊彼特的第五種創新形式，即對經濟的組織機制進行更新，具有特別的意義。以下分析東德經濟的發展模式時，我們也將以這一創新概念爲基礎。

1.不合理的經濟結構

與其他社會主義國家一樣，在東德，計畫經濟造成了嚴重不合理的經濟結構。主要表現在：第一、整個國民經濟中，大型企業居多，中小企業不論是從數量上看還是從規模上看都很少，而且是越來越少；第二、各經濟行業進行比較，則明顯可見，工業的力量相對強大，第三產業即服務性行業的力量極爲薄弱；第三、服務性行業弱小的原因是片面地強調企業的「大而全」，也就是說，企業的「加工深度」太大，從原材料、半成品的供應到生產、銷售等各個環節全都包攬到一個企業，以致缺乏橫向的和縱向的交換。對整個國民經濟而言，便是企業之間的分工不足，嚴重阻礙了競爭與交換的發展。特別是在「工業聯合體」中表現得尤爲突出。

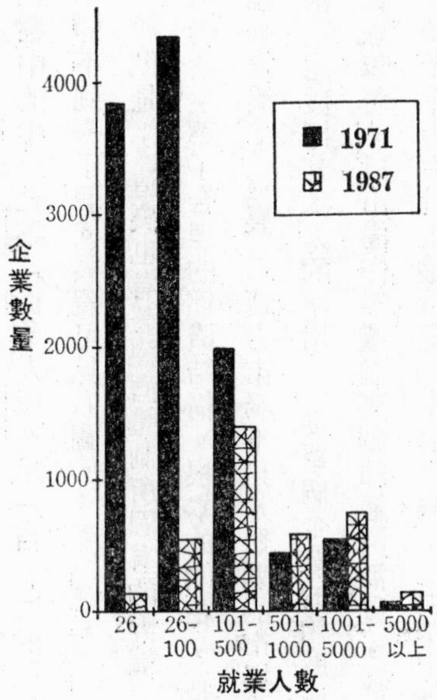

東德企業結構的變化

造成這種不合理的經濟結構的直接原因，是社會主義國家經濟政策中對生產資料進行公有化的後果。東德成立之初，國有化還只涉及到大工業企業，即使如此，因爲國家在經濟政策中的區別對待（優惠性及歧視性的措施），在供貨、貸款及銷售市場等方面的限制，中小企業的數量也因經營困難而急遽減少。最後，在一九七二年的國有化運動中，殘存下來的中小企業也大多以強制措施而充公。從絕對數字上來看，工業中的中小企業（從業人數不足一百人）的數量從一九七二年的近一萬個減少到一九八七年的不到一千個。具體可見右圖。

但是，這裏也有著經濟體制所固有的弊端。儘管東德也曾經進行過有限的經濟改革，但仍產生不了合理的經濟結構。根本的問題，是缺少稀缺的貨幣。社會主義經濟的特徵是稀缺經濟，這裏，賣方市場不只是短期的市場失衡現象，而是一種基本的市場構成，貨幣不能發揮其本來的作用。從單個企業的角度而言，貨幣的眞實購買力是難以確定的，這就意味著，以市場作爲機制來調節經濟活動，便成爲一種別具風險的行爲。其結果是，企業總是千方百計地儘量避免市場行爲，這集中地體現在兩點：一方面，企業總是尋求現金（貨幣）的替代物，即運用產品，以各種可行的方式秘密地儲備原材料和半成品，以保證正常的生產經營活動，從而完成計畫指標；另一方面，企業也想方設法地減少對現金的需求，其途徑在於加強企業的縱向發展，建立規模大、供給和需求溶爲一體的「聯合體」式企業。

就企業而言，這種經濟行爲是合理的。但對整個國民經濟，其結果必然是勞動生產率低下。因爲第一、從靜態的觀點來看，在目前存在的市場上，缺乏必要的競爭壓力；第二、從經濟發展的觀點來看，也缺少必要機制上的發展條件。企業經濟發展的主動力在於企業迫於競爭壓力下的創新活動，相比起來，社會主義企業的創新精神和創新力量都比市場經濟薄弱得多。

這就說明，在從計畫經濟到市場經濟變革的時候，關鍵是促進經濟組織的必要變革，也就是說，要完全廢除計畫經濟的企業組織，建立全新的市場經濟的企業組織。這裏，國家可以起到直接的和間接的作用；首先，國家必須提供必要的公共設施，進行基本建設的投資，以吸引私人資本，提高私人投資的效益。此外，在東德的情況下，國家還必須負責解體以前的聯合體，以便從中產生新的企業。這一任務委託給信託局，可是，信託局近一年來的工作說明，以私有化和調整爲目標的政策來解決聯合體的任務是多麼的艱巨。因此，要建立一套合理的、有效益的經濟結構，不僅僅要改變舊的聯合體，而且更重要的是建立新的企業，特別是要取消過去壟斷式的、大而全的工業企業，創建多樣化的、以企業之間的分工協作和

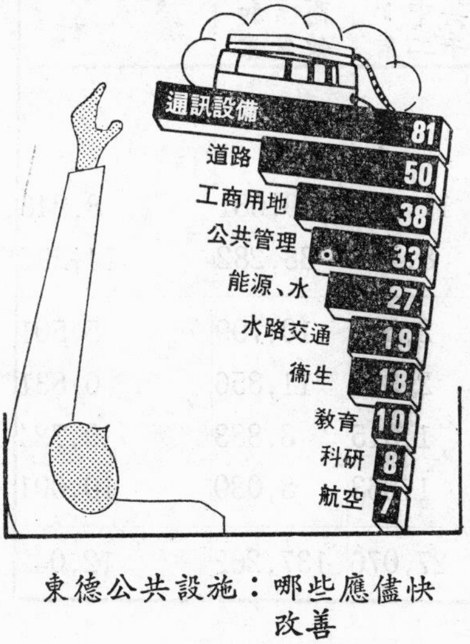

東德公共設施：哪些應儘快改善

交換爲基礎的企業經濟結構。這樣，新建企業才是更爲重要的任務，也只有這樣才能說明經濟發展的一般條件是否已經具備。

2. 新建企業

取消國家對生產資料的壟斷，允許並保護多種形式的私有企業的存在，以及一個能給予經濟機體以信任感的貨幣，直接地影響新建企業的活動。在東德，運用西德馬克作爲官方的支付手段，給予企業開業以極大的刺激。還在九〇年第二季度，即德德貨幣經濟同盟剛剛決定下來的時候，新建企業的高潮就

表一：東德各邦的開業註册與註銷

時間	開業			註銷
	總計	其中：手工業	商業和飲食業	總計
90年第一季度	16,898			
第二季度	83,963			
第三季度	96,407	11,119	49,681	8,946
第四季度	84,461	8,404	38,282	14,292
91年1月	24,174	2,547	10,799	5,501
2月	25,492	2,399	11,856	6,831
11月	19,904	1,915	8,883	9,724
12月	18,087	1,863	8,080	10,001
總計	291,385	27,076	137,262	12,042

開始了，這一新建浪潮的規模及其對總投資和就業的影響目前還難以估計，但統計數字卻一致表明投資的急遽膨脹現象。具體可見表一。

表一的數據儘管沒有說明新建企業的規模，比如投資量的大小、就業人數的多少等等。但是，新建企業中飲食業和商業的不斷增加，說明企業的規模不是以大爲準則，而是重點在服務性的行業去投資。另一方面，註銷企業的增多，也說明隨著企業的新建浪潮，競爭不斷加強，舊的、沒有競爭能力的企業逐漸被淘汰。企業經濟結構正在朝著適應市場的合理化方向發展。

3. 投資障礙

可是，即使是認爲，實行貨幣經濟同盟是一條長期復甦東德經濟的正確路子，但從計劃經濟到市場經濟的調整是否可能儘快地出現，以及如何加快這一調整過程，也並不是一件很簡單的事情。在這裏，還存在著一系列的阻礙到東德投資的因素，必須快速地予以澄清。九〇年底的時候，IFO經濟研究所對西德企業作了到東德投資障礙問題的民意測驗，得出的結論是，最大的投資障礙主要包括缺乏公共設施、地產買賣及估價時的法事問題（詳見表二），特別是對加工業中的小企業而言，後一因素起著非常大的影響。

對加工業的大企業而言，缺乏公共設施及企業舊設備的修繕問題是最主要的投資障礙。

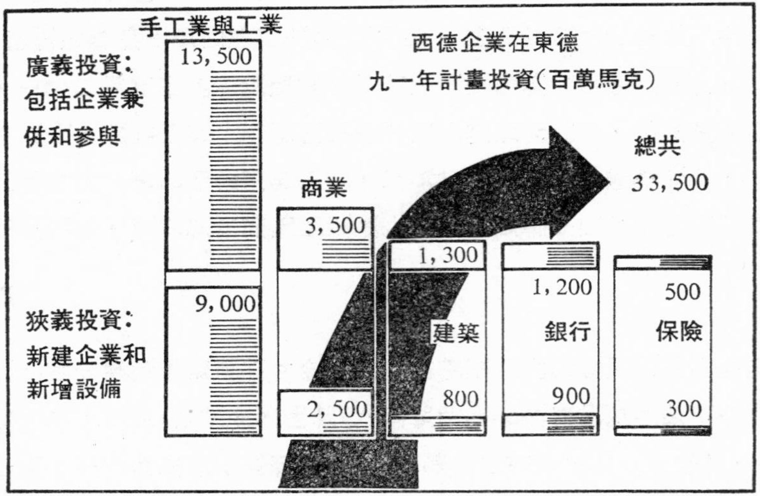

西德企業明顯地提高了在東德的投資，九〇年還只有一百零二億馬克，九一年計畫三百三十五億馬克，九二年還將增至四百五十七億馬克。

表二：在德東投資的障礙

主要障礙 ＼ 調查企業規模（按從業人數劃分）	49人以下	50—199人	200—999人	1000人以上
(1) 宏觀設施缺乏	33	39	35	44
(2) 地產購買時的法律問題	46	35	32	34
(3) 地產估價時的法律問題	41	36	46	45
(4) 發放從業和建築許可的障礙	13	22	18	24
(5) 舊設備的修繕問題	23	24	26	42
(6) 資金來源保障	23	12	10	9
(7) 工資成本的原因	26	17	15	15
(8) 東歐市場發展的不穩定	15	19	27	21
(9) 西歐市場發展的不穩定	5	6	4	4
調查企業的數目	40	122	167	157

在改善宏觀設施方面，必須運用傳統的經濟結構政策，也就是說，國家必須在這一領域起著先導作用，必須在諸如交通、能源、通訊、衞生、教育以及環境等方面進行大量的投資，以便爲私人的生產性投資創造必要的條件。但是，地產購買及估價時的問題以及東德企業的舊債務問題，從根本而言，是貨幣改革（卽實行貨幣經濟同盟）之不足，因爲那時對東德貨幣財產的定價過高，而沒利用這一機會將企業的債務部分地貶值或完全減除。

與投資的障礙相聯繫還提出這樣一個問題，即在什麼樣的條件下才能使單個企業的創新行爲溶滙爲國民經濟的總體發展過程。從發展理論的角度來看，這裏涉及到熊彼特所強調的銀行的作用。

4. 信貸機構的作用

在經濟發展過程中，貸款是積累的必要基礎。而信貸機構在經濟發展地區的積極活動，又是發放貸款的必要條件。在東德經濟開放以後，最先進入東德領域進行積極活動的是西德的大銀行。從內在積累的觀點來看，經濟的發展並不能僅僅依靠銀行的外部資助，而且在東德的情況下，利用貸款還將導致收益的外流，只不過這也取決於貸款的使用問題，如果貸款只運用於消費，則只利於增加資本發放人的收入。因此，消費性的投資不僅不能促進經濟發展，而且還將給經濟帶來不必要的收入

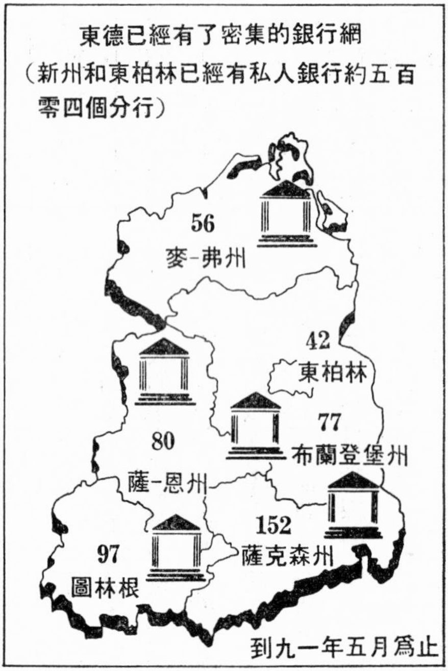

再分配問題。只有進行生產性的投資，貸款才能不僅對企業經濟而且也對整個國民經濟有利。

私人信貸機構的貸款，是以營利爲目標。在不能營利的地方，私人貸款就不可能流到那裏去。這裏，也需要國家的先導作用，這主要表現在國家發放優惠貸款或給予私人貸款以擔保。一方面，國家有義務在難以營利、而對整個國民經濟有著重要意義的領域去投資，如環境、教育等領域；另一方面，整個國民經濟的發展，在信貸方面也依賴於國家和私人的有效合作。這一靈活的政策，在西德五十年代的重建時期就已經發揮過益處。那時，國家以優惠利息（百分之三以下）發放十五年到二十年的長期貸款，由此，便對整個國民經濟的發展產生一個外延的效果。德國經濟統一之後，聯邦政府也認識到國家到東德投資的重要性，採取了一系列措施支持到新聯邦外的投資活動。聯邦政府的資助活動可以從表三：「歐洲復興計畫」資助項目（簡稱「ＥＲＰ」項目）的規模窺見一斑。

因此，通過國家經濟政策中直接投資和間接投資的措施，能夠以經濟的手段控制整個國民經濟的投資發展的方向；私人信貸機構以競爭最有利項目的方式進行的投資，便能保證通過市場機制實現資源的合理配置，產生合理的經濟結構。

5. 東德的發展模式

從計畫經濟到市場經濟的變革，東德的實踐給我們提供了一個例證。綜合起來，東德的發展經驗主要體現在以下幾點：

第一、經濟發展的前提條件是一個稀缺貨幣。市場經濟從本質上講是貨幣經濟，市場只不過是經濟活動的機制，是供給和需求賴以剖白的地方，而貨幣及

表三："ERP" 資助項目（到91年3月8日為止）

項目	提交申請	
	申請數	申請金額(十億馬克)
現代化	24,320	4.43
新建企業	46,570	4.30
旅遊業	6,910	0.93
環境保護	450	0.40
總計	78,260	10.06

項目	批准項目		
	批准申請數	占申請比重(%)	批准金額(十億馬克)
現代化	23,270	96	3.02
新建企業	35,340	76	3.10
旅遊業	6,370	92	0.61
環境保護	330	73	0.18
總計	65,310	83	6.91

由此而派生出來的價格才是市場與經濟發展之間的媒介。因而，經濟越是發達，分工越是精細，貨幣就越應該發揮其導向作用。必須消除計畫經濟中忽視貨幣的作用的觀念，也應消除企業在市場和貨幣面前的怯懦心理。從經濟體制的角度而言，必須有一個新的貨幣觀念，從微觀經濟的角度而言，必須學會運用貨幣這一手段。東德在實行貨幣經濟同盟以後，便基本上解決了貨幣的問題，儘管也還存在著不完善之處。

第二、社會主義計畫經濟帶來的最大問題是經濟結構的缺陷。爲了創造經濟發展必要的條件，必須改變舊的、不合理的經濟結構，促進新的、適應市場經濟發展需要的經濟結構的產生。這裏必須兩條腿走路：首先，要解散舊的不合理的企業經濟結構。在東德的情況下，要解體以前的經濟聯合體，成立爲獨立於國家的私有企業，以營利爲目的。在解體聯合體的時候，可以走人民股份制的道路，也可以像東德那樣採取託管的方式，將整個企業出售給有能力的投資者。其次，解散舊的不合理的企業結構不是本身的目的，更重要的是建立新的經濟結構。因而，新建企業才是關鍵的關鍵。在新建企業的過程中，由於投資環境的不足，必須由國家和經濟界通力合作。

第三、東德經濟發展的另一個前提是，從一開始，東德的勞動市場、資本市場以及原料資源市場都放開了，幾乎取消了一切國家管制。在西德經濟和世界經濟的強烈競爭面前，沒有給予經濟以任何的國家保護。這樣，統一之初便全盤地引進了西德式的經濟制度，變革是最爲極端的。這一極端變革的不利之處，在於企業受到的衝擊過於嚴重，沒有必要的時間進行調整以適應新的情況，因而，企業倒閉的現象普遍，工人失業劇增。如果沒有一整套完善的社會保險制度作爲後盾來承擔變革的社會後果，經濟的發展將受到社會動盪的嚴重威脅。

第四、在執行西德式的經濟政策的時候，幾十年來受管制的物價也一下子放開了。起初，因爲需求的迅猛增加，物價上漲加快，通貨膨脹嚴重。可是，物價是通過市場上的供給與需求而調節的，一旦市場飽和，需求得到滿足，物價便會穩定下來。隨著生產的迅速恢復、商品供給的增加，物價甚至有下降的現象，市場的均衡力量起到中心的調節作用。而且，在德國的情況下，由於中央銀行對貨幣發行量的嚴格把關，並督促聯邦政府執行緊縮的經濟政策，通貨膨脹遠遠沒能影響到經濟對馬克作爲硬通貨的信任。

(三) 給東歐經濟發展的啓廸

東歐各國，這裏主要包括捷克斯洛伐克、匈牙利、波蘭、羅馬尼亞和保加利亞，在一九八九年以來變革了它們的社會制度以後，經濟政策上也以市場經濟制度（特別是西德式的

「社會市場經濟」）爲新的導向。在東德，隨著德國在經濟上的統一，國民經濟就已經與世界經濟緊密地聯繫在一起了。但是東歐的情況卻不一樣，它們還必須作巨大的努力，以使國民經濟眞正溶滙到世界經濟中去。因此，一方面，它們沒有像東德經濟發展中的特殊條件；另一方面，它們的任務也比東德要艱巨得多。在從計劃經濟到市場經濟的變革中，必須提供更具說服力的發展綱領。

1. 並不只是改革

在東歐的民主化過程及與此相聯繫的經濟變革中，其經濟政策上的目標與德國經濟上的統一是沒有什麼兩樣的：促進經濟結構的轉變、實現國內經濟對世界經濟的熔滙，從而達到經濟發展的目的。東德走的是一條激進的道路，幾乎是一夜之間改變了舊式的經濟體制，引入了一個人們昨天還感到陌生的經濟制度，而沒給予人們留下一點感觸新的經濟體制的餘地。與此相反，東歐各國走的是一條謹愼的、逐步的變革道路，特別是在捷克斯洛伐克，波蘭和匈牙利的步子則相對較快。

在經濟體制理論中，長期以來存在著一種爭議。一種以體制聚合爲中心的理論認爲，不論是計劃經濟，還是市場經濟，都不可能以一種純粹的形式出現，而只是程度上的區別。也就是說，計劃經濟中熔滙有市場經濟的要素，而市場經濟也必須以計劃作爲補充。具體運用到東歐的情況，便可以以福利經濟學的觀點而選擇一條最佳的機制改革道路。因而，按照合理經濟政策的標準，經濟體制的改革可以最優地實現，即儘可能少地導致社會成本。另一種觀點則認爲，在從計劃經濟到市場經濟的變革中，最重要的是經濟運行機制的變革，這時，任何程度上的改革（程度主義！）都將不僅導致不可避免的社會成本，而且會使整個改革半途而廢。兩種觀點的分歧在於從計劃經濟到市場經濟的轉變到底是經濟的改革，還是對經濟機制的變革。至少有了東德的經驗以後，這一爭論便應得出相應的結論了。東德式的極端變革之路，通過近一年來的實踐，經濟體制變更過程中的艱巨性證明不僅僅是某種程度上的問題，也不可能通過局部領域的經濟改革而完善以前的經濟運行方式，這也是社會主義國家經濟改革終歸失敗的癥結所在。根本點在於完全革新以前的經濟觀念，改變舊經濟組織的調節和運行方式。因此，在變革之初，就應該認識到，計劃經濟制度完全是一套不現實的經濟綱領，必須整個地予以拋棄。在經濟活動中，應限制國家的任何直接干預經濟的活動，讓經濟組織和作爲經濟細胞的人充分地發揮他們的積極性和主動性及對經濟的應變能力。從字面而言，變革和改革也是有區別的：所謂改革，只不過是對舊式體制進行某種程度上的改善，而不放棄原有的根本，所以，從這一意義上而言，改革是一種極爲保守的觀念；與此相反，變革是對舊式體制的完全放棄，是在現有的社會經濟基礎上建立一種新的經濟體制，按照熊彼特的「創新」理論，便是一種經濟體制的「創新」。

簡而言之，從某種程度上對原來的計劃經濟體制進行有限的改革，是不能解決經濟發展的根本問題的。必須具有新的經濟觀，建立新的經濟運行機制，包括社會主義式的企業組織，否則，市場經濟的經濟結構是難以產生的。從中央管制經濟到市場經濟的轉變，歷史上有一個恰好的例證，那就是二次大戰以後西德經濟體制的演變。但是，西德當時的優勢在於管制經濟體制還沒有根深柢固，而且還沒有建立一套宏大的、完整的計劃管制體系。也就是說，在一個不固定的世界裏，發展的方向也是不固定的。

2.貨幣經濟的一般前提

社會主義計劃經濟從根本而言是一種稀缺經濟，它與貨幣經濟是有著本質區別的。在稀缺經濟中，以鈔票形式存在的貨幣極爲豐裕，而市場上的商品貧乏；而在貨幣經濟中，商品經濟發達，市場供給無限豐富多樣，但貨幣卻是一種稀缺的商品媒介，這裏，貨幣才眞正起到交換手段的作用。因而，從中央計劃經濟到市場經濟的變革，必須首先變稀缺經濟爲貨幣經濟，必須重新領會貨幣在調節經濟中的眞實意義。也就是說，貨幣必須滿足其作爲支付手段、價値貯存手段和商品交換單位的功能，而且，這種滿足也不能只是形式上的（如通過國家法令），而是通過經濟組織對貨幣的信任和承認而實現。其次，在從計劃經濟到市場經濟的變革中，從商品市場而言，就是要將「賣方市場」變爲「買方市場」。

(1)內部貨幣觀念

在以前東歐的社會主義國家中，貨幣的作用是極爲有限的。首先，貨幣只有限地具有契約能力，因爲一方面，貨幣的購買力是不一定的，黑市是一個普遍的現象；另一方面，許多時候，不是貨幣起著貨幣的作用，而是一些緊缺商品承擔交換媒介的角色。其次，貨幣也不能作爲價値的貯藏手段，企業進行非法的庫存，私人則搶購商品。要改變貨幣的這種不利地位，就要求進行貨幣改革，以重新贏得人們對貨幣的信任。

可是，只是從貨幣的本來功能卽交換手段和價値貯存手段上，還不足以說明貨幣改革的必要性。因爲在計劃經濟中，許多經濟領域對貨幣來說還是一個禁區，諸如生產資料的買賣、勞動工資市場以及價格關係等等，這些領域也必須得到重新組織，而且不要將通貨膨脹作爲阻礙變革的口實。一般而言，因爲對工資和物價的管制，計劃經濟缺乏對通貨膨脹現象的認識，或許會給經濟政策執行人造成一定的心理上的認識障礙。但是，通貨膨脹過程也不外是反映了個人經濟行爲的預期，這種預期終究會達到一個穩定狀態，這時，通貨膨脹率的高低對國民經濟發展便不是特別的相關了。

此外，還必須考慮到貨幣在債權債務關係中的作用。在社會主義計劃經濟中，沒有資本信貸市場的地位，資金的流動也是由國家控制的，沒有眞正的資本供給與需求關係，貸款的創造也不是通過市場進行的。因而，對個人而言，不論是存放現金，還是將貨幣財產以貸款的方式發放出去，都不具什麼吸引力。這樣，貨幣的改革也顯得格外的必要。而且，進行貨幣改革還有一個有利之處，即國家可以通過貨幣切割而免去國債。貨幣改革的技巧問題，西德在四八年的貨幣改革已經提供了良好的典範，主要是區別對待貨幣存量和經常性支付。並且，爲了避免德德貨幣經濟同盟時的失誤，應將企業欠國家銀行及其他信用機構的債務免去。

中央銀行是保證貨幣內在價值穩定的機構，必須制定切實可行的中央銀行法規，以規定中央銀行在執行貨幣政策時的權利和義務，特別是中央銀行對國家經濟政策的獨立性，而且這也是治理通貨膨脹的必要條件。同時，必須廢除統一的國家銀行體系，建立中央銀行和商業銀行並存的二重組織系統，以確保它們在貨幣創造和貸款創造中的特殊功能得以較好地實現。另外，必要在商業銀行的基礎上，建立統一的、由市場力量決定的資本市場。

(2)貨幣對外價值的穩定

從前，社會主義國家的貨幣都是國內貨幣，與其他的貨幣沒有更多的關聯，這樣的貨幣也不能用於發展對外經濟業務。現在，要將國民經濟納入世界經濟的軌道，則必須改變國內貨幣的觀念，使之成爲國際貨幣。

國內貨幣向國際貨幣的轉變，要求本國貨幣與世界上其他貨幣發生關係。首先，必須滿足本國貨幣與其他貨幣自由滙兌的條件。貨幣的自由滙兌主要包括兩點內容：一方面，要求本國貨幣能自由地以一定的滙率換成第三國貨幣，或者任何第三國貨幣不受阻礙地換成本國貨幣；另一方面，也涉及到貨幣的自由轉移問題，也就是說，不論是本國貨幣，還是第三國貨幣，都必須能在國內或國外的商品市場上得以實現，卽兌換成產品，這便涉及到貨幣本身的購買力問題。貨幣自由滙兌政策的實施，固然難以在嚴格意義上的計劃經濟中進行，但它也不絕對地要求市場經濟的一切條件都具備以後才能適用。因而，隨著經濟變革的開端，便可以考慮自由滙兌化並採取相應的貨幣政策措施。貨幣自由滙兌也具有不同的程度和不同的形式，具體採取哪一種形式爲宜，則要取決於經濟發展的狀況如何。

與貨幣的自由滙兌相聯繫，也提出了本國貨幣與第三國貨幣的滙率問題。儘管東歐國家也曾經公布他們國家的貨幣與美元的滙價，但那不是以經濟實力爲基礎的，而是以政府虛定的黃金平價而換算出來的，因此，在現實的經濟生活中，這種黃金平價只不過具有數據統計上的意義。在滙率問題的討論中，固定滙率與浮動滙率的爭論似乎已經成了定論，因爲自七十年代中期以來，世界貨幣體系便以浮動滙率作爲國際貨幣秩序的基礎。問題只是，原來曾經是計劃經濟體制的社會主義國家，在其經濟開放過程中，是否也以浮動滙率最爲合適。從經濟發展的角度而言，滙率的完全浮動是不無疑問的，因爲這樣的話，原社會主義國家的滙率就必須以國際市場對本國貨幣的需求關係爲基礎，只是經濟生活中的一個外部參數。我們都知道，在發展對外貿易的時候，採取降低本國貨幣滙價的政策，將促進本國產品的出口，從而創造更多的外滙，以輸入必要的先進技術。因而，適當地運用貨幣貶値的政策，可以促進經濟的發展。只是在目前的世界經濟中，這種明顯的措施會遭到貿易伙伴的報復。

這裏必須明確的是，降低本國貨幣滙價的政策與外貿盈餘政策具有完全不同的性質。降低本國貨幣滙價指在提高本國的出口能力，增加外滙收益，從而可以從事更多的必要進口；而外貿盈餘政策是指一個國家的對外貿易中出現順差，同時也就意味著非自願的資本輸出，造成資金外流，對國家經濟發展不利，這是諸如東歐等發展中國家應該避免的。在從計劃經濟到市場經濟的變革初期，必須引進國外的先進技術和設備，以進行經濟發展所必需的設備投資，這時，資本的輸入甚至也是不可避免的，問題只是資本如何使用，消費性的使用將導致本國的收益外流，造成國際之間的收入再分配，而生產性的投資則能給經濟的發展奠定必要的基礎。

3.經濟結構轉變的必要性

(1)國內積累的重要性

在東歐各國經濟體制的變革過程中，西方工業國家的援助是不可缺少的，特別是在技術、資金和設備等方面。但是，它們不可能像東德那樣，期望西方給予無限的援助，而且援助也是以一定的條件爲代價的。這裏，主要還是依靠自己的力量。

與東德一樣，經濟結構的缺陷是東歐計劃經濟遺留下來的根本薄弱之點。總結東德的經驗，改變現有的落後經濟結構，一是要改造舊的企業組織，二是要新建企業。這些國家原有的國有企業，絕大多數是無效益的，必須採取相應的措施予以改造，特別是要減少國家對企業經濟行爲的干預。具體點說，就是要將這些企業私有化，拆散舊的壟斷式的企業，建立新的、權責分明的、多樣性的企業；它們不可能像東德那樣將企業出售給來自西方的有潛力的投資者，更重要的是以股份的形式將企業交給本國人民，以發揮他們在探索市場經濟經驗中的積極性和主動性。

在改變舊的、不合理的經濟結構的時候，更爲重要的是新建適應市場經濟需要的企業。

這裏，國家可以制訂一系列的經濟政策措施予以資助，比如發放優惠貸款、在稅收和折舊等方面實行特殊的規定等等，而且，國家也可以以自己的資本參股。但爲了保證企業經濟活動的獨立性，國家不能干預企業的管理活動。在市場經濟中，要求企業靈活應變、能迅速地適應市場經濟的變化發展。而正因爲社會主義的企業和經濟組織的免疫能力都較差，在這一方面，國家也可以起到諮詢的作用，給予經濟單位以必要的信息。就企業的規模而言，應以中小企業爲主，促進多樣性的企業的發展，加強企業的市場競爭能力。國家也必須採取措施，禁止企業壟斷市場的行爲。總之，在經濟發展初始時的經濟政策，應以促進供給爲主導。

⑵外貿領域

同樣，在對外經濟領域中，也必須進行必要的結構轉變。

從前，東歐的對外經濟體制具有兩個特徵：首先，東歐的社會主義計劃經濟不僅僅局限在國內經濟，而且也擴伸到對外經濟，國家的外貿壟斷和嚴格的外滙管制便是其具體的表現。在這樣一種體制中，企業作爲經濟實體不能與國外市場發生任何聯繫，所謂的外貿企業也只不過是爲了外貿而生產，而不能從事具體的對外貿易活動。因此，在經濟體制變革後的對外經濟政策，應將外貿的權限直接交給企業，只有企業本身在獨立的經濟核算的基礎上才能決定是否進行某項外貿活動。其次，東歐各國的對外經濟貿易是以「經濟互助委員會」的協議爲基礎的，協議規定各國在工業部門以及生產方式的計劃上相互協調。但是，經互會成員國之間合作的意願是有限的，因爲各國都執行一條自己的工業化政策，以本國爲基礎建立龐大的、無所不包的工業部門。這樣，經互會各成員國的經濟結構十分相似，在向西方經濟開放而進入世界市場的時候，形成一種東歐各國之間相互競爭的局面，生產能量過剩嚴重。

在東歐經濟向世界經濟的溶滙過程中，有著兩種發展的可能性：要麼可以利用東歐各國的具體優勢而進行國與國之間的工業生產上的合作與交換；逐漸地消除東歐各國的多餘生產容量，而創造以比較成本優勢爲基礎的分工。國際貿易是以比較成本爲基礎的，因爲國與國之間有著不同的資源配給，對東歐各國而言，比較成本優勢大概在機械製造和化學工業的某些領域。因爲以前生產能力的過剩，八十年代就已經出現東歐各國在西方市場上劇烈競爭的現象，適應世界經濟發展的必要性以及減少債務的壓力，使得這些國家注重出口優先的政策。此外，東歐的勞動工資比資本成本而言相對較低，這或許也是發展中的一個優勢，問題只是它能在多大程度上促進一國的經濟發展。另一個命題是進行工業部門之間的交換，因爲可以設想，一個國家可以在某一工業領域進行專業化，以此爲基礎而與其他國家發生交換。這種交換的優勢是調整的成本較低，而且是在類型相似的貿易伙伴之間進行。但其前提是各國的需求結構類似、發展水平相當以及市場比較接近。具體走哪一條路子，要看各國的具體情況而定。

同時，也要求西方工業國的合作。特別是涉及到市場的開放，因爲如果東歐的市場向西方開放，西方也應爲東歐的經濟發展創造條件，如果只有西方的產品充斥這些國家的市場，強大的競爭將迫使這些國家的許多企業關閉停工。因此，保護政策作爲經濟發展的措施仍是必要的。只是保護關稅不能一概而定，而是根據不同的情況、不同部門的不同發展水平而規定不同的稅則。相反，工業國的市場則應向這些國家完全開放，不能以經濟上的優勢而迫使發展中國家作出政策上的讓步。

(四) 展望

近幾年來，東歐各國在變革舊的經濟體制方面都作了不少的努力。在貨幣領域，匈牙利於一九八七年採用了雙重銀行體系，但到目前爲止的收效不大，因爲股份大多掌握在國有企業的手中；波蘭通過控制發放貸款而執行一條稀缺貨幣政策，但是，國家直接控制貸款的發放，也恐怕難以成就。

波蘭和匈牙利都頒布了企業倒閉的法規，可是，法律沒有得到認眞地執行，加之政策上的干預過多，也難以達到預期的目的。

在國有企業的私有化方面，各國採取了不同的政策。在匈牙利，私有化過程由一國家機構代理；而捷克的國有企業則被轉變爲股份公司，以拍賣的形式賣給整個公民階層；只有波蘭的私有化政策還具有分配的特色，即要轉變爲股份公司的企業的從業人員可以以優惠條件購得百分之二十的股份，此外，還可以將百分之二十的股份無償地分給國民。通過這條道路，可以解決財產的過度集中問題，並開拓了新的發展可能性。

但是，東歐各國近兩年來的實踐證明，依靠它們自己的力量，實現從計劃經濟到市場經濟的變革，是一個非常長久而且極端痛苦的過程。它們在近兩年做的努力，都只是在經濟的局部領域進行某種程度上的改革，而沒有徹底地拋棄計劃經濟的根本，特別是幾十年來管制經濟帶給經濟實體的那種行爲和思維方式。似乎可以對它們的經濟改革得出這樣一種結論：爲了糾正計劃經濟的要素，首先必須實行自由化，然後是非集中化和分散管理的原則。僅僅做到這一步卻是遠遠不夠的，因爲只是準備放棄舊式的經濟體制，而沒有明確地引入一個新的體制，經濟政策的目標也必定是模糊的。匈牙利的模式是有意識地容忍私人經濟活動開始之合法化，而波蘭的路子既不是計劃也不是市場。因此，如果沒有明確的經濟體制目標，東歐的變革在經濟上將會遇到極大的阻礙。計劃經濟也不是一說拋棄就見不著了的東西，那種思維已經在人們的思想中根深柢固了，要去掉它，去接受一種「新思維」，不是一件簡單的事情。

步履艱難的法制統一

——法制在德國統一中的作用及其展望

唐　壘

一九八九年秋的東歐大地，孕育已久的變革最終以人民革命的形式如同火山爆發噴射而出，四十年史達林主義的統治壽終正寢。總起來看，這場變革的起因無外乎兩個方面，其一是日益增長的民衆對史達林主義集權國家政治、經濟畸形發展的不滿；其二是戈巴契夫在昔日史達林主義老巢蘇俄推行的新思維，給兄弟友鄰國家反執政黨力量提供了變革的可能性，起了推波助瀾的作用。「東歐革命」至今被譽爲可以同二百年前法國大革命相媲美。這場革命改變了東歐國家的政治、經濟生活，刷新了歐洲戰後的政治格局。它不僅沖垮了意識形態的對峙，也沖垮了這一對峙陰影之下的德國分裂狀態。德國統一的步伐在事前誰也沒有預料到的情況下踩響了。歷史總給人製造巧合，昔日歐洲的對峙由美蘇意識形態對立從分裂德國開始，今日歐洲和平諒解氣氛的重建又從統一德國爲起點。德國統一，引人注目。

德國統一是在革命狀態下進行的，從民主德國萊比錫（Leipzig）的示威羣衆喊出「我們是一個民族」（wir sind ein volk）到德國政治家籌劃統一並徹底完成統一，前後花去的時間不到一年。儘管聯邦德國政府從來沒有泯滅過統一德國的願望，但從事實上說，在這場革命爆發前，德國統一的現實性始終令人懷疑。從七〇年代開始由社民黨倡導的東方政策，使聯邦德國和民主德國並駕進入了聯合國，勃蘭特總理的務實方針基本確立了兩個德國的現實。其後施密特總理的造訪民主德國和一九八七年九月七日至十一日科爾總理在波昂舖紅地毯，奏國歌升國旗接待民主德國的黨和國家首腦何內克的景象使這一現實性更爲堅實，當民主德國的國歌在波昂聯邦政府總理府前回響時，恐怕誰也想不到兩年後竟有如此迅猛的德國統一浪潮。因此，德國統一在事發之前對聯邦德國的政治精英們來說是毫無準備。爲什麼在這種毫無準備的情況下，面臨突如其來的機會，德意志民族能夠在暴風雨中辨明方向有條不紊地實現了統一大業？

德國統一偉業的完成並不是政治領袖的英明決斷，這一統一的實現絲毫離不開法制的力量，德國統一是法制指導下的統一。在統一的過程中聯邦德國基本法起了決定性的作用，法制國家的原則在民族命運的關鍵發揮了應有的功能。正是依靠了法制才使這一統一偉業有條不紊地得以實現。這裏不能不提到聯邦德國基本法的二十三條，四十年前的立法之父們規定的這一條有關基本法適用範圍的條款確保了九十年代和平統一的進行。這條法律規定：「本基本法首先適用於下列地區的各州：巴登、巴伐利亞、布萊梅、柏林、漢堡、黑森、尼德薩克森、諾德漢－威斯特法化、萊茵藍－普法玆、西累思維西－荷爾斯坦、苻騰堡－巴登和苻騰堡－荷恩錯佗，德國其他地域以加入聯邦德國之日起適用本法。」正是這一句「德國其它地域」包括了東部德國的民主德國治權範圍，使得德國的統一順利走上了自己的軌道，一九九〇年八月二十三日民主德國人民議院以二九四票贊成，六二票反對通過了當年十月三日依基本法二十三條加入聯邦德國的決議。聯邦德國聯邦議會對此表示歡迎，並作出了十二月二日進行全德普選的決議。統一從街頭羣衆的願望迅速地被集中起來最後上升爲法律，這種高度的法制素養確實不是一朝一夕養成的。一切政治願望、利益分配、均衡都通過法律來實現，這是聯邦德國法制國家原則的出發點。四十年前立法之父匠心獨運地規定，巧妙地安排了日後依法統一德國的基本走向，四十年後籌劃統一偉業的政治家邏輯地運用了這條規定，避免了諸多的紛爭和混亂。聯邦德國基本法再一次顯示了它邏輯嚴密、詳盡全面的特點，它以高度的法制原則概括了德國社會生活中已經出現和可能出現的事物。具有很強的適用性。它保證了依法統一德國的貫徹。

正是建立了這樣一種依法統一的共識，東、西德國籌劃統一的政治家們才在統一過程中頭腦清醒，充分代表了民意。統一的任務是如此艱巨，所面臨的問題也是難以想像的繁雜，在簡單適用基本法不能迅速解決問題的情況下，德國統一也並未偏離法制的軌道。一部涉及面廣泛的統一專門法——統一條約及時被制定出來，成爲一個時期指導統一的法律文件，至今仍然發揮着極其重要的規範性作用。

依法統一是德國統一的鮮明特點。如果說德國統一的步伐是在法律之下步調一致，這種說法毫不誇張。德國統一的第一步正是民主德國依聯邦德國基本法二十三條加入聯邦德國，從而完成了民主德國國家的消亡，實現了形式上統一的必要條件。儘管從法律意義而言，這一步爲德國統一踩下了不可逆轉的決定性的一步，但是四十年意識形態的對立，東西德國兩個社會截然不同的價值標準、思維方式、行爲準則、道德規範給統一設置了極大的障礙。爲此，許多德國政治家也深刻意識到：國家的統一，外在的統一，亦卽形式上的統一完成之後；接下來的任務將是更爲艱巨的內在的統一，卽實質上的統一，這種實質上的統一需要一個長期的社會融合、整治。值得注意的是，這種實質意義上的深化統一還是必須依法進行。更有意思的是，實質意義統一的完成，其最後一步必然是法制的統一。這是因爲法律和法律制度是國家制定的對社會、政治、經濟各領域具有強制力的行爲規範，這些規範不會是某個人的杜撰和憑空想像，它必須是對社會衝突各方面的總結，東、西兩個社會形態的融合會帶來巨大的問題，這些問題的最終解決才會形成行之有效的規範性文件——法律。雖然，在某些方面立法可能會根據歷史經驗而超前，但就建立完整的法制而言，必須是社會的整合、發展已經到了相當成熟的階段。法制統一，意義重大。從這種意義上來說，追踪德國法制的進展可以把握德國統一在社會各領域的實際完成程度。本文正是以此爲出發點，力圖：①通過對統一條約——德國統一的指導性法律文件的介紹，闡述法制在德國統一過程中爲實現形式上的統一所起的作用；②通過對步履艱難的法制統一的介紹，回顧和展望德國統一在實質意義的統一進程中已經走過的和即將邁上的坎坷之途。

一、統一條約（Einigungsvertrag）——德國統一的指導性法律文件

1. 統一合約的產生

一九八九年十一月九日德意志民主共和國執政黨政治局委員夏包夫斯基（Schabowski）在記者招待會上宣布當晚敞開國境，允許人民自由來往，柏林圍牆的喪鐘由此敲響，民主德國人民以和平革命逼迫統治者就範，爲自己不流血地爭取到了自由民主的新天地。德國統一的願望也隨之明朗起來。但是，此時東西德政治領導人都只謹愼地表示願意誠心合作建立邦聯性質的條約互助體。

一九九〇年三月十八日，民主德國進行了建國四十年來第一次以西方民主爲準則的自由、民主、直接的普選。在這次選舉中，「保守同盟」的基民盟（CDU）、德社盟（DSU）和民主覺醒（Demokratischem Aufbruch）獲得了全勝，占選票的四七・七%，社民黨（SPD）獲選票二一・八%，民主社會主義黨（PDS）獲選票一六・三%，自由黨派聯合占五・三%，聯合九〇（Bündnis 九〇，主要由一九八九年秋的各反對派團體聯合而成）占二・九%。緊接着民主德國基民盟主席狄米傑（Lothar de Maizirèe）被人民議院選舉爲總理，由他組成了大聯合政府，內閣滙聚了基民盟、社民黨、德社盟、民主覺醒和自由民主黨聯合的精英。在建立內閣的協商中，各黨明確了進一步推動統一的信念。討論了以聯邦德國基本法二十三條加入聯邦德國的可能性，建立新邦的準備工作和即將於聯邦德國進行談判的關於建立兩國貨幣、經濟、社會聯合的事宜。街頭民衆的統一呼聲開始集中到政治決策層面。德國統一緊鑼密鼓起來。

一九九〇年四月二十四日民主德國狄米傑總理出訪波昂，他同科爾總理、根舍外長一致確立了促進統一的具體步驟，德國統一被提上了議事日程，同年五月十八日，在波昂簽署了「關於建立貨幣、經濟和社會聯合體的國家條約」。這個條約規定了民主德國導入聯邦德國馬克的具體辦法，實現社會市場經濟的經濟秩序以及適用聯邦德國社會保險法規等三方面的內容。從法律形式上說，國家條約還是一個典型的國際法條約，不過它已被普遍認爲是朝着德國統一的方向邁出了積極的一步。與此同時，進一步深化聯合的第二個國家條約的談判也開始進行。

一九九〇年七月十六日聯邦德國總理科爾出訪莫斯科大獲成功。戈巴契夫對德國統一表示允諾，蘇聯對德國統一後軍事伙伴的自主選擇大開方便之門，德國統一在國際方面的障礙全然掃清。因此第二個國家條約的談判開始朝着完成國家統一的方向大踏步地邁進。東、西兩德的政治領導人此時都已明確，統一的時機已經成熟。雖然基本法二十三條的第二句、第一一六條第一款和第一四六條爲統一創造了必備的法律條件；基本法二十三條指出：「德國其它地域以加入聯邦德國之日起適用本法。」基本法第一一六條第一款指出：「德國國民依基本法的意義是指一九三七年十二月三十一日之前在德意志帝國境內持有德國籍或者被驅趕和逃亡的德國國籍持有者或者他們的配偶和後代。」基本法第一四六條規定：「本基本法在憲法生效之日起失效，新憲法將由德意志民族自由決定。」但是所有這些條款都只提供了一個初步的法制保障，即使全部適用基本法，四十年前制定的這部基本法面對日新月異的統一進程，難免掛一漏萬，許多地方已完全不能適應新的情況。實踐急切需要一部以基本法爲基礎的，但又與現實聯繫緊密的統一法。這種要求得以在第二個國家條約——統一條約的談判研討制定工作中被體現出來。東西德國的立法人員緊密配合，最終使這一指導統一的法律文件及時產生。這一條約既是面對過去的總結又是面對未來的展望。它集中歸納了民主德國解體後可能出現的各種問題並施之於解決方案。一九九〇年八月二十三日民主德國人民議院作出了當年十月三日依聯邦德國基本法第二十三條加入聯邦德國的決議。由此第二個國家條約的談判完全進入了一個新的時期。一九九〇年八月三十一日聯邦德國聯邦內政部長蕭伯勒(Schäuble)和民主德國國務委員克勞瑟(Krause)在東柏林簽署了「德意志聯邦共和國和德意志民主共和國關於建立德國統一的條約」簡稱統一條約(Einigungsvertrag)。統一條約從形式上說雖然也與第一個國家條約一樣，具有國際法條約的特徵，但它具有一個轉型的例外。(它的形式還可以進行多種法理探討)。統一條約作爲全德的法律與西德法律甚至在某些方面與基本法具有同樣重要的作用。在統一條約的第四十五條的大段條文中規定：條約的法律規定在東德加入聯邦德國之後被視爲與聯邦法律一樣行之有效的法律。而且條文還特別予以保證，條約的法律規定在另一方條約當事人民主德國消亡之後依然有效。這是一個典型的國際條約被國內法吸收的法例，而且非常具有特殊性。統一條約奠定了依法統一德國的基礎。科爾總理指出：這是一部「具有深遠歷史意義的法律文件」。實踐證明，這部具有深遠歷史意義的法律文件在德國統一進程中發揮着指導性的作用。一切統一措施、政策、方針的貫徹施行都離不開統一條約這一堅實的法律保障。德國統一是法制指導下的統一。東、西德國的政治領導人在籌劃統一的過程中，始終堅持以法律爲準繩，這種難得的法律素養確實是德國統一按步就班，有條有理的保證。聯邦德國的政治家經過四十年法制國家的熏陶，民主德國第一個建立在自由法制基礎上的民選政府第一次實踐法制，雙方在法制的基礎上配合默契，避免了許多混亂。德國統一從一開始就在法制的軌道上正常行駛。

2.統一條約的內容

一般認爲一九九〇年九月二十日東西德國議會對統一條約的最終批准是德國統一就形式上而言所完成的最後一個國家法律行爲。「德意志聯邦共和國與德意志民主共和國關於建立德國統一的條約」簡稱統一條約作爲統一專門法共有九章四五條法律規定、三個附件和一個備忘錄。全文厚達共千頁，這個條約包含有基本法的必要變更，規定了東、西兩德法律整合、法制統一的具體措施。另外還對在統一過程中不能簡單通過法律變更和法律補充的特殊領域進行了同一的規定。儘管立法者已經竭盡全力，面對兩個國家制度、法律制度、經濟制度全然不同的社會的融合，兩個月的勤奮工作還是遠遠不能解決問題，因此條約也要求統一之後的全德立法機構對某些實踐中出現的新問題及時予以補充規定和對條約進行修改。

統一條約最具創造性的部份被認爲是第一和第二附件，在這兩個附件中分門別類地規定了法制整合的有關內容。第一附件規定了聯邦德國法律在民主德國的具體實施問題，它詳細規定了哪些部份的聯邦德國法律在民主德國實施時必須中止；哪些部份必須依一定的限制予以施行；哪些部份必須重新修改或補充。第二附件規定了民主德國法律的繼續有效問題。它詳盡規定了哪些民主德國法律被部份取消、被增加或被修改。在這兩個附件中主要涉及了各法律實施的詳盡規定。如此精細的分門別類使得統一過程中的法律適用不至於發生困難，它至少提供了一個良好的開端，使統一過程中法律含混不清的問題得以避免，保證了統一的有法可依。

由於「統一條約」內容的龐雜，要全面介紹這部德國統一的指導性法律文件，在這樣短短的篇幅裏確實沒有可能，這裏只能介紹一下「統一條約」最主要的幾個方面，而且大都局限於條約的正文中。

(1)國家制度、憲法和國家機關

儘管通過第一個國家條約已經完成了聯邦德國與民主德國的貨幣、經濟和社會聯合，但是德國統一的實際步伐卻是在第二個國家條約——統一條約的指導下邁出的。統一條約的第一條規定就爲統一的德國打下了堅實的法律基礎，它爲昔日民主德國境內的行政區劃定了新的五個邦，確定在民主德國以基本法二十三條正式加入聯邦德國之日起，這五個邦屬於聯邦德國。同時，條約對由此產生的法律事實又在如下一系列條款中給予保證。條約第三條規定：民主德國加入聯邦德國之日起基本法適用五個新邦和至今未適用該法的柏林部份地區，條約第七條規定：聯邦德國經濟制度的引入，條約第八條規定，聯邦德國法律的導入，這一系列法律條款勾勒了德國統一後國家制度、憲法和國家機關的概貌，對統一具有指導意義。

在指導德國統一的過程中，在兩個德國國家制度、憲法和國家機關更替、協調、融合中，統一條約發揮着極其重要的作用。特別是它對基本法部份條款更改和聯邦法律導入的有關內容保證了統一過渡時期東、西德法律銜接的平穩，避免了法律眞空的可能。鑒於國家統一出現的新局面，統一條約對聯邦德國基本法的部份條款進行了修改和增補。這些條款涉及基本法適用範圍、聯邦議院席位分配、法律管轄、例外規定和基本法適用期限等內容。依統一條約的規定：基本法序言中的有關字句必須予以修改，原來序言中只提到十一個邦的名稱，由於統一的完成，新邦的名稱也由此而載入序言。另外，序言中對「全體德意志民族自主完成德國統一的呼籲」也被代之以「在自主完成德國的統一之後，基本法適用全體德意志民族」；基本法的第二十三條在德國統一完成後已完成了它的歷史使命，因而被取消。一般認爲，基本法第二十三條的取消意味着統一後的德國全境以聯邦德國和民主德國的固有國界而定，德國統一由民主德國的加入宣告法律事實的成立。取消二十三條排除了昔日東普魯士地區或其它德國戰爭失地日後依基本法加入德國的可能性；基本法第五十一條關於聯邦議院席位的分配增補了新的規定：對居民人數超過七〇〇萬的邦給予六個席位；基本法的第一四三條原來已被取消，條約對此條進行了全新的規定並重新加以施行，一四三條規定了例外情況下法律的不一致性。它規定：昔日民主德國境內的法律由於各自特殊原因，還不能與基本法的精神相符合的情況下可以在一九九二年十二月卅一日之前與基本法的規定不相符合。但是這種不一致性不能違反基本法第十九條（基本權利的實質）和七十九條（自由民主人權原則的不可更改）的內容。與此同時，一四三條第二款又就各具體領域法律與基本法的不一致性給予了特殊規定：在聯邦與邦的關係上，在執行聯邦法律，實行聯邦行政管理、地區行政管理、司法以及財政管理中出現的與基本法精神的違背可以持續到一九九五年十二月卅一日；基本法第一四六條也同樣根據統一的完成加入了「德國統一已經完成」的字句，同時規定了在統一後德意志民族自主決定制定新憲法的任務。

統一條約的第八、第九、第十條主要規定了德國統一後法制的整合問題，涉及了聯邦法律導入，民主德國法律效力以及歐洲共同體法律施行等領域。在聯邦法律的導入過程中，條約規定被導入的聯邦法律必須是其效力適用全聯邦德國非只限於部份邦的法律，而且這些法律的運用必須與條約的規定相吻合。條約第九條對聯邦法律的導入又進行了輔助性的規定，它直接調整了民主德國法律的效力問題。在條約簽定時存在的其精神與聯邦德國聯邦法律和歐洲共同體法不相違背的所有民主德國法律，在統一條約簽定後視爲邦法而繼續有效。條約簽定以後統一尚未完成之間民主德國頒發的法律經條約當事人的協商一致決定是否繼續有效。統一條約就是這樣邏輯嚴密，精細地確保了統一過程的法制明確，有法可依。從而最大限度避免了無法可依的混亂局面。同樣，條約對歐洲共同體法律和國際條約的施行也給予了明確的保證。歐洲共同體法和聯邦德國對外簽定的國際條約其效力同樣適用於各新邦。對民主德國對外所簽定的國際條約將由條約當事人協商處理從而確定這些條約的繼續有效或者取消。對兩個德國國際條約的適用問題被規定在條約的第十一和第十二條中。

在建立統一德國的行政管理機構和司法機關方面，統一條約也發揮著不可低估的作用。統一條約的十三—二十條規定了這方面的內容。在昔日民主德國境內將按照與聯邦德國體制相適應的原則建立行政管理機構。昔日的行政管理體制將改變爲聯邦、邦和地區各級。這些過渡時期的行政管理機關必須依照基本法完成邦給予的任務並且置於上級聯邦管理機關的管轄。這些上級聯邦管理機關負責最終決定舊行政管理機關的轉變和清除。在舊行政管理機關全部或部份向聯邦的移交過程中對特別出色的行政管理人員在必要的情況下可以在一定範圍內予以接受並准予行使一定的職權。但是基本原則是昔日行政管理機關的公職人員沒有任何權利要求在其機關解除之後被繼續任用。違反人權原則的公職人員將被永遠開除公職。在邦總理尚未選出之前新邦由邦全權代理來負責行政事務。這一邦行政代理置於聯邦政府的指令之下。聯邦共和國的各邦和聯邦將對新邦的建立給予行政援助，這種幫助的期限到一九九一年七月爲止。在統一條約裏對社會團體、自由福利會社、青少年保護團體在新邦的建立給予特別的支持。另外，對文化設施也給予了調整。條約規定：各文化設施不得遭受損壞。

普魯士皇室收藏品被予以集中，民主德國電臺和電視臺將作爲獨立機關繼續作業直到一九九一年年底，隨後作爲公法法人機關由單個邦或者幾個邦分營轉變。如果沒有邦願意接受，這一電臺和電視臺將解散。條約對教育體制、學制、學歷承認也進行了規定。出於國家政策的考慮，條約規定一九九〇年十月三日民主德國加入聯邦德國之後，十二月全德普選之前原人民議院的一四四名議員可以作爲聯邦議會議員全權代表東部德國。值得一提的是在條約的談判中曾經考慮過民主德國政府成員進入聯邦政府的設想，但最終沒有實現。儘管如此，上述一四四名議員還是在波昂行使了聯邦議會議員的全權。聯邦議會爲他們配備了全部的辦公設備，月薪也與西部議員同工同酬——一萬馬克。

(2)財產所有，金融財政和私有化

重新制定施行的基本法第一四三條不僅規定在昔日民主德國境內的法律在統一之後直到

一九九五年十二月卅一日可以與基本法不相一致。這條條款更規定：一九四五—一九四九年期間沒收的財產不予歸還。這是統一條約對德國統一後財產所有的重要規定。根據統一條約的原則精神。一九四九年之後被沒收的財產應該全面地、盡可能地予以歸還。但是所有宅基地或者建築物，其地皮上正需要建築工廠，其房屋可提供和保證勞動職位，提供工作機會的可以不予歸還。不過投資者有義務報告他的工作進展。統一條約還規定：地方和邦被國家剝奪的財產由國家不予賠償地給予歸還。不歸邦和地區所有的民主德國國家財產歸屬聯邦。但是聯邦必須把它用來完成新邦的發展任務。民主德國國家安全部的機關財產由「托管局」受理。公共財產，諸如在農業和林業領域的動產和不動產，如果不是直接爲行政管理服務和增加財政收入者，也歸「托管局」管轄。所有金融財產、貨幣由聯邦和邦分別所有。聯邦所占有的這部份金融財產必須在民主德國地域內使用。各邦所占有的份額將由各邦居民的人數而分配。全民所有住房在去除債務之後歸地區所有來進行私有化。由集體所有制住房所使用的地基地皮其所有權眞正劃歸集體所有。

在財政經濟制度上，統一條約對新邦給予了最大限度地幫助，在各邦納稅的份額上新邦獲得了直到一九九四年十二月三十一日以前一直有效的特別地位。舉例來說在營業稅的徵收上，新邦的居民到一九九一年底只需繳納舊邦居民平均繳納額的五五%，到一九九四年爲七

○%，直到一九九五年才必須繳納與舊邦居民同樣的稅額。同樣，地區所得稅的繳納直到一九九六年底。在新邦不以居民所得稅的繳納額，而只以地區居民數而分配。另外新邦的各地方可以直到一九九四年年底從邦的稅收中獲取二○%的份額。在各邦的稅收中，每年約四○%交給德國統一基金。該基金八五%的金額將用來提供新邦的發展，其它一五%劃歸聯邦用來解決新邦急待解決的重要問題。

一個水平面的財政金融平衡，也卽各邦平等的平衡在一九九四年年底之前規定不予進行。昔日民主德國地域的五個邦必須同力完成相同的任務。聯邦對新邦高教事業的新建和擴建，對地區經濟，農業，海岸保護的發展和改善將給予積極支持。聯邦財政部爲此修訂了大規模的支援計劃。依照基本法的規定，聯邦對這些領域的幫助，其出資額只能占總數的一半。爲此，統一條約作了進一步的保證：如果這種有利於新邦的財政措施出現問題時，聯邦和邦可以共同尋求解決方案。

昔日民主德國所欠債務由聯邦特別基金會所接受，這個基金會直接受聯邦財政部的管轄並負責清償這批債務。直到一九九三年年底聯邦和托管局必須償還特別基金一半的利息，從一九九四年一月一日起聯邦和邦以及托管局將從特別基金會手裏接受全部昔日民主德國債務。各邦依照居民人數承擔債務數額。特別基金會將於一九九三年年底解散。

與此同時，統一條約還規定聯邦德國同樣接受昔日民主德國的各項金融擔保義務，聯邦財政部關注民主德國在外貿方面的盈利和虧損。

托管局（Treuhandanstalt）作爲聯邦直屬的公共法人承擔了民主德國全民所有制企業的私有化任務。在這一私有化過程中托管局受聯邦財政部的指導。托管局的變賣所得將用於新邦的發展。在特別的情況下這種所得也可用來替農業生產合作社抵債。托管局允許接收二五〇億馬克的信託，至今爲止已爲二四二億馬克。一九九五年年底之前這些信貸必須予以償還，在聯邦財政部作出延長批准後這一期限可適當延長。

德國帝國鐵路——昔日民主德國國營鐵路的資產也劃歸聯邦德國管轄。它與聯邦鐵路——聯邦德國國營鐵路將進行技術系統和組織系統的聯合。民主德國郵政將與聯邦德國郵政聯合，其財產將由聯邦郵政部在電訊電話、郵政銀行和郵政業務三大行業中分配。

(3)勞動工作，社會保險和退休金

統一條約在第一個國家條約社會聯合的基礎上，全面規定了聯邦德國勞動法、社會保險法在昔日民主德國境內的實施。但是所有這些法律都涉及到了過渡期限。由此，一大批民主德國法規在過渡期內仍然有效。而與此同時在過渡時期還不斷有新的特別法規的出現。因此，在社會勞動法律的實施上統一條約也充分照顧到這一現實。在統一條約本身也涉及了有關這

方面的特別法規，諸如有關提前退休的規定。統一條約規定：男性年滿五十七歲，女性年滿五十五歲處於失業狀態三年可以提前獲得退休金。對女性而言這一失業狀態必須長達五年。這一規則有效只於一九九〇年。從一九九一年起將規定爲統一的年齡五十七歲，統一的失業年限三年。在此三年裏可領取原有實際收入六五%的工資。

在有關勞動保險的法律方面，統一條約依次作了詳盡的規定：

a.退休金：從一九九一年起原民主德國按照聯邦德國養老金保險制度進行組織上的轉換，但是民主德國的有關調整退休金的法律規則在一九九一年仍然視爲有效。聯邦德國的實際養老金保險法律將在一九九二年一月起通過特別聯邦法律由新的五個邦全盤接受。

b.醫療保險：聯邦德國醫療保險的組織系統也將按規定在一九九一年初在民主德國境內展開。到一九九二年中期新邦居民交付的醫療保險只爲舊邦居民的一半。醫療人員的所得只爲聯邦德國水平的四五%，醫藥品和醫療器械的費用在一九九一年裏仍將低於舊邦的五五%，這一差距將通過聯邦勞動部在一九九二年和一九九三年予以縮小。原有的民主德國醫療設施、企業和地方的急救中心、醫院、門診部允許繼續從業五年。這期間鼓勵醫護人員從事自由職業，鼓勵醫生自由開業。民主德國原有的照顧病疾兒童的法規到一九九一年七月三十日繼續有效。獨身或者結婚但又從業的母親可以在一定期間裏帶薪照顧生病孩子。但這一規定也取決於孩子的多少。一九九一年七月三十日之後聯邦德國的法律將適用這一領域即這類母親可以帶薪照顧生病孩子，前提是每年只有五天，孩子必須八足歲以下，如果超過這一時間規定，則有相應的薪金百分比扣除。

c.事故保險：在事故保險方面，統一條約規定其組織結構必須在一九九一年與西部德國相同。聯邦德國職業同盟會的組織系統將在民主德國境內逐步建立。一九九二年開始聯邦德國有關事故保險的法律將就事故防範、治療、恢復等各領域在昔日民主德國境內全面展開施行。

d.戰爭受難者補貼：戰爭受難者補貼制度的實施對昔日民主德國境內的五個邦來說是全新的概念。補貼數額將與昔日民主德國的養老金數額相適應，也就是說是西部德國地區的百分之四十，原來民主德國發給的戰爭損害養老金作爲戰爭受難者補貼而由聯邦德國給予承認。

e.勞動法及其有關法律規則：在社會勞動保護方面，有關對星期天和節假日工作的禁止以及例外情況的規則，這方面的聯邦德國法律要到一九九三年才在新邦推行。這樣昔日民主德國有關婦女從事夜間工作和建築業工作的允許視爲有效。值得注意的是聯邦德國法律中的各種解雇工人或職員的期限辦法不在昔日民主德國境內實施。因爲這種實施被一九九〇年五月聯邦憲法法院認爲違憲。這樣使原來民主德國的解雇辦法的法律規定繼續適用。但是對獨身帶孩子父母的解雇辦法只規定到一九九一年年底有效。工人參與企業管理的制度也將在昔日民主德國境內展開。到一九九一年三月爲止各工廠企業的監督機構必須予以建立。在病假情況下六周之內支付全薪的原民主德國法律在相關全德法律還沒有制定出來之前繼續有效。最低全年休假天數：每年二十天的民主德國法律規定也給予保留。

f.嚴重殘疾者保護法規：隨著民主德國的加入，聯邦德國有關嚴重殘疾者保護的法律規則適用於新邦。由昔日民主德國衞生管理機構頒發的嚴重殘疾證明直到一九九三年年底視爲有效。

g.失業保險和勞動力市場：在昔日民主德國境內施行的直到一九九一年七月三十日有效的短工支付特別法規可以延期有效至一九九一年年底。這以後在短工工資支付中也將考慮避免解雇和失業的問題。短工工作者可以盡可能地由此獲得職業技術培訓。在這一鼓勵就業的措施中勞動局可以接管工廠應支付的全部費用，從而有效地督促失業者完成技術轉行的培訓工作。兒童培養教育費用在昔日民主德國境內採取了企業支付給從業者的辦法。從一九九一年四月一日起將由勞動局主管此項事務。同時，聯邦德國禁止非法從業和調整企業轉讓的法律規定也全面在新邦施行。

(4)資產和投資的法律規定

一九九〇年八月三十日在簽署統一條約的前一天，統一條約匆忙接受了兩個法規，它們是：有關資產問題的法規（資產法規）和關於在民主德國的特別投資(投資法規)。這兩個法規對德國統一之後，土地所有制關係的重新整理具有十分重要的意義。通過資產法規確立了一九四九年之後沒收財產清償的具體原則和辦法。投資法規則通過了有利於投資者的規定，從而對資產法規進行了合理的限制。這兩個法規有一個共同點，就是它們都沒有經過民主德國人民議院正常的立法程序，沒有經過議會的法律諮詢直接進入了統一條約。它們與統一條約的其它法律規定一樣最後一併通過議會對統一條約的審議批准而發生法律效力。這種不同尋常的做法主要是考慮到，由於統一形勢的逼人，繁雜的立法程序會拖延有效的立法，從而造成資產和投資這兩個重要方面的無法可依，引起社會動盪。

資產法規由波昂和東柏林政府一九九〇年六月十五日關於解決未清理資產的詳細法律規定爲核心內容，另外又包括了一九九〇年六月十一日關於地產權利的登記規則。這部法律規定了被沒收的私有地產和建築物在何種前提下准予歸還；何種前提下只進行補償的具體內容。補償的最高值在法律中沒有給予確定，這一數額將由新的全德議會來決定。這部法律適用於所有無償或象徵性的收歸爲全民所有的私人資產的清理，也適用於通過濫用職權和貪污謀得資產的清理。這部法律對一九四五—一九四九年盟國占領時期沒收的資產不予調整，土地改革的事實不予觸犯。

依照資產法律，所有被沒收的資產必須全部歸還昔日所有人。但如果這些資產經民主德國國家財政提高了價值（比如建築物的翻修）就必須進行新的綜合平衡估價。過去的資產抵押，由於被沒收爲全民財產而予以取消的一律恢復。民主德國居民租賃房屋和使用房屋的法律依然給予承認，一戶或二戶居民住房的租賃者或使用者可以依法獲得購買房屋的優先權。他們甚至可以購買房屋的宅基而與此同時提供給昔日所有人補充宅基地。對此他們並無義務必須使昔日所有人滿意。在資產物體的原狀不能恢復的前提下，可以不予歸還原物。當地產和建築物經過徹底改造和出於公共利益並爲公共利益而使用時，諸如已作爲居民樓，或者公共設施時；當地產已作爲產業需要其歸還會影響到企業生產時，可以不予原物歸還。另外，自然人、宗教團體，或者基金會正當謀得的資產，即使這些資產昔日所有人提出財產訴求也不予原物歸還。

另外，企業的歸還必須考慮到技術進步和基本經濟發展所帶來的現有價值與沒收時企業實際價值的平衡，而且權利申請人必須在一九九〇年九月十六日之前提出訴求，滿足這一系列條件才有可能給予歸還，資產不論動產或不動產，其實際增值或減值都必須進行仔細地平衡估算。怎樣進行這類平衡資產法規對此沒有作詳細規定。價值標準的評估當然以聯邦德國馬克爲單位進行。整個資產返還過程其工作由新建立的地區和邦的淸理資產局來主持。在這些機關尚未建立之前，這一工作由邦和地區行政管理當局代理。

考慮到促進新邦的經濟發展問題，投資法規起到了限制昔日財產所有者權益的作用，投資法規的核心內容是：對地產的訴求沒有在規定日期中提出的，在新投資者請求法律保護後，原地產所有人的訴求不予受理。統一條約力圖通過這種方法從法律上促進在新邦的投資。另外，出於對特別投資的保護也可以對原實際所有人資產的原物不予歸還。特別投資是指投資者所進行的項目能夠確保通過企業或服務性行業的建立爲社會創造就業機會或提供大量居民住房和公共交通設施。但是特別投資的投資者必須提供所有計劃、方案以證明其完成項目的實力，這一切必須在一定期限裏完成，如果沒有完成，則原資產所有人獲得原物的返還。儘管法律規定對原所有人的原物招領期間，原所有人可以獲得原物的返還。但是這一招領期也可以被取消，前提是這一招領期對有效的投資造成威脅。這種法律規定保證了管理當局在一些有疑問的所有權請求案裏避免糾纏而保證有效投資的進行，對此投資法律甚至確定：爲了確保緊急的公共利益，可以立卽頒發徵用允許。對此昔日所有人幾乎沒有可能再通過法律訴訟來重新獲得原物，而只能獲得原物的補償。投資法律也規定，昔日財產所有人可以對原物的轉讓提出索價。

3.統一條約的意義和遺留的問題

統一條約調整了德國統一過程中國家制度轉型、法律適用的重要問題，具體涉及經濟制度、聯邦法律的導入、昔日民主德國法律的有效適用、國際條約的延用、法院判決行政管理決定的有效性、公共機關的法律關係，以及對財政、信託、債務、勞動就業、社會保險、家庭、婦女保護、衛生健康、環境保護、廣播電視、科學研究、教育、體育等各方面調整的內容。作爲一部統一專門法，統一條約是德國統一的法律保障。

統一條約從誕生之日起就與聯邦德國法律，有些方面甚至與聯邦德國基本法具有同等的地位。它的特殊性還表現在所有聯邦德國法律、聯邦德國基本法的導入都必須通過統一條約來進行實施。統一條約充分體現了它作爲第一部全德法律對德國統一的指導意義。這種指導作用不僅在形式上的統一過程中發揮了重要功能，而且在實質上的進一步深化統一的過程中越來越展現出它的重要性。統一條約的貫徹執行是保證有條不紊實現德國統一的重要一環。

儘管統一條約對德國統一中出現的問題進行了最大限度的法律制約，但是統一過程千頭萬緒，種種問題難以在一部條約中得到解決。因此條約本身也難免掛一漏萬。可是，法律的細微和敏感會使一些枝節問題釀成日後的麻煩，統一條約在制定過程中由於限於當初的歷史條件遺留了一些含混不清的地方，實踐證明，在德國統一的過程中，這些都成爲爭執的焦點，不同意見在這些含混點上糾纏不清，在一定程度上給統一增加了負荷。

在統一條約的第二條裏規定：德國的首都是柏林，有關議會和政府所在地的問題將在德國統一實現之後再予以決定。這條規定的含混引發了統一之後關於定都的大爭論。鑒於簽定條約時的歷史情況，統一後的德國究竟是什麼國名？對此條約談判雙方沒有作仔細地規定，因此，統一後這條條文的第一句就發生了問題：「德國的首都是柏林」，但聯邦德國的首都是波昂，民主德國加入聯邦德國，所以統一後的德國首都爲波昂。反對遷都的力量以此推理迅速聚集在一起，此時，統一條約有關首都的規定確實顯得有些一紙空文的味道。反對遷都派的主要理由是：遷都耗資巨大，據估計全部費用達七百—九百億馬克，這筆費用不如用來發展新邦建設，另外波昂地處西界，是聯邦德國謀求實現歐洲聯合的一種象徵。當然還有各種私人原因，政府各部官員早已落戶波昂，買地造房、孩子就學，萬一遷都，一切又得從頭開始，對個人也增加負擔。曠日持久的定都爭論最後終於由聯邦議會表決定奪。一九九〇年六月二十日二十一時四十七分聯邦議會以十八票的多數結束了這場扣人心弦的爭論，四十年來德國第一次在沒有外力干預下自主決定——統一德國的首都爲柏林，從而爲統一條約作出了明確的補充。

考慮到統一的任重道遠，統一條約的締約雙方不僅規定了基本法部份條款的補充、變更，而且也考慮到統一後對基本法的徹底修改或是重新制定憲法。因此，在統一條約的第五條規定了日後基本法變更的具體問題：條約雙方建議統一後的德國立法機關在兩年之內就在德國統一過程中產生的問題對基本法進行修改和補充，緊要調整的領域有聯邦與邦的關係問題，柏林與勃蘭登堡州合併劃界的問題，有關國家目的的建立問題以及由於基本法一四六條的運用而帶來的法律不一致問題。基本法變更的討論由此爲導火線在統一後的德國迅速展開，成爲目前聯邦德國的第一話題。統一條約在這裏遺留的問題是，它只規定了立法機關對基本法進行更改補充的總原則，卻並沒有規定怎樣進行的具體辦法，而期限卻規定爲兩年。隨著運作方式爭執的產生，有關修改內容也不斷增加。另外，條約中規定的內容也由於各利益團體的認識不一，價值標準不一而發生異議。解決這一問題也是深化統一的關鍵之一，所以聯邦德國政界和法學界都給予了充分的重視，力求以統一條約爲基礎而尋求協商方案。

目前對基本法變更的主要爭執可以通過聯邦議會執政黨基民盟／德社盟（CDU/CSU）與反對黨社民黨（SPD）的意見相左來窺見一斑。執政黨認爲聯邦德國基本法四十年來的施行爲建設法制國家發揮了不可磨滅的作用，總的來看這部基本法在德國統一後依然功能運轉正常，因此，除了對有關條文進行修改之外，不需要進行大的變動。對基本法的部份條文變更，從這種意義上說只需建立一個由聯邦和邦的議員組成的小型議會委員會。反對黨認爲：

基本法可以作爲統一後德國的憲法而繼續發揮作用，但是必須認識到統一後的德國並不是聯邦德國的繼承者，昔日的基本法作爲聯邦德國的臨時憲法隨著德國統一的完成已不能適用於今天，這一基本法今天是否可以再作爲統一德國的憲法必須由人民，包括新加入的昔日民主德國境內的居民，來進行憲法討論。由此建議建立一個由一二〇名來自議會、公共機關、公民團體的代表所組成的憲法委員會來對此進行審議，提出草案然後交全民表決，由人民自主決定統一德國究竟延用基本法還是重新制定新憲法。

在有關基本法變更的內容上，執政黨和反對黨也爭執不一。反對黨堅持把實現住房權、工作權、社會保障權和健康權，以及環境保護作爲國家力求實現的目標寫入基本法。執政黨除了贊同把環境保護列爲國家目的之外，其它均予以拒絕。此外，爭執還涉及到關於聯邦國防軍派駐北大西洋公約成員國境外的問題。也即是否允許德國士兵加入聯合國維持和平部隊的行動，反對黨堅持現有基本法不向北大西洋公約成員國境外派遣兵員的原則，而且要求無論在聯邦境內或是北約成員國境內的軍事派遣都必須經過議會三分之二的多數通過。執政黨則認爲基本法必須在這方面修改，從而作出有利於德國軍事力量承擔聯合國義務的規定。統一後的德國必須爲世界和平作出貢獻?!在擴大民主的方面反對黨認爲基本法是一九四九年非常時期由議會沒有通過公民投票而直接制定的「專家憲法」，因此無論是基本法的變更還是制定新憲法都必須對更直接的民主形式進行規定。執政黨對此堅持代議制民主的基本原則，認爲基本法所規定的間接民主的形式有利於德國的穩定。一九九一年下半年圍繞著基本法變更的討論，爭執又集中到一個新的領域，基本法第十六條對政治避難給予保護的規定是否必須予以增補變動，執政黨認爲這一條款日益成爲歐洲統一的障礙，德國應該與歐洲共同體其它國家協調，對在歐共體成員國一國內遭拒絕的難民申請者應該在德國一樣不予庇護。反對黨則認爲基本法十六條不得增補，解決難民潮的方法是德國政府多考慮發展援助第三世界國家的計劃，幫助貧困地區致富，從而根本制止世界範圍的窮國向富國的人員移動。對難民庇護條款的久決不下，引發了全德範圍極右新法西斯分子焚燒難民營事件的不斷發生。最後，在有關墮胎的法律規定方面執政黨內部也發生了不同意見。自一九七五年以來聯邦德國法律規定墮胎必須受刑事處罰，例外條件只有，a.當孩子出世一定是已嚴重受損害時，b.當由於被強姦受孕或孕婦處於其它緊急狀態不能生產時，c.當生產有害於孕婦健康時可以墮胎。一九七五年聯邦議會曾制定了有關墮胎的法規，規定懷孕一定期間內可以自主決定墮胎，但這一法規同年被聯邦憲法法院判爲違憲。基本法第二條規定：生的權利神聖不可侵犯。統一條約鑒於民主德國施行已久的期限自由墮胎法重新提出了一九九二年對聯邦德國墮胎法規進行改革的建議。爲此，基民盟也傾向於反對黨的期限墮胎，只是如何與基本法的原則相適應仍然是一個棘手的問題，但是與基民盟聯合執政的德社盟則固守一九七五年憲法法院的判決爲依據反對自由墮胎。

與此同時，聯邦德國法學界人士也對基本法的變更進行了學理意義上的討論，法學界有關人士認爲，隨著德國統一的完成，修訂基本法的任務不言而喻地被擺在面前，這一修訂可以稱之爲「基本法的現代化」。基本法的現代化必須加強自由、民主、法制國家的國家基礎，它的修訂方案必須面對二十世紀末的有關憲法問題，由此歸納出基本法修訂的六個方面內容：

①基本法第二十四條、二十六條以及序言中有關保衞和平的法律原則必須與歐洲安全會議簽署條約中關於平等主權國家和尊重平等主權國家法律的原則相聯繫。必須在基本法中規定禁止製造、運送和使用大規模毀滅性武器的內容。

②保護自然作爲基本法原則的時機已經成熟。

③目前爲止通過選舉以間接民主形式加以限制的民主必須通過直接民主形式加以擴大。

④在勞動和就業領域：國家有義務保護就業機會，創造就業可能，實現全面就業。另外還必須建立憲法委託機構負責建立公共職務的新規則和統一這方面的法規。

⑤婦女的法律地位必須在兩方面得到改善：a.通過法律保障男女平等，國家必須對性別歧視現象進行干預。b.法律承認婦女自主決定懷孕生產或墮胎的權利。

⑥確立德國的新國名，解決統一條約留下的懸案，創造德國歷史的新紀元。

二、法制統一——統一德國面臨的挑戰

1.法制統一，任重道遠

一九九〇年十月三日隨著德國統一形式上的完成，激動過去之後，越來越多的人認識到國家統一，任重道遠。德國政界和法學界的人士紛紛撰文指出；德國統一並不只局限於準確的歷史時刻，從實質上看，統一過程更應該包含經過四十年的分裂，民族的諒解、寬容、接近以及共同意識的培養等關鍵內容。這一深化統一的過程將持續相當一個歷史時期，這一時期建立一個以基本法爲基礎的自由民主法制秩序將是完成深化統一最關鍵的一步。這一步的完成將使德意志民族最終在法制的基礎上整齊步伐，徹底完成國家統一。法制統一，意義重大。

一九八九年秋民主德國的變革至今一直被定義爲「革命」，作爲革命，它改變了民主德國社會政治、經濟、文化生活的各領域，但是在這場「革命」中，暴力一直被排斥在革命過

程之外。民主德國的變革力量在革命中，從推翻史達林主義的統治到建立自由民主法制的原則秩序始終運用了和平手段。同樣，當時的國家機器也最低限度地使用暴力以至徹底放棄暴力自我消亡。整個民主德國的變革過程堪稱「和平革命」。其特點表現爲：

a.在一九八九到一九九〇年的變革過程中沒有一方使用了武器。

b.民主德國憲法沒有突然被廢止，在變革過程中這一憲法根據衆多立法補充全面得到了更改，從而成爲指導變革、鞏固變革成果的法律。

c.德國統一是通過兩個德國的協商經民主法制的批准而實現的。

正是由於這一和平革命的性質使得統一後的德國在全面深化國家政治、經濟、法制、文化等諸方面的統一過程中，體現了自己的特點；然而也面臨了許多沒有出現過的問題。它們表現爲：

a.通過和平革命並沒有消除舊國家機器的組織結構，舊國家機器必須通過聯邦德國法制的引入而逐步摧毀。

b.儘管整個司法制度還依然是民主德國的舊體制，通過革命的人們已經出現了對法制國家的期望。

在這種情況下，法制整合、清理、統一的艱巨任務呈現在人們面前，法制統一，這是統一後德國面臨的最爲關鍵的挑戰。

法制統一不僅意味着法規的整合清理，同時也意味着對昔日獨裁統治的清算，通過法制統一必須在自由法制的原則上重新建立社會的是非標準。這項工作的艱巨是一個方面，而另一方面對德意志民族來說更是一種痛苦，聯邦德國司法部長認爲：實際上，第三帝國罪惡的清理，法制的整頓工作尚未完全結束，德意志民族又面臨第二個痛苦的過去——史達林主義的極權統治。

由於社會的轉型，體制的變換，剝奪了一些人已經得到的東西，歸還了一些人過去失去的東西。社會對抗表現爲空前激烈。爲此法制整合，確立自由法制基礎，清算獨裁統治罪惡究竟應該如何着手？這是值得深思的問題，司法部長金克爾（Kinkel）警告人們：要避免出現一種「勝者司法」而妨礙法制國家原則的執行。他認爲全部依靠刑法處罰並不能解決問題，但放棄刑法處罰也是一種愚蠢的行爲。對昔日獨裁統治的罪惡要進行徹底清算，但是，史達林主義統治獨創的一些連納粹也沒有辦到的事，比如社會的人人自危，普遍的不信任感和人人爲敵的情緒，朋友、夫妻、子女之間的互相畏懼監視等，這些道德上的損害沖擊是通過刑法處罰無法在短期內得以消除的。西班牙在佛郎哥政權垮台以及拉美一些國家的獨裁崩潰之後，民主法制的勝利者並沒有簡單地把舊國家機器的牽連者送上法庭，在那些國家更多的是尋求和解；東歐其他國家，如捷克找到了自己爲受難者平反昭雪，給作案者赦免罪惡的解決方案，從而最大限度求得了和解，騰出精力，發展國家。德國也想借助這些經驗找到一條適合自己國情的解決社會矛盾的方法。統一後的德國決不應該陷入糾纏陳賬的爭鬪，盡早結束對罪惡的清算，盡早謀求國家的發展，這是德國政治家的共識，也是德國人民的看法。但是在這種走向寬容諒解的法制統一過程中，司法部長也指出：戰後接受任用納粹法官所犯下的錯誤一定要堅決予以杜絕。

統一法制的過程，由於其牽涉面的廣泛，在短期內效果不會明顯，而且往往在實踐中還會產生法律運用上的誤差，這對從舊體制下解放出來，對自由民主法制寄予厚望的原民主德國境內的居民來說，經常會有一種失望感，而實際上，法制國家原則也是一種對新邦居民的法制文化沖擊。一個時期內也可能使他們處於「休克」狀態。統一法制中影響最大，公衆最爲注目的是刑法的適用，幾乎所有對法制的期望、失望以至憤怒也都是從這裏開始的。統一後聯邦德國接受了民主德國司法機關對原民主德國領導人刑事調查的所有案件，追究其侵犯人權，發布對當時偸越邊境者開槍令的罪惡，以及濫用職權等。整個刑事調查過程冗長而又緩慢，不時有案件當事人保釋就醫，或由於健康原因不宜進行刑事調查等。這些在西方法制中習以爲常的保護當事人的做法卻不斷引起對舊體制深惡痛絕急於懲治罪犯的新邦居民的憤怒。當原民主德國邊境部隊的年輕士兵痛哭流涕被押上法庭追究其在邊境開槍殺人的法律責任，而原民主德國領導人卻在聯邦司法機關的眼皮下由蘇聯紅軍協助逃往蘇聯時，對聯邦德國法制的失望感油然而生。許多人不免得出這樣的結論：法制國家原則在涉及對國家領導人治罪方面也難保會走樣。昔日民主德國變革運動的風雲人物，民權運動活動家倍倍爾・包圖女士甚至認爲：西部國家的法制原則也是十足的非正義。面對這一局面，聯邦德國司法機關依然堅持法制國家的原則，柏林司法部長尤他・林巴赫（Jutta Limbach）教授清醒的指出：法制國家的原則必須建立在清晰的法制原理基礎上，必須以事實爲根據，聯邦德國法制的貫徹決不能迎合沸騰的民衆情緒，不能以滿足昔日民主德國居民懲治罪犯，追求正義的急切願望而盲然從事。

確實，在對昔日民主德國史達林主義統治集團核心人物的追究刑事處罰過程中，聯邦德國刑法面臨着極大的挑戰。首先是「罪行法定主義」的問題，由於聯邦德國刑法並無「政府集體犯罪」的罪名，這樣，使對何內克等的制裁只能適用對其個人的刑事制裁，因此其罪責必須在其個人政治活動中犯下的刑事罪惡中去尋找，這也是對其刑事調查緩慢、冗長的原因。何內克，昔日國家安全部部長米克，國防部長蓋斯勒等最終由柏林邦法院發出逮捕令，罪名是教唆謀殺。這一罪名的成立主要是根據他們一九七四年發出的對民主德國居民逃離國境予以擊斃的射擊准許令爲基礎。但是，據稱在刑事調查中對這一罪名的確立與否還必須考察證據的確實。對此何內克等人辯解道這一命令完全合法，因爲擊斃令的頒發是出於對昔日民主德國主權國家和其參加的華沙條約成員國的安全的考慮。另外，依據統一條約民主德國的作案人必須在民主德國法律解決，按當時民主德國邊境法律規定，對逃離國境者予以擊斃並不違反民主德國法律，相反，是執行法律的體現。從這種意義上說如何確立何內克等人的罪責？其次，刑法追究刑事責任的效力問題，何內克等人的罪行即使成立也已是近二十年甚至二十五年之前的事了，從刑法意義上說也早已失去追究刑事責任的效力，所以檢察機關和警方也希望立法機關盡早明確規定，以免他們的工作浪費精力。以上所有問題對聯邦德國司法機關確實一時難以得到統一的看法。與此同時聯邦德國刑法學刑法理論的不同流派對刑事罪責的各種認定方法也影響着這一進程，早在一九九〇年年底柏林檢察機關就向邦法院提出了何內克作爲教唆謀殺主犯的逮捕令，由於邦法院的否決而沒有執行，這一逮捕令直到一九九一年才實行。原因也在於檢察機關與邦法院對所謂「寫字桌凶手」的認定標準不一。嚴格準確地運用法律必須有足夠的耐心。法律決不能成爲鬆緊帶而失去法律的尊嚴，即使面對如此的民怨沸騰，聯邦德國的司法機關仍然固守法制原則，不搞「從重從快」。力圖以公正的法制取信於民，實現法制國家的原則。這是一種相當具有法律素養的體現。

與此同時，法學界，司法行政管理部門紛紛着手研究問題，提出自己的見解。由於對何內克等人的刑事調查主要以柏林邦法院爲主，柏林地區的學者更是躍躍欲試。柏林司法部長林巴赫，這位柏林自由大學的法學教授精闢地提出了自己的看法：針對刑法典中對政府犯罪刑罰的缺乏，建議立法予以考慮，以期不久的將來不再出現刑法處罰和政治責任的絕對分離。同時，也必須看到：鏟除不合理制度的罪惡並不能全部依靠刑事處罰來解決。針對何內克的罪責問題，林巴赫教授進一步指出：雖然一九八二年民主德國邊境管理法規定對逃離國境者可以擊斃，但即使按照這部法律也並未規定對圖謀越境者必須擊斃，而且該法對婦女、兒童還規定給予特別保護。何內克的射擊令從這種意義上看對民主德國法律也是一種違背。更不用說這一射擊令還嚴重觸犯了人權。提到統一條約中對民主德國法律的適用問題，林巴赫教授重提一九四五年在討論納粹刑法典適用時所產生的爭執，提出了自己的質疑：難道統一後的德國能夠容忍適用嚴重違反人權的法律？對刑事責任的有效問題林巴赫教授認爲應該扣除從作案到一九九〇年十月三日德國統一這一段時期，因爲在這一段時期正義的刑事責任追踪根本不可能進行，從這意義上看，在史達林主義統治集團統治時期作惡的所有罪行幾乎全部仍然在刑事責任期限之內，作惡者罪責難逃。

儘管對昔日罪惡進行清算，伸張法制正義的腳步走得謹愼小心，但是聯邦德國司法機關還是做到了在法制範圍內成熟一個解決一個。對昔日民主德國工會領導人哈利・梯須的審判已在一九九一年上半年全部結束，梯須被判處十八個月的徒刑，其罪名是濫用職權，貪汚公款。此外，對昔日民主德國邊境部隊開槍射擊逃亡者的直接兇手的調查也已完成，三十八名有血債的射手名單已被列出，其中二十名已找到並確實了罪行，四名已由柏林邦法院刑事庭進行了審理。當昔日的射手今天痛哭流涕地站在法庭上時，面對這些二十剛出頭的小伙子，公衆輿論也有所譁然。對此，林巴赫教授反問道：對這些人值得同情嗎？如果看見他們此刻的這副神態而產生了慈悲，那就忘記了當年被他們擊斃的死難者。不能忘記的是在昔日柏林牆邊紀念死難者的石碑上，最年輕的受難者也不過是一九六四年出生的小伙子。這些射手，假如還有作爲一個人的良心，他們在當時就知道該怎麼辦？

對史達林統治集團頭目的追究刑罰，對昔日罪惡的淸算尙在進行。法院的獨立審判，法官創造性地對法律的邏輯運用將爲聯邦德國法制寫下新的一頁，德國統一對法制提出的挑戰是巨大的。

2. 法制整合的具體領域

在論及德國統一後法制整合的具體領域時，由於篇幅的限制只能擇其重點而進行。主要涉及德國統一後東部新邦司法、行政機關的清理重建；舊制度受難者的平反和恢復名譽；刑法適用和赦免以及昔日民主德國國家安全部的檔案處理等問題。

(1)行政、司法機關的清理和重建

德國統一之後，東部新邦面臨行政、司法機關清理和重建的艱巨任務。這一領域的實際情況歸納起來看有如下幾個方面：

・運轉四十年的民主德國行政機關是一整套人員臃腫、辦事效率低下的官僚體系，從業人數達二〇〇萬。以聯邦德國同樣區域爲標準，最多只需要一一〇萬行政人員。

・許多國家中央行政機關隨着統一的完成已失去存在必要，諸如民主德國中央各部委、辦公廳等行政機構。其它地方行政機關則必須按照聯邦原則清理、整頓予以重建。

・昔日民主德國行政機關的工作人員中有許多人與舊體制有緊密聯繫，有必須予以清除。

・司法機關的狀況更爲糟糕：法制在昔日民主德國是發展低下的部門，這反映在司法機關的人員匱乏之上。全民主德國到一九九〇年十月三日只擁有法官一二〇〇名，檢察官九〇〇名，司法助理員的制度從未得以建立。與此相對照，聯邦德國北萊茵—威斯特法院一個邦就擁有法官四八〇〇名，檢察官一〇〇〇名，司法助理員三〇〇〇名。情況嚴重的是在如此人員短缺的情況下，還必須對舊有司法人員進行審查、篩選。對有嚴重問題的司法人員必須禁止從事公職。

統一條約對克服這些困難，重建新邦行政、司法機關作出了一系列有關規定，它們得到了聯邦憲法法院的確認。這些規定主要有：

・基本承認行政、司法機關工作的繼續有效。

・但是，這種繼續從業只限於沒有被撤消的機關。對那些還沒有作出決定是否可以繼續工作的機關，其工作人員領取百分之七十的工資作爲等待費，其工作暫停。如果這一等待期超過六—九個月，其工作人員失業。據聯邦內政部的統計，到目前爲止仍然處於等待期中的昔日行政司法人員最多還有一五〇、〇〇〇名，這是一個相當令人頭疼的數目。

・對行政司法人員的解雇不僅只限於該人員專業知識、個人素養的缺乏，更涉及到其是否違反過人權基本原則或曾爲民主德國國家安全部門工作過。

・對法官而言其審理權基本上給予保證，但是對其是否可以繼續從事審判業務必須由法官審查篩選委員會來決定，這一審查工作必須在一九九一年四月十五日之前結束。

雖然統一條約對司法、行政機關的清理、重建給予明確的法律規定，但實踐中出現的問題卻是多種多樣的。而且一般人在閱讀溫和、客觀的法律條文時確實想像不到這些條文的實施會在實踐中產生怎樣的後果。統一條約有關對司法、行政機關清理、整頓、重建的規定，完成了「和平革命」沒有完成的任務，它進一步進行了對舊司法、行政機關的掃除作用。

德國統一以後，對昔日民主德國司法機關的清理工作主要集中在由統一條約規定組成的法官審查篩選委員會手裏。這些委員會在東部各邦邦政府的委託下，通常由六名地方或邦議會議員和四位據稱沒有重大牽連的東部法官組成。整個審查篩選工作由西部退休法官、檢察官幫助進行。西部退休司法人員被委以重任，參加這一審查工作，但從原則上說，他們只有建議權而沒有決定權。委員會的審查工作是艱巨的，審查人員必須查閱大量的卷宗、地方和區法院的判決書滙編以及聽取居民自述受到的損害。每一個法官檢察官的行爲可以通過如上材料來加以佐證。委員會還與負責昔日民主德國國家安全部檔案清理的專門委員會建立聯繫，調查法官、檢察官與國家安全部的牽連程度。委員會的審查決定必須經由三分之二成員的不記名通過。審查篩選委員會的工作結果是驚人的。從已經審查的情況來看，到目前爲止原民主德國一二〇〇名法官中只有五〇〇名可以留用（不排除有人繼續剔除的可能性），從個別城市來看，在歇米尼兹（昔日的卡爾・馬克思城），近四分之三的檢察官在審查後被拒絕繼續從業。在德累斯頓（Dresden）也有近五分之二的法官被永遠排除在司法機關的大門之外。此外，審查委員會的工作量也難以想像的巨大，依據統一條約所規定的一九九一年四月十五日完成審查任務的進度，其實現可能性已經等於零。由於德國東部新邦的舊有法官很少有完全沒有問題的司法工作人員，委員會的審查工作面臨衆多審查對象，確實一時也忙不過來。目前全聯邦德國只有柏林一個邦順利地完成了舊司法機關的清理整頓工作，但所謂的「柏林模式」堪稱是一次大清洗。柏林對舊東柏林司法機關採取的是全面重建的辦法。在柏林三〇〇名原民主德國法官和檢察官被一次性解除職務，清洗工作幾乎在一夜就完成，昔日民主德國東柏林司法機關的工作由西柏林司法機關全面接收。東柏林居民的訴訟案件全部轉由西柏林法院處理，被解除職務的法官和檢察官可以重新提出從業申請，但必須經過審查。面對東柏林司法機關的全面崩潰，柏林司法部長林巴赫教授認爲完全不值得大驚小怪，一個城市絕不能實行兩套法律制度，西柏林對由於東柏林司法人員的免職而造成的訴訟工作量的增加完全有能力來解決，在柏林的法律系畢業的大學生、文官候選人，就完全能從專業上勝任這一工作。儘管如此，在東柏林司法機關的清理、整頓工作中還是出現了其它的問題，清理整頓的任務永遠是艱巨的。在西柏林法院接受東柏林司法機關的工作之後，在東柏林司法機關卷宗庫的整理中，西柏林司法人員面對的是一個名副其實的爛攤子，東柏林市法院裏堆積的信件有的甚至五年沒有啓封。近五十萬卷宗沒有被整理過，辦公室和審判大庭也是髒得不堪設想，所以西柏林對東柏林司法機關清洗整理的工作量完全通過另一個方面表現出來。法制統一無捷徑可走。

「柏林模式」是聯邦德國西部司法界部份人士的夢想，這些人在德國統一後始終要求對東部新邦司法機關的清理、整頓工作採取「大換血」的辦法，在他們看來東部司法人員卽使不去追究其與舊制度的牽連程度，光從專業知識上來考察也完全不夠資格。所有昔日民主德國的司法人員都很少受到眞正民主與法制的薰陶，缺乏對法制國家原則的最基本認識。整個民主德國法律從歷史上看，其實質是黨法，法官、檢察官習慣於服從黨的指揮，而不習慣於依法辦事。司法人員長期堅持着所謂黨性原則。也就是所謂在黨的利益與法律發生衝突時，以黨的利益爲主。這些固定思維不可能一個晚上予以換腦解決，從那些已經經過審查篩選被繼續任用的法官與檢察官的司法培訓中可以看到，這一改造工作必須付出何等巨大的代價。統一之後，對審查合格留用的司法人員由西部司法人員任敎，統一進行司法培訓。統一後的每周二，在昔日民主德國各級法院裏如期舉行著憲法法律研修班，研修班的課題通常都是最簡單的西方民主基本概念，諸如什麼是選舉？以及圍繞選舉的公共性、直接性、自由性、平等性而展開的入門討論。議題的深度與高中會考時的考生們的補習課相差不遠。這些研修班傳播的內容，卽使是如此簡單，至今也沒在多少東部留用司法人員中留下什麼印象，西部敎官感到一種無形的抵抗，部份敎官甚至認爲與東部同行共同建立法制國家幾乎沒有可能。

儘管如此，「柏林模式」一直沒有得到聯邦德國司法部長金克爾的衷肯而在五個新邦予以全面推廣。金克爾以爲對舊體制的司法人員不能全部處理掉，必須針對各人實際情況逐個仔細審查。審查委員會的任務不是確立某一東部司法人員受沒受牽連，因爲很難想像在這樣的體制下有完全清白、毫不牽連的法官和檢察官。審查的任務主要應該集中確定某一東部司法人員在舊體制中陷得有多深？如此劃清界線，保留一部份，排除一部份。由此，法官審查篩選委員會的工作逐漸朝這一方向調整。現在一般的審查標準大致如下：當年積極參與政治犯審判的法官、檢察官極少有機會重操舊業，在一九八九年秋同情變革力量的司法人員會在審查過程中大大得分。對昔日黨員則區別對待，大部份青年黨員仍然給予留職繼用。當然，也有一位年輕法官由於曾經拒絕入黨而成爲唯一沒有牽連的昔日民主德國法官。

此外，從實際上看，聯邦司法部長金克爾在這件事上的做法是極其正確的。目前大部份司法界人士也逐漸意識到對東部司法機關的清理工作，任何類似「大換血」的做法都是烏托邦。實際上，假如某一個新邦願意實行「柏林模式」，那就必須找到一個舊邦，可以類似西柏林司法機關那樣全面接受和解決新邦司法機關的全部業務，要完成這樣的任務，願意幫忙的舊邦至少要有能力派出近百名的法官和檢察官，而眼下舊邦各邦司法人員都還嚷嚷著人員缺乏、工作量太重，還沒有一個邦具備了派出百名法官、檢察官不心疼的能力。另外，即使退一步說，有這樣的能力，願意到新邦工作的法官也是寥寥無幾，主要原因是東部、西部報酬不一，相差甚遠。一位西部年輕法官的起薪爲每月四七○○馬克，而在東部只有一五○

○馬克，即便工資待遇由於有關機關的補貼而拉平，住房仍然成問題。在已經發生的個別西部法官移居東部工作的情況中，有的至今仍住在辦公室裏。在波茨坦的法院裏，當事人至今尚能在法院辦公室裏看見穿著睡衣，剛剛睜開睡眼，打著呵欠的法官。在這種情況下，舊司法人員的適當保留完全合情合理。這與昔日納粹垮臺時司法機關的情況相類似，納粹法官在被留用後逐步被替換下來，對舊司法機關的清理、整頓需要時間。

面對審查委員會嚴格仔細的審查工作的進展，昔日民主德國司法界普遍出現了一種絕望情緒，司法人員每天除了報到上班之外，明顯地沒有興趣學習法制國家原則的有關常識。他們最爲關心的是自己是否能繼續從業，繼續生存下去。有的法官甚至公開表示：當一個法官在爲自己的存在擔憂時，何來獨立審判意識？這批司法人員始終感覺被仇視，司法人員之間也處於被擔心告發的狀態中。法院的空氣十分滯重。圖書資料室也是名存實亡，到處是一片混亂，到處還是舊時代的痕迹，判決書上依舊印有原來鐮刀、錘子「工農國家」的國徽圖案。法院裏什麼都缺，紙張、公文表格，甚至打字機。最有諷刺意味的是，被重新任用的舊法官依然在標有民主德國法院的公文紙上撰寫平反書的正文。

法官篩選委員會的工作對東部新邦司法機關的清理和重建，發揮了極其重要的作用。但這一工作也並非完全令人滿意。它的不盡人意首先表現爲審查時間的冗長。由於審查工作的緩慢，直接或間接影響了東部新邦司法機關正常業務的開展。審查工作不僅不能儘快給東部新邦提供合格司法人員，而且被暫停業務的司法人員審查後也不能保證能繼續工作。因此，案件大量積壓。與此同時，統一後，東部新邦受理案件大大增加，尤其是勞動法糾紛劇增，其增長數已達到原來的六倍到七倍，刑案也是與日俱增，另外還有大量財產糾紛、土地償還案件，這些都極爲需要人力。如何解決這一矛盾確實是清理、重建工作中出現的新課題。其次，審查工作的結果也不能令人完全信服，許多人認爲：被審查通過的司法人員儘管從表面上看沒有問題，因爲，一切正如他們的自述，他們從來沒有與史達林主義集團同流合污過。從審判資料、卷宗檔案也確實查不出他們有什麼污點，但這些人都是昔日由黨送進大學完成學業的，黨指定他們擔任司法人員。因此，只要想像一下他們過去爲黨兢兢業業工作的那股勁頭，也足以令人生畏。最後，審查工作的本身也出現了問題。有人提出：誰能保證擔任審查工作的東部法官、檢察官沒有受過舊體制的牽連？誰能保證他們的清白？儘管對審查工作存在著各種尖銳的批評，但是審查工作還是依法認眞進行著，並不斷對產生的問題在法制的範圍內予以妥善的解決。

實際上，統一後法制整合以及清理、整頓司法、行政機關的任務是極爲艱巨的，因此，實踐中出現的許多問題並不能簡單歸罪於審查工作的進展緩慢。許多問題必須及時得到總結，給予法律調整。統一後，司法機關的清理、整頓過程中出現的問題眞是層出不窮，特別突出的有昔日「問題法官」的重新就業問題，所謂「問題法官」類指那些與舊體制聯繫緊密，陷入程度較深的司法人員。審查工作開始後，經審查被剔除的「問題法官」紛紛轉行，在失去公職後，生財有道地當上了律師，他們中間有昔日參加政治犯審判的著名法官、檢察官；有昔日「赫赫有名」的總檢察長、最高法院院長和高級法官、高級檢察官。一九八九年末民主德國全境只擁有六〇〇名律師，到一九九〇年十月三日單單西柏林律師協會卻接受了八〇〇名東柏林同行。聯邦律師協會日益成爲「問題法官」的藏身洞。對此，聯邦律師協會予以極大的關注。聯邦司法部長金克爾也建議：對昔日民主德國期間違反人道和法律尊嚴的司法工作人員應給予律師職業的從業禁止。他甚至建議進一步對法律進行修改，把已經進入律師協會的「問題法官」剔除出去，由於統一條約曾經規定：在昔日民主德國期間的開業律師，統一後允許繼續從業。金克爾的立法建議通過什麼方式予以實現？人們正拭目以待。

在不久的將來司法機關的清理、整頓工作接近尾聲時，還有東部新邦經審查合格留用司法人員的法制培訓問題。聯邦德國的法學專家估計：全德國司法水平、法制意識的一致，至少需要十年的努力。這是因爲，東部留用司法人員不但要進入全新的領域——行政法和經濟法，就是民法，卽使昔日民主德國使用的基本上是德國民法典的條文，也需要重新學習。

因爲買賣合同、租賃合同、遺產繼承、財產所有等都是舊體制公有制社會中極其陌生的話題。比較來看，民主德國民法典中有關遺產的法律規定只有六十六條，而德國民法典中卻多達四六四條。另外程序法方面也一樣，民事訴訟法民主德國只有二〇九條，而聯邦德國卻達一〇四八條。學習法制的任務也是艱巨的。

面對統一後司法機關清理、整頓的實際情況，聯邦德國法學界也不甘落後，積極投入，法學界不僅對實踐中產生的新問題進行研究，而且部署了大量的力量爲提高法制素養、培養法制後備軍而努力。近五十名專家、學者被召集在一起，應東部各邦的要求編寫一套適應東部新邦法制水準的介紹德國法制概況的工具書。西部教授前往東部新邦幫助組建新的法律科系。萊比錫大學（Leipzig）已建立了第一個全新的、由西部教授執教的法律系，羅斯托克（Rostock）和格萊西斯瓦爾德（Greigswald）等地也聞風而動。這一切也刺激了法律書籍出版業的興旺發達。《普郎德評論》（*Palandt-Kommentar*）等具有權威性的民法學理評論被銷售一空，一九九一年十二月又計劃出新版。

對行政機關的清理、整頓工作也如期實行，其進行速度比司法機關快得多。在行政機關的清理、整頓工作中，昔日行政人員的失業是一個大問題。但對此，聯邦內務部也沒有良方。既然國家憲法也無力保證每一個人的充分就業，內政部也不會再有什麼萬能靈藥，一切按市場規律，按行政機關建立多少，按對行政人員的需求爲標準。統一後，聯邦內務部接受雇用了昔日民主德國內務部一八〇〇名工作人員中的八〇〇名，聯邦經濟部只接受了昔日民主德國經濟部二八〇〇名工作人員中的二〇〇名。聯邦郵政接受了原民主德國郵政一三〇〇〇〇名員工中的一二五〇〇〇名。聯邦環境保護部幾乎接受了昔日民主德國環保部的全部同行，約五〇〇名。近二五〇〇名昔日民主德國外交官被告知自一九九〇年十月三日起聯邦德國不需要他們的外交服務。這批人的昔日學位，包括其在莫斯科國際關係學院的學歷統統不予承認，能夠承認的學歷是高中畢業。昔日外交官中的四四〇名爲此憤憤不平，聯合寫信給聯邦德國外交部，得到的回覆也是一紙空文：承認高中畢業文憑，允許自由競爭，並不排除從事外交工作的可能。但是這一批平均年齡已過三十五歲的「高中畢業生」如何再取得外交官必須具備的資格？對他們來說，卽使給予這樣的競爭機會也再無希望獲得進入外交界的可能。除此之外，在行政機關的清理、整頓中解除員工還波及到大批爲行政部門工作的後勤人員，如在各部工作的約二萬名司機、廚師、清潔員工等繼續留職工作的只占原來人數的一〇%。對留用的行政工作人員，由聯邦內政部主管進行了極其嚴格的審查。聯邦內務部的內務通告D Ⅲ 1—220000/43詳細規定了這一審查的具體運作方法。舊行政工作人員在接受憲政法律培訓之後，必須填寫審查表格，在這種表格上的問題有：a.是否在昔日民主德國國家安全部工作過？如果工作過，從事何種部門的工作（包括非正式工作），從事工作的期限？b.是否在一九八九年十一月九日之前加入過德國社會主義統一黨（SED），或在該黨及其羣衆組織或昔日民主德國其它重要政治團體中擔任過幹部？如果擔任過，在什麼部門？擔任期限多久？

聯邦德國在德國統一後對昔日民主德國行政、司法機關的清理、整頓工作尚在進行之中，它的順利完成必將爲法制統一，建立統一的法制國家作出積極貢獻。

⑵平反和恢復名譽

德國統一後，昔日專制統治的受害者們對民主法制的實施抱有極大的期待，希冀早日解決平反和恢復名譽的問題。在史大林主義統治集團的專橫時期，數以萬計的人因反抗獨裁專制被追究刑罰，遣送勞改，或送進精神病院，許多人被限制了進一步受教育和升遷的機會。隨著統一的完成，專制統治的垮臺，這些人被予以解放。統一條約第十七條對此作了規定：對受迫害的人，統一後的德國不僅給予非物質意義上的徹底解放，同時也給予經濟上的賠償和平衡。在統一條約之前，變革後民選人民議院也曾公布過一個牽涉面極其廣泛的恢復名譽法規，它規定了有關在刑法、行政管理以及職務方面恢復名譽的內容。作爲統一條約的補充，統一後這一法規只有刑法，以及一小部份關於行政管理方面的恢復名譽辦法被接受予以適用。

在實踐中，在刑法案件的恢復名譽方面，至今爲止，新邦各法院已收到超過六〇〇〇〇份的平反申請，聯邦德國司法部估計，這類平反申請將達一〇〇〇〇〇份。由此新邦各級法院必須明確下列任務：

・集結組織力量處理申請案，爲解決問題創造必要的人員保證。

・審查和改進有關法律，使之促進平反程序的加快進行。這些法律主要有：恢復名譽法、囚犯救援法和資產法等。

・以囚犯救援法和有關法律的規定，對受害者首先給予每月八十馬克的賠償補貼，同時制定與囚犯救援法相脫離的平衡補償法規。

在行政管理案件的恢復名譽方面，主要涉及強迫遷居居民的賠償損失和恢復名譽。在昔日民主德國近五公里寬的國境線，全民主德國有近五〇〇〇〇居民被強制遷出這一環帶，進入民主德國內地。對這批居民給予財產歸還和恢復名譽的有關法規正在制定中。

在職務名譽恢復方面，平反工作困難重重。衆所周知，昔日民主德國統治當局對居民的批評、反抗和出境企圖一律給予職業職務上的嚴格限制。這通常表現爲，對這些居民的就業、就學、升遷給予阻礙，這些迫害甚至影響其它家庭成員。但是由於其作惡多端，對這類迫害的詳細案例幾乎無法進行估算。爲此，聯邦司法部試圖通過民意調查和徵集個別案例的方法，尋得對這一難題的法制的解決辦法，在這種調查尚未成功的情況下，有關法律規定的制定一直沒有眉目，當然也更談不上具體物質賠償的可能性。

就如上三個方面的平反和名譽恢復問題，聯邦司法部建立了專門的工作部門來主管，並於一九九一年七月提出「消除錯判法規」的草案。從而爲徹底解決新邦受史達林主義專制統治迫害者的平反和恢復名譽問題作出法制上的具體準備。根據這個法律草案，所有受害者都可以得到每月四五〇馬克的賠償費，賠償期限與錯判被拘押期限相等。（這一標準大大低於西部標準，西部錯判者的賠償費每月六〇〇馬克），對一九八九年十一月九日前已在西部的昔日民主德國受害者，由於他們已過上了自由民主新生活，所以昔日在民主德國錯判拘押的賠償爲每月三〇〇馬克。這個法律草案在議會討論時遭到了反對黨個別議員的反對，社民黨政治犯清理工作小組的成員認爲草案無道德性，幾乎不能被接受。但是多數人贊成這一草案，尤其是對草案確立的總賠償金額一〇．五億馬克表示滿意。統一後，東部各邦有近一八〇〇〇〇的昔日民主德國體制受害者等待平反，恢復名譽，賠償損失。政治上的平反容易，經濟賠償卻牽涉到聯邦政府究竟必須出多少錢的問題？面對統一後新邦建設，聯邦政府財政緊縮，許多人都懷疑政府在這件事上會賴帳，當時，也有人挖苦道：對聯邦政府而言，賠償金的支付與否不是以受難者的苦難，而是以波昂聯邦政府的財政經濟狀況來決定的。如今，聯邦政府最終決定賠償總額爲一〇・五億馬克，可算是一個皆大歡喜的結局。經過議會的討論，這個法律草案又把計算昔日受害者過上自由民主新生活的日期改爲一九九〇年七月一日前已在西部。同時確認被平反和恢復名譽者，主要爲由於反抗昔日民主德國史達林主義統治集團政權被法院錯判，或在戰後由蘇聯軍管會未經正式審理而處置的當事人。而且平反還不只限於政治方面，所有民主德國法院判決只要不符合自由法制原則，一律給予平反。這個法律草案將於一九九一年秋交聯邦議會再次審議通過。雖然通過「消除錯判法規」可以大大加快平反和恢復名譽的進程。但是，它的缺陷依然是顯而易見。

在這個法規裏並無規定對昔日民主德國相當一批違反黨紀者的平反處理，這批人中許多也是專制統治的勇敢反抗者。雖然他們沒有受到過司法處理，但是在舊體制下受到了黨紀處分，在機關、企業裏受到長期歧視和壓制。對這批人的平反和恢復名譽問題，聯邦司法部長金克爾責成組織調查人數，但他事先給予了原則上的劃定：並不是每一個昔日批評過黨組織的人，今天都可以視爲平反對象。其它標準還將通過調查給予明確。爲此，聯邦德國著名的政經周刊《明鏡》評論道：司法部長的擔心足以令人理解，畢竟在這裏的賠償數額又是一個大數目！

(3)刑法適用的有關問題

在刑法適用方面，集中了兩個問題：a.如何認定「政府犯罪」？b.如何對有嚴重問題的人實行法律赦免？這兩個問題的解決好壞，直接關係到法制整合，法制統一工作是否可以如實有效地進行。因為，統一後民衆對建立自由法制的期望無外乎集中在：懲治罪犯，嚴格公正運用法律。

在推翻史達林主義專制統治，完成德國統一之後，東部新邦的民衆普遍認為：昔日民主德國黨和政府的所作所為是引起四十年專制和非正義的直接原因，對此必須給予刑事法律責任的追究。對聯邦德國司法機關在此事上的猶豫和拖延，許多人表示了強烈的不滿。尤其是在昔日民主德國當權者頒發的邊境射擊令與邊境部隊少數戰士執行命令的關係澄清時，懲治凶手的呼聲越來越高。在民衆方面看來，懲治的矛頭應該對準發布射擊令的當權者，唯有他們才是罪惡的主謀。面對激動的民衆，聯邦德國司法機關堅持不放棄法制原則，在對昔日罪惡者的懲治中始終恪守兩個基本原則：

・徹底查清當事人的刑事責任，政治責任不能等同於刑事責任。

・徹底查清當事人的犯罪行為以及其個人的刑事責任，這一工作的進行必須重證據、重事實。

為了進一步勸導民衆的急迫心情，促進複雜的調查、審判過程的順利進行。一九九一年五月十七日聯邦和各邦的行政領導商議決定給承擔主要任務的柏林司法機關短期增派六十名檢察官，加強調查審判工作的力量。同時，一九九一年七月九日由聯邦司法部在波昂組織了「四十年德國社會主義統一黨的罪惡——對法制國家，特別是刑法的挑戰」的討論會，聚集司法實踐工作人員和法學界人士商討刑法適用的諸多問題。對舊制度罪惡的清算，對作惡者的刑事責任追究仍然在依法進行之中。

在懲治罪犯的同時，聯邦德國司法機關對有關人員的赦免工作也在進行。聯邦德國刑法認爲：赦免是刑法適用在一定條件下的例外，對某一犯罪行爲的適用刑法可以在一定情況下由於客觀情況、法律環境的巨大變化而變更。一九九〇年八月和九月間，聯邦政府起草提出了一個對昔日民主德國情報機關對外間諜和情報人員免予追究刑事責任的法律草案。法案規定被赦免人員的範圍只限於情報機關中特別從事對外情報收集的工作人員，他們的工作被認定爲「由於國家分裂而帶來的非正義行爲。」但是，對情報機關中從事對內鎭壓、監視的工作人員則不屬於赦免範圍之內。然而，聯邦憲法法院對這一草案的態度是：這種給予對外情報人員赦免，追究對內情報人員刑事責任的規定不合乎法理，這裏另外存在的問題是，聯邦德國司法機關對昔日民主德國人員在當時爲國家做出的合法行爲，由於今日民主德國國家主權的滅失是否具有追究刑事責任的權利？正確的答案是，接管國家對這批人員的刑事責任追究不能在所有情況下均成立。聯邦憲法法院肯定了赦免的可行性，但是對赦免範圍提出了自己的異議。

司法界對法規草案的討論也指出：假如不規定對昔日國家安全部工作人員的總赦免，只是進行對這一機構中負責對外間諜情報機關的工作人員給予赦免，假如這一赦免標準又定在以這些工作人員是否只局限於對外情報收集的範圍內，對其對內鎮壓行爲不予赦免。會帶來一系列的問題，因爲對昔日遭受迫害的民主德國居民而言，很難區分這種區別，而且在實踐定性上，也很難確認這些工作人員中，誰是「清白」地從事了對外間諜活動，誰「罪惡」地加入了對內監視、鎮壓活動。另外，也有一種意見認爲：這一法規草案實際上並未起到對法制原則的維護，相反卻發揮了庇護罪犯的消極作用。討論還在進行，赦免法規草案也在不斷完善之中。

(4)昔日國家安全部檔案

對昔日民主德國國家安全部檔案的處理，也是法制整合，建立法制國家原則過程中極爲棘手的問題之一。前民主德國國家安全部在四十年史達林主義統治時期，積累了大量的對外顛覆對內鎮壓監視的檔案資料，這些資料的繁多可以用十分形象的比喻來表現：國家安全部檔案的累積，如果全部排隊展示可以達二〇二公里。統一條約對這一檔案資料的處理進行了原則規定：

・對檔案資料必須進行政治、歷史和法律方面的整理工作。

・對檔案資料中涉及的有關個人資訊要予以保護。

・禁止對個人資訊的盜用。

經過聯邦議會各黨派的協商，爲了解決這一檔案的處理問題，聯邦議會於一九九一年六月十三日討論了制定法規進行調整的有關問題。法規草案被制定出來，這一法規草案規定了對國家安全部檔案的占有、保護和運用問題，所有國家安全部的檔案資料將有聯邦政府的國家安全部檔案特別管理委員會來進行管理。所有目前在私人手裏的國家安全部檔案資料的原件或者複印件，必須在規定期限內交還管理委員會。對檔案資料的運用必須依法進行，對任何隨意公開檔案資料的人將被判處三年徒刑，嚴重情況下可處以五年徒刑。任何私人對檔案原件和複印件的占有都必須予以禁止。非法擁有檔案資料而又拒不交納者可以課以五〇〇、〇〇〇馬克的罰金。聯邦議會各主要黨團，包括執政黨、反對黨兩方面都贊同這一法規草案的內容，取得了一致的看法，他們認爲在國家安全部檔案資料的運用上必須恪守保護個人資訊的法律原則，只有這樣才能堅持法制國家的原則基礎。通過嚴格的刑罰處罰可以避免新聞記者和前國家安全部工作人員出於個人好惡收集有關政治家、企業領導人的資料，並非法予以運用和抖露，從而滿足公衆的獵奇心理。另外，許多聯邦德國司法界人士和聯邦德國司法部也極其贊同並積極促進這一法規草案的通過施行，這些人都竭力主張國家安全部檔案只應對當事人和有關國家機關在一個極其狹窄的範圍內開放，只有這樣才能保證國家司法機關、情報機關對昔日民主德國國家安全部門罪惡的清算、整理工作。這一法規草案的制定，聽證諮詢的全部過程得到了聯邦議會中「聯合九〇」（東德民權運動組織）議員的強烈反對，同時，東部各邦也表現了普遍的不合作態度，這方面意見認爲：這個法規草案體現了明顯的西部干涉作用，在這裏立法者蔑視統一條約中以及人民議會對國家安全部檔案進行清理、保管的有關規定，當時法律規定中明確的該檔案資料不准爲情報機關所運用的原則被棄之不顧。法規草案中規定聯邦內務部、情報部門在有關間諜、反間諜和反恐怖主義案件的調查中可以隨時調用國家安全部檔案資料。這一規定違反統一條約的有關法律原則精神。這一爭執，實際上是統一後德國立法在東部和西部之間經常出現的利益衝突。根據草案規定，國家安全部檔案管理委員會將置於聯邦內務部的法律監督之下，由此這一管理委員會在各邦的分支——邦國家安全部檔案管理委員會名存實亡，邦的權利由聯邦予以取代。對此，東部各邦也普遍反感，新邦薩克森的司法部長斯蒂芬・海特曼（Steffen Heitmann）希望聯邦政府最終能作出有建設性意義的事來，他指出：波昂應該保證，東部居民通過自己的努力來處理這些檔案。

此外，在關於國家安全部檔案管理法規的立法討論過程中，該法案受到了聯邦德國新聞界的強烈反對，由於法案規定了對非法占有、使用、公開檔案資料內容課以刑罰的內容，新聞界認爲這是對聯邦德國基本法新聞自由權利的觸犯。統一後，新聞界在運用國家安全部檔案資料中，追踪昔日國家安全部門的幫凶，爲清算舊制度的罪惡作出了自己的貢獻，沒有新聞界的揭露就不會有民主覺醒領導人斯諾、東部社民黨領導人包姆涉嫌參與國家安全部工作的下臺。更爲轟動的是新聞界還直接對民主德國第一任民選總理狄米傑爲國家安全部門工作的歷史問題給予了揭露，狄米傑再予以否認，報界最終發表的國家安全部檔案資料影印件，在這一檔案資料上清晰載有狄米傑的住址和其從事活動的化名：東爾尼，並且在其工作性質上標有非在職工作人員。新聞界將國家安全部檔案資料的一再曝光，使政界人士大爲惱火，各政黨都處於極爲緊張的狀態之下，深恐鬧出政治醜聞。由此恐怕也是要求制定國家安全部檔案資料管理法規的眞正契機。聯邦德國新聞界人士對法規草案的規定表示了極大的憤慨，西德意志電視台的主要評論員在電視新聞的評論中指出：只有專制政體才剝奪新聞自由，阻礙新聞界工作者對眞實事件的探求。同時，新聞界爲此還引發了對聯邦德國民主體制的反省。聯邦德國究竟是民主政制還是黨派政制？這一早已存在的問題又一遍引起反響。政黨聯合表決對民主制度的破壞被新聞界認爲並非僅此一例，早在一九八一年各黨派就試圖聯合通過決議對資助政黨競選的逃稅人給予赦免的決議，這次各大政黨又聯合起來企圖在新聞自由方面與基本法精神背道而馳。通過立法把新聞界排除在清理國家安全部檔案資料的工作之外，這一做法同時也使對昔日民主德國國家安全部的清算按照各主要政黨的意願秘密進行，法規草案規定：依法可以接觸檔案者在檔案中發現的有關涉嫌人物的案例必須向主管檔案機關報告。新聞界人士估計，以此爲基礎，對昔日國家安全部工作人員的赦免法規又可以啓動予以制定。沒有新聞報導自由就沒有民主的實施。統一不能給民主政制帶來損害，建立法制國家原則並不意味著削弱民衆的參政、議政權利。換句話說，法制原則不應與新聞自由相對立，這是聯邦德國新聞界面對這一法規草案的反抗。儘管如此，法規草案的討論、諮詢如期進行，一九九一年十二月二十日關於昔日民主德國國家安全部檔案資料管理的法規經聯邦議會批准，正式生效。

這部關於「國家安全部檔案資料管理」的法規主要吸收了四個法規的精神，並與其保持原則上的統一，這四個法規爲：(1)一九九〇年八月二十四日由民主德國眞正民選議會通過的關於保護和使用昔日國家安全部個人資訊的法規，(2)統一條約第一附件中的有關規定，(3)統一條約實施細則，(4)一九九〇年十二月十二日關於整理國家安全部檔案資料特別機構的暫行條例。

這部「檔案法規」原則規定：對當事人基本上做到全部開放檔案資料；被迫害者有權得

知當時監視、迫害他們的國安部人員眞實姓名；告密者的姓名也同時向被迫害者公布。在考慮到對被害人利益進行必要保護的前提下，只允許在一定範圍內向國家機關或其它私人公開有關資訊。正是這最後一方面的內容規定，引發了前述新聞界的異議和有關當事人對國家機關濫用個人資訊的憂慮，所以新法公布施行至今不過幾個月，要求修改法規的呼聲從來沒有間斷過。

一九九二年新年伊始，「國安部檔案法規」生效，一大批東德著名人士前往查看自己的檔案，許多流傳於新聞媒體的消息得到證實，檔案資料裏許多告密者是昔日好友，有的監視報告的撰稿人竟然是自己朝夕相處的丈夫。與此同時，新聞界繼續進行對昔日作案者的追踪，尤其是對國家安全部的固定告密者，所謂「國安部非正式工作人員」(Inoffizielle Mitarbeiter) 罪惡的揭露。一時間「國安部非編制人員」的德語縮寫「IM」臭不可聞！有趣的是，各地車主紛紛查看自己汽車牌號，唯恐出現 IM 符號，德國汽車牌號由字母和數碼組成，以柏林爲例，先是地區符號，以縮寫B打頭，接著是字母組合，OP、MD、KH，然後是數碼組合，如 1137, 1245，因此不難出現，B-IM9945, B-IM7714 等汽車牌照，車主簡直「無地自容」，成天讓人嘲弄，瞧！柏林國安部非正式工作人員，代號9945，還不如早日申請更換牌照爲妙，爲此警察局申請汽車牌號處也是「IM」們長龍一條。但此類喜劇也有悲劇相抵銷，形成了德國東部地區嚴峻冷酷的清算罪惡的氣氛。一九九二年一月民主社會主義黨在聯邦議會的一名議員因爲抵擋不住新聞媒介對其歷史上與國安部瓜葛的揭露，懸樑自盡，這一舉動震動了德國社會，人們也看到清算罪惡，重建正義的任務有多麼艱鉅，聯邦總統魏察克也對新聞界作出了尊重事實、減少起哄的勸告。國家安全部的檔案資料共有六〇〇多萬條資訊，其中每位被監視者的資訊分別占有五〇、〇〇〇條到八〇、〇〇〇條，這樣龐大的資訊量是一個監視者無法做到的，往往是一百人監視一個人，甚至更多，因此國家安全部的工作人員雖然只有九、〇〇〇人，但它的告密者卻高達一五〇、〇〇〇人，差不多是昔日東德人口的十分之一，照這樣的統計，處理國安部舊帳幾乎牽涉到每一個東部德國家庭，這彷彿是埋藏在東部的一顆遺留炸彈，怎樣安全地取出這顆「社會炸彈」，徹底排除引爆裝置？這是擺在德國人民面前的一個巨大問題。綜觀半個世紀來對納粹德國罪惡清算的艱鉅性，沒有人會得出這樣的結論：一九九二年全部清理解決國安部問題。這一問題的最終解決其難度不會低於前者。

如果以一九九〇年十月三日民主德國加入聯邦德國法律行爲的完成爲事實，從形式上看，德國統一完成至今近一年半，這一年半裏以法制爲基礎的統一大業繼續在法制的保障下深化進行，從而進入了德國統一從形式向實質的轉變，即所謂深化統一階段。深化統一過程中不斷產生的新問題給法制提出了挑戰，法制整合中所出現的艱鉅性是事先未曾預料到的，儘管步履艱難，統一的德意志民族依然信心滿懷，在法制指導和保證下的德國統一大業必將順利完成。

教育大動盪

——兩德統一後的教育大改革

高玉龍

一、概述

1. 動盪之源

東西德統一猶如一場「強烈大地震」，震撼了全世界，使世界這個原來烽火連天、時刻都在針鋒相對的局勢，轉入了一種新的、以和平爲主體的大好形勢。人們稱之爲「世界新秩序」。

雖說這場「大地震」震垮了原東歐社會主義陣營的堅強堡壘，然而要在這片由共產主義意識形態漫行已久的廢墟上，重新儘快地建立起所謂的一種民主自由之天地，實非易事。因爲，在「破舊」的過程中又要做到不斷的「立新」才行，否則，只破不立，那麼社會就難以前進。東西兩德統一這場「大地震」剛過去，它的「餘波」又在不斷地沖擊著整個原來的東德大地：新的制度、新的體系、新的一切的一切猶如排山倒海，沖刷著這塊土地上的每一個角落。

在這種急風驟雨式的大改革中，暴露出了種種難以解決但又屬當務之急的問題。學校教育也自然是首當其衝的領域。統一的「大地震」早已引起了「教育大動盪」。

社會制度的大交換，導致了學校教育體制的大改革。而這種幾乎不留餘地的大改體「手術」，使學校教育領域一時感到手足無措。因爲，原有的具有鮮明共產主義特點的教育制度及教育路線，已經不再適應現行的以市場經濟爲特點、以私有制爲主體的資本主義社會。那套以前在社會主義大家庭中頗有成效，並爲原東德引以爲自豪的社會主義教育體系，眼下正處於全面崩潰的階段。

這種全盤否定式的教育改革，首先涉及的是那些原有的社會主義高等院校、中小學教育，以及成千上萬爲社會主義培養接班人的教育工作者和知識份子。他們還遠沒有從歡呼統一的興奮狀態中完全清醒過來，就已面臨著要爲自身生存而奮鬥的關鍵時刻了。沒有足夠的意識和思想準備，也沒有最起碼的心理反應條件，歷史已經無情地將其推到了人生選擇的邊緣：要麼積極投入新的人生，要麼被新潮流所淘汰。整個原東德的教育者及受教育者們都面臨著一場嚴峻的考驗。

國家順著民意，終於合二爲一，然而，這只是形式上的終結，內容上的開端而已。但可惜的是，生活在原東德紅色大地達四十年之久的人們都患有嚴重的「單相思」，夢想著能在統一後迅速地達到西德現有的生活水準，從而實現各自的奇夢瑰想。然而，夢想雖說美麗，可畢竟是夢想，就像水中之月，眼下是可望而不可及。眼前的現實，擊破了夢中的一切。現在，那些都曾做過美麗之夢的人們才逐漸地認識到，夢想之願望唯有通過相當長的艱苦奮鬪，方可成爲現實。正像盼子心切的婦女一定要十月懷胎一樣，不僅要經過長時間的精心調治，而且要通過陣痛分娩的考驗。而現行的教育大改革，對於原來長期接受社會主義和共產主義意識形態教育的廣大知識份子來說，可謂正處於一種不可避免而又十分痛苦的自我解剖和再生的關鍵階段。也卽，人們正處於一個勢在必行的接受新的民主體制與民主思想的再教育過程。殊不知，人的教育思想轉變，特別是對於那些統一前幾十年如一日浸泡在紅色汪洋中的知識階層來說，並非是一朝一日所能達到的。相反，越有知識，其內在成熟的根本思想就越難重新轉變，因爲這種內在的轉變，並非像高校或中小學校體制改革那樣，說改就能改（至少在教育結構上），而是一種相當複雜的心理轉變過程，特別是那些個性已成熟或已確定的人們猶爲如此。這種轉變過程不僅涉及到作爲成熟個體的世界觀轉變，而且也勢必影響到該成熟個體的其他方面因素的變化（如個性、思維方式、生活方式等）。人們可以設想一下這種轉變的艱巨性及問題性：幾十年來人們早已習以爲常的學校教育生活（教育方針與目的、教育內容與方法、教學理論與實踐等），轉眼間成爲當今社會所排斥的，沒有現行社會發展指導作用的「歷史陳列品」。熟悉的一切成爲過去，而眼前的一切又是那麼的陌生。

新的學制、新的教育理論等正如雨後春筍紛紛地出現在五個新邦的「教育天地之中」。因爲這種早已千瘡百孔的原社會主義教育制度，急需西方民主社會給予「急診」。拯治教育，必然引起大動盪，而動盪又會促使教育變革的不斷發展。這種教育「大動盪」，不僅包括破舊的過程，同時也有立新的過程。也就是說，既要對原東德教育領域進行全面徹底的清算，以及廣泛改革學校體制和重新審定學校人員的留用價値，也要爲新教育創造新的開端。這股強勁的「西風」橫掃原東德舊的教育領域大地之時，那些以前只知道「東風」滋味的人們在這場改革的風暴中，爲自身的生存，不得不奮起抗爭，以防止自己在改革的過程中被無情地淘汰掉。於是，悲嘆、恐懼、陌生、不適應等各種特定的心理問題應運而生。歡呼的呼聲已被那生存的吶喊聲淹沒。

2. 命運的抗爭之聲

歡樂的喜淚未乾，悲傷的哀淚湧出。可以說，這是教育改革之初的情景描寫之一。

東西德統一後不久，教育事業的改革和新發展問題，便很快被提到了新的日程上來。如何儘快地創建出一個適應新的民主社會發展需求的新的教育體制和學校系統，不僅僅是一個形式上過一下即可解決的問題，而是一個涉及到許許多多舊體制學校利益和關係到千千萬萬與之息息相關的人員再生機會的實際問題。

爲了儘快地對原來舊的教育體制進行革命性的改革，就要有計劃、有組織地對原有的教育機構進行嚴格的篩選。在篩選的過程中，許多原東德的高等院校由於其鮮明的馬列主義烙印及共產主義意識形態的嚴重影響，經分析判斷，也即經確診，已無挽救餘地，故這類學校必須在教育大改革中，首先剝奪掉其在新的教育體制中繼續生存的權利，也即被取消。這是因爲，這類應被取消的學校就其學校功能而言，已不再具備在新的社會教育環境下應有的生存基礎。

例如：民主德國政治學院、柏林經濟學院以及各類以馬列主義思想爲指導理論和爲主體的地方院校和研究機構，諸如波茨坦師範學院、巴波士堡法律學院等，均被列入「黑名單」。至於原東德那些具有國際聲望和地位的有名的高等學府，如：洪堡大學、萊比錫大學等，在這場大改革中也面臨著種種難以應付的歷史賦予的挑戰：大學的學制要更改；大學的教育思想要轉變；大學的人員編制要更新等等。於是，大學中那些以教授馬列主義思想體系爲主的專業，如政治經濟學、歷史辯證唯物主義、馬克思主義哲學等，以及那些在馬克思主義理論指導和影響下的社科專業，如社會主義法律、教育學、歷史等均屬於被「消滅」和「部分消滅」的主要對象。無論是整個學校的刪除，還是整個專業或某個課程的取消，都意味著學校教職員工的出路問題以及有關學生的前途問題。很明顯，許多學校、研究機構和大量的專業由於其所具有的特定的政治性和缺乏應有的學術性，在這次學校教育大改體中，就很自然地被遺棄了。同時，被淘汰的不僅有學校的教育機構，大量的則是那些長期將此作爲「鐵飯碗」賴以生存的人們以及早已適應於該學制和專業特點的學生們。

學校教育改革之初便開始涉及到原東德學校教育的命脈問題，改體的措施猶如利劍深深地刺痛了那些早已習慣於盲目服從的教育領域內人員。於是，在這場學校教育改革運動中，平地而起了一次又一次自發的或有組織的抗議活動。學校的學生、教師及其行政人員紛紛投入這場反對學校教育機構和教育工作者大裁減的示威遊行活動中。這些在原東德社會主義高壓制度下生活了四十年之久的人們，以前是不可能組織起來走上大街爲自己的利益而鬥爭的。然而，如今他們也開始逐漸懂得了如何利用這個新社會賦予的民主權利，爲了自身的根本利益和抒發與當局不同的觀點，採用了各種各樣的抗議和示威形式，向主管教育大改體的有關當局強烈地表達了他們對目前這種學校教育大改體的方針、政策和具體措施的不理解、難以接受和極大的不滿。他們認爲，教育改革是必要的，但對學校舊體制的改革並非等於對舊體制的全盤否定和採取「全面突破」的策略。這種強烈地震式的教育大改體，雖說加速崩潰了學校舊的教育體制，並爲迅速創建新的教育體制打下了精神（意識形態）與物質（科研教學）基礎，但同時也造成了一個特定的「混亂」時期，也卽新舊交替時期。當然這也再度喚醒了原東德知識份子的民主意識。例如，在一片反對教育改革中大面積裁減措施的抗議聲中，人們常常可以聽到這樣的吶喊：「我們也有參與決定自己命運的權利」。

人們在這場統一後的教育改革中，不僅認識到了民主社會中的自由權利，也從切身利益的感觸中深切體驗到了民主社會中的競爭壓力。正是這種壓力，促使他們爲了學校和自身的利益，掀起了一次又一次的抗議浪潮。我們從中可以發現參與抗議示威遊行活動人們的異同觀點，以及與當局格格不入的針對學校教育改革的態度。

從一九九〇年年底開始，以學生爲主體的各種抗議活動連綿不斷，聯邦德國的各大報刊，特別是柏林的幾家大報刊都爭相報導學生抗議活動的最新動態。一時間，學生的抗議活動與教育改革進展成了媒體的主要輿論熱點之一：

・一九九〇年十二月二十日。這一天是學生示威遊行的第一個高潮。在柏林，原東德馬克思主義經濟學院的學生與教師們，冒著嚴寒走上了東柏林著名的亞歷山大廣場（那裏曾是統一前東德人民爲民主而進行吶喊的重要場所），幾千人的隊伍，爲了反對當局對該校所採取的解體措施而進行和平示威。他們打著示威橫幅：「沒有經濟學院的繼續生存，也就沒有經濟奇跡」（見《明鏡周刊》九一年第一期）。從中可以看出，學生與當局在對該經濟學院進行改體的態度上，有著天壤之別。有關當局認爲，原東德經濟學院屬於受馬克思主義思想意識影響很深的重災區。因爲，其經濟理論無不是以馬克思主義的反對私有制理論爲指導思想的，其培養目標也是爲了社會主義的計劃經濟提供必要的經濟人才。所以，根據其學校的教育目的、教育內容和教學方法與教材設置等來衡量，均已失去了在新的社會條件下繼續生存的必要條件。基於這種分析觀點，這種馬克思主義經濟學院自然是要被取消的。根據九〇年十二月十八日柏林市政府的一項決議：「經濟學院要進行徹底的改體，以便在柏林地區得以重新建立起一所新的能適應現代社會發展需要的培養現代化經濟人才的培訓機構」（參見九一年一月八日《柏林晨報》登出的〈經濟學院的控訴〉一文）。而學生和教師則從各自的根本利益出發，對此持有反對意見。他們認爲，有關當局對該校進行的所謂改體實爲解體，這種沒有預先與該校師生進行討論的決定，是對高校自主權的最大踐踏，也是損害師生民主權利和破壞一般民主意識行爲的高壓政策。這兩種迥然不同的教育改革觀點，形成了相互對立的局面。

這種針鋒相對的局勢不僅在柏林這座首都裏到處可見，而且，早已將烽火蔓延到其它五個新邦的大城市中去了。據柏林的《每日新聞》報登載，九〇年底以來，學生的示威活動可謂烽火連天。

・在德累斯頓這座名城中，大學生們占領了校長辦公室，進行了爲數好幾天的罷課。並且他們還強占了教堂(統一前曾經是反對社會主義專制，宣揚人性和傳播民主思想的前哨)，學生們要求當局傾聽一下被稱爲「學校主人」的意見和觀點。與此同時，埃爾福特(Erfurt)大學的學生占領了當地的市議會。而萊比錫 (Leipzig) 的大學生們則全方位地占領了原來的卡爾・馬克思大學，並且封鎖了學校大門。他們想以此過激行爲來引起有關當局的高度重視，以便達到改變當局的極端教育改革措施。然而，當局的決議一旦奏效，是難以再修正的。所以，學生的抗爭運動不但沒能平靜，反而更加高漲。

・東柏林的大學生們在發出種種通牒無效之後，便開始宣布無限期地占領原東德的最高學府洪堡大學。這一行動標誌著原東德學生示威活動的最高峰。學生們的占領行爲自然引起了有關當局的高度重視，但如何能找到一條既能貫徹當局政策又能使學生接受的途徑，仍是個十分棘手的問題。有的學生甚至在萊比錫和羅斯托克 (Rostock) 的大學中，進行了幾次小範圍的絕食活動。原東德學生的這些爲了反對當局有關教育改革措施的「壯舉」，一掃過去人們對他們所持有「綿羊」形象的觀點，令人刮目相看。難怪德國輿論界驚呼：「一年多前的乖孩子，如今變得好鬪起來了」（參見柏林《每日新聞》報，九〇年十二月二十日）。原東德「聽話」的學生如今也不是一下子就變成「好鬪」的學生的，這是個與統一前後的德國社會環境，特別是政治環境的變化有著密切關聯的轉變過程。學生的過激行爲並非壞事，恰恰相反，說明原東德的學生在短短的且又動盪不安的、新的逐漸向民主社會過渡時期內，已經逐步認識到個人價值的存在因素和個性發揮的能量因素。而這些因素也是原東德學生適應新社會環境所需的能力之一。正是這些非盲目服從的行爲，得以慢慢構成原東德大學生新的社會化能力。

在這場風湧而起的抗爭活動中，與「出盡風頭」的學生們相比，那些有幾十年教齡和課堂教學經驗的教師們，在這突如其來的教育體改面前，卻顯得過分的蒼白無力。這些年逾半百的教授、講師們已經很難再重新獲得新的「教育生命」了。他們與西邊過來的教授和講師等師資力量相比，缺乏一定的競爭能力和水平。然而，這絕不是某個個體的問題，而是整個原東德教育制度所產生的後遺症。這些曾經作爲原東德社會主義教育革命的主力軍，隨著原東德社會主義制度的滅亡，失去了昔日顯赫一時的「紅色權威」地位，如今面臨著被社會重新進行嚴格篩選的生存危機。

由於大部分高級知識份子（教授、研究員等）均已臨近退休年齡，這就喪失了與西方教授分庭抗衡的條件。此外，由於他們長期以來受共產主義意識形態的控制，腦中早已嵌入了牢固的紅色烙印——以馬克思主義爲理論指導的學術觀和世界觀。而現行社會所需的那種民主科學的學術研究觀點和方法，在他們身上難覓踪迹，所以他們又缺乏參與社會競爭的起碼能力。在這種歷史關頭，大部分高級知識份子面前只有兩條出路：要麼憑藉自己現有的競爭能力，在這場教育改革的激流中，站穩脚跟，不被社會所淘汰；要麼在潮流中被無情地捲走，或是退休在家，靠領退休金安度晚年；或者加入失業大軍的行列，靠領取失業金度日。由此可見，原東德的教育人員處於一種何等嚴峻的歷史時刻。至於那些與原東德國家安全局（秘密警察，Stasi）有直接或間接關聯或乾脆是國家安全局成員的教育工作者，則根據學校教育改革的規定，被剝奪其重新參與現行民主教育制度工作的權利，誰染上「Stasi」這個臭名昭著的病菌，誰就要被迫離開學校這塊教育天地。這種情形常常使人聯想到二次大戰後的德國學校教育改革。當時，爲了肅清納粹分子在學校教育的毒害，將所有那些具有或同情納粹思想的師資驅逐出校園。然而，那時的歷史情形與目前有着本質上的區別，不能簡單的相提並論。但不可否認，它們之間存在着某種共同點，即堅定不移地鏟除納粹思想和共產主義思想。

洪堡大學前校長芬克（Fink）在提交給有關當局的抗議信中，算是爲那些無聲的且被清除的學校教授們發出了總的抗議之聲：「整個教育改革措施實爲對整個原東德教育師資力量形象的詆毀和壓制，我們強烈要求學校應當擁有自主的權利。」（參見柏林《每日新聞》報，九一年五月八日）。要求參與決定學校和自身命運的合法權利，不僅是學生而且也是整個原東德知識分子所追求的目標。該目標的實現與否，是直接關係到學生，特別是原東德知識分子將來命運的問題。對於學生來說，他們的選擇機會要比他們的老師們大得多。這是因爲，學生經過一段時間的痛苦轉變過程後，即可以比較順利地進入一種嶄新的學習環境之中（新的教育體系、新的教育思想和方針、新的教學方法以及新的教學設置等），這種轉變過程雖說需要一段比較長的時間（特別是那些習慣於舊的教育體系的高年級學生），但是學生都具有某種接受新事物的適應能力，故他們在新的教育改革中的「再生率」明顯高於他們的老師——昔日的「靈魂工程師」。相反，那些原東德教師，特別是上了年紀的教授們，在這場革命性的教育改體之中顯得一籌莫展。

昔日的一切成了接近尾聲的戲，而今日的一切則是新戲的開始。儘管這種開端對於很多原東德知識分子來說，猶如一場難以掙脫的「惡夢」，但願他們「惡夢醒來是早晨」。

3. 改革論壇上的大論戰

無論是在原東德知識分子爲維護自身利益而開展的抗議示威活動的高峰中，還是在其低谷中，各種形式的大論戰，在這場空前未有的教育大革命中，始終處於某種不同程度的「熱戰」階段。

所謂「熱戰」，既說明了這場大論戰的規模前所未有，西方社會運用了各種宣傳工具，並充分利用了各種新聞媒體，對這場大論戰進行了渲染，又說明了大論戰的內容豐富：論題廣泛，新論層出不窮。然而，其論戰的焦點無非都集中在「如何才能用最少的錢，最快的速度，最有效的方法得以達到對原東德的以馬列主義爲指導思想的教育制度進行根本性改革的宏偉目標」上。的確，如何達到這個目標，不是三言兩語卽可說明的，也不是三天兩天就可辯清的，而是需要有一個大量不同觀點的抒發、異同見解的閃爍以及時間檢驗的過程，也卽，既要有先進科學的理論來指導，也要基於原東德的教育實踐之狀態上。教育大論戰的各種形式正可以說是這種由量變到質變的一個基本保證，因爲，這種大論戰形式是建立在一種民主自由的環境和平等對話式地發表各自意見的基礎上的。論戰的雙方均可以盡情地從各自的立場和利益出發，針對教育革命和教育改革的觀點和論點，直抒自己的不同見解。其中自然不乏各種頗有價值的精闢論點，而改革的進展和如何在一定程度上繼續發展依賴於教育改革大論戰的結果如何。因爲，論戰中的不同論點反映了社會各種不同階層的見解，這當中除了所謂專家學者們的高論證外，更有大量的來自於「小人物」的小論點，然而，正是這些無數的小論點才構成了整個社會對這場教育改革的宏論。

在東西兩德統一之時，其統一協議上已明確地指出，原東德的整個學校教育體制必須及時地進行改革，以便使其適應整個以資產階級民主思想和私有制爲基礎的資本主義社會發展的新的歷史條件下的新要求。在總的教育改革的大方向問題上，大家得到了一定程度上的共識。然而，由於人們對各種具體改革措施的態度有着很大程度上的差別，故這種共識在教育改革進程中，不斷地受到制約。但正是這種共識成分的減少和異同觀點的不斷增加，才得以使這場教育改革步步深入，而不僅僅是只停留在形式上。最大的爭論點是對原東德教育事業進行改革應該到什麼樣的程度？也卽，對整個原東德學校是進行大的「改體手術」呢，還是對其進行全面性質的「解體手術」？這個爭論點是貫穿於整個論戰中的主線，由此而延伸出去的各種支線，構成了整個大論戰的網絡，從中可以看出下面兩股大的觀點截然不同的「論戰大軍」：

(1)一種觀點代表着那些負責推行貫徹教育改革之官方政策的有關當局的改革態度。他們的主要論點是，對原東德學校教育體制的改革不應該局限於結構上或形式上的改體，重要的是應注重於其實質，即內容上的改革。

有關當局一再強調，這場教育改革運動一定要從量變發展到質變。對原東德那些以共產主義意識爲主體，以馬克思主義思想爲指導的社會主義教育體系，要進行全面深入地根本改革，取而代之的應該是以西方民主意識爲基礎、以現代科學技術爲輔助的適應於像西德這樣高度發達的社會所需要的新的教育體系。若要實現這種目標，僅靠部分改體或改革政策，是無法實現的。唯一可行的是，對原東德教育體制進行全面徹底地改革。這種改革過程不僅包括對整個結構的改變和整個教育思想以及教學理論的更新，而且也包括了對整個原東德知識分子的重新挑選。這種人事變動主要是針對那些與馬列主義理論和共產主義意識形態有直接或間接關聯的人員。他們認爲，這些人員與那些國家安全局成員或合作成員一樣，均應屬於立即被「革除」人員之列。這些人的思想意識形態及其嚴重違反國際人權法的行爲已爲改革後的新教育體制和體系所不能容納。當局認爲，這樣做是爲了澄清共產主義思想意識形態在教育領域的影響，從而保證民主自由意識和思想得以順利發展。基於該種教育改革的總方針，大量的教學人員和教育人員由於其過去的「紅色歷程」或涉嫌因素等，而今都陷入了難以自拔的困境。例如：素有「紅色第一寺院」雅稱的原東柏林經濟學院的教師們，眼下正處於四面楚歌的境地。他們如今一下子由熟悉的社會主義經濟理論王國中跌入陌生的以市場經濟爲主體的資本主義社會中，是馬克思也始料未及的。這對於那些四十年來只用馬克思主義經濟理論武裝頭腦並用其批判資本主義經濟理論的社會主義經濟理論家們來說，的確開了個歷史性的大玩笑。統一後的教育革命，使得過去那些以培養社會主義經濟人才爲主的經濟理論家們轉眼之間由高高在上的塔頂上摔了下來，由過去的「紅色權威」變成了在新的社會條件下的「多餘人」。這種天與地之間的巨變，對於個體來講自然是殘酷無情的，可對於整個教育改革能否成功則是不可缺少的。同樣，那些以馬列主義爲指導思想的社會科學專業以及語言文學歷史專業等的教學人員均已面臨着嚴峻痛苦的選擇。然而，這種痛苦的歷程則是兩德統一發展的歷史結果。這種歷史的必然結果，不僅在短時間內閃電般地改變了原東德運行了四十年之久的整個社會關係和體系，而且，也迫使那些原生活於其中，並與該社會體系相輔相成的社會人員步入一種不斷改變和改善並且要不斷重新認識自己的新的社會發展歷程。整個社會尚且如此，那麼，作爲社會體系中的一個重要組成部分——教育領域，自然是屬於民主革命的「重點開發區」了。於是，贊成官方教育改革路線的人堅持認爲，「對舊的教育制度的改體或部分解體措施是唯一可行的，有利於這場教育改革運動順利發展並能取得預期效果的途徑」（參見柏林《每日新聞》報，九一年一月八日）。由此可見，持這種觀點的人，是從原東德的社會主義政治制度角度出發，得出以下結論，由於原東德的教育系統是原東德社會主義制度的特定產物，故在其舊的社會制度消失之後，應該進行同樣性質的根本性改革，以便使教育不再是爲社會主義制度而活，而是爲新的社會民主制度而生。因爲，教育不僅是未來民主社會發展的一項根本保證，而且可以說是一個不可忽略的前提條件。

沒有民主式的科學教育系統，便也不會產生出一個眞正的具有廣泛民主性質的社會環境，沒有社會個體的民主轉變過程，也就沒有整個社會民主化進程。

⑵另一種與此持相反或反對態度的教育改革觀點則認爲，教育改革固然是重要的，但是，這種教育改革的成功並非完全需要建立在對原東德舊的教育體制和系統進行全面或大部分地解體的基礎上。教育改革不是教育解體，或者是對舊的教育制度簡單消滅，而原東德教育人員和學生更不應該成爲這場教育改革中的犧牲品，被人隨意革除，任人宰割。相反，他們正是由於過去特定的「痛苦歷程」所帶來的各種「後遺症」的影響，不但不該成爲被新社會簡單地取消新的生存權力，而且，應該由新的民主社會爲其儘快地創造出一個基於人道主義和民主精神的「再生機會」，以便幫助他們拯救自己，恢復自我。

柏林洪堡大學前校長芬克曾經多次強調：「我們必須以東西兩德統一後歷史所賦予我們的責任感，對我們自身過去的歷史來重新進行一次反省。」他認爲，對原東德舊的教育制度進行改革是必行的，但是，他同時又認爲，在目前這場教育改革運動中，對原東德學校（中小學、高等院校）所實行的這種大幅度改體或部分解體的措施，是十分令人難以接受的現實。以芬克爲代表的教育改革保守派的觀點是，這種大刀闊斧式的教育改體措施只會給教育改革之路鋪設人爲的障礙，從而影響這場教育改革運動的正常發展。芬克在一次記者採訪中指出並且告誡人們「防止科學再次有可能被人爲地變成工具主義(有用卽眞理)的附屬品」。這種警告無疑反映了許多人心中的擔憂和對前途的某種迷茫。

另外，持這種保守式教育改革觀點的人認爲，改革的成功與失敗不僅取決於西德及整個西方世界對其的援助和全力以赴的支持（不僅包括財政上的大力支持，更重要的是引入西方民主思想和先進科學技術），同時也取決於原東德教育改革派的力量能否在現今新的社會條件下發揮作用。正如萊比錫大學教授布蘭克(Branke)在其登載於法蘭克福《大衆報》上的一文中明確指出：「東西兩德統一前，原東德的知識分子和學生就已經對原來的教育體制進行了有力並且也是有效的抨擊。」也卽，巨變前的改革實際上是現今大規模教育改革的前奏。正是因爲這種可貴的前提條件，才能促使今天的教育改革得以迅速地進入比較正常的軌道。然而，如今那些統一前爲這種教育革命而奮鬥過的知識分子，眼下反而有可能或已經成爲這場自己曾舉雙手贊同過的教育改革運動的首批「受難者」，這一現實的確是令人難以接受的。他們認爲，這種教育改革絕不應該帶來第二次人爲的歧視和壓迫，相反，理應爲民主、和平和平等帶來創造和發展的機會。原東德的廣大知識分子應該享有與西德知識分子一樣的民主權利，能積極地參與決定自己的命運，而絕不是讓別人來主斷自己的未來。所以，他們要求平等權利和自主權利，以便使原東德知識分子不再單純地成爲被「審查對象」。

此外，另一個爭論的焦點是，如何看待這個席捲原東德大地的教育改革風暴？所謂教育改革促進派認爲，人們應該借助於這個強勁的「西風」，掃除舊的教育體制中的「紅色垃圾」，唯有在這種清除的基礎上，方可有效地重新建立起一個崇尚民主和科學的社會。然而，教育改革的保守派卻強調，目前這種教育改革實爲一種試圖在把原東德的教育變成廢墟的狀態下，創建出新的民主式教育體系，但這是一種缺乏先行科學論證和引導的教育革命試驗。這種試驗是建立在犧牲原東德知識分子及學生和家長利益的基礎上進行的。這種教育改革政策在許多人眼裏已經是一種非民主的強權式的高壓政策，因爲它們的實行已經剝奪了原東德知識分子和廣大學生可以參與決定自身命運的基本合法權益。統一後的教育狀況是令人難以置信的，可謂成千上萬的原東德教師（中小學、大學）由於其過去的特殊經歷（如：與國家安全局有過合作關係），或者是共產黨員的歷史、教學水平能力差、年齡已近退休邊緣等等因素，而面臨着丟飯碗的境地。何去何從？這已並非是個體能給予肯定回答的問題。有關當局爲了重新整理教師隊伍，清除「危險分子」和「不需要人員」，給教師們發了某種特定形式的調查卷子，以便根據調查的結果對教師力量進行重新排列組合，使其符合新時代的要求。然而，這種作法遭到了強烈的抗議。很多原東德教師認爲，「這種檢查手段是非人道的行爲，並且，嚴重地違反了國際協定的人權基本法條例。這種作法無利於新邦的民主化進程，相反，只會阻礙新邦人們的民主意識向前發展」(見《柏林日報》，九〇年十二月十八日)。

芬克作爲兩德統一後漢堡大學第一個由自由民主選舉產生的校長，在原東德高校教育改革的進程中，逐漸成爲一種新的教育改革力量的象徵，這是因爲他自從教育改革開始以來，便以一種維護原東德高校師生利益爲最高準則的捍衛者形象和不斷地堅持教育改革必須立足於自己，而不是靠西方外界力量之原則的奮鬥者形象，積極地活躍在教育大改革的舞臺上。

正如前文所強調，芬克教育改革的基本思想在於，原東德的知識分子和學生及家長均應該享有「充分地改革」所需的自主權利，也卽，他們應該成爲教育大改革中主人式的改革者，而不該是奴隸式的被改革者。按照芬克的觀點，自教育大改革開始以來，原東德知識分子的權益和人權權力，通過對原東德師資力量的大幅度裁減，而正在遭到嚴重地破壞，這種狀況已經威脅到整個原東德知識分子所應享有的民主自由權利。他的這種教育保守改革觀點至少在很大程度上迎合衆多原東德知識分子的眼前利益。原因在於，假如很快實現教育改革促進派的改革宏圖，則意味着多數人面臨着「命運」的重新選擇，而這種選擇對於大多數人來說，可謂龍潭虎穴，只能望而卻步。與此不同的是，芬克的「充分利用現有高校師資力量進行改革」的教育改革論點，可以維護不少的原東德高校中的高級知識分子（如：教授、研究員爲高校之中堅力量）的繼續生存地位，這樣，許多人仍可以在教育改革進程中，繼續穩坐其「教授寶座」，只不同的是將「寶座」的紅顏色換上了象徵自由民主的色彩罷了。基於這一點，芬克在其王國式的洪堡大學中，備受其師生的擁戴，以至於該校的教育改革大有非芬克改革之勢不可。

然而，芬克的教育改革的保守觀點，遭到了所有教育改革促進派的抨擊，在他們眼裏，芬克已不再是一位只致力於學校自決權的保守改革派形象，相反，已成爲一個阻礙原東德高校教育改革繼續深化的「反改革形象」。促進派認爲，芬克的所謂教育改革論點實際上代表着一種以排除西方民主改革力量、保護自己及原東德知識分子個人利益和與其長期相依爲命的舊的教育體系爲目標的阻礙力量，它與促進派所推行的教育改革之主流已經格格不入：一方要徹底地砸爛舊的國家教育機器，而另一方則只要在原有舊的機器上加上部分新零件。不同的改革論點，預示着不同的改革方向。

芬克的改革思想雖說暫時符合了原東德知識分子的眼前利益，可違反將來整個國家民主教育體系的基本原則。人們可以設想，如按芬克的論點上去進行高校教育改革，原有的教育人員素質和水準，如何能達到新的民主科學的教育體系所需要的要求，如果這種要求難以達到，那麼，新的教育體系又如何能正常運行？否則，整個教育改革只帶來一種「換湯不換藥」的負效應。

由此可見，芬克的改革論點並非是統一德國所需教育改革的推動力量。反之，隨着教育改革的不斷深入，逐漸成爲一種強大的抑制作用。但是這種教育改革的「反作用力」隨着「芬克事件」的產生，而得到大大地削弱。據九二年一月九日的柏林《每日新聞》報報導，芬克已被高克委員會（Gauck-Behörde）確認，具有自一九六八年以來爲原東德國家安全局非正式情報人員之重大嫌疑。這一新聞披露猶如重磅炸彈，引發了新的動盪：高克委員會的鄭重聲明，芬克的多次辯護，同情和支持芬克的師生遊行等，使芬克又重新成爲教育改革進程中的風雲人物，然而，這次卻是悲劇式人物：由於其過去的「特殊紅色經歷」使芬克被迫解除了其洪堡大學校長職務，同時也剝奪其作爲高校教師的資格。明確地講，「芬克事件」不能只視爲一個個體命運的問題，而是要將其看成是涉及到整個原東德高校教育改革之命運的大問題。

總之，對教育改革持有各種觀點和態度的衆記者們，均有各自不同的社會經歷和政治文化背景，所以，對於不同的觀點，人們不能簡單地給予「是」或「不是」的回答，因爲，要達到理想的彼岸，當要幾代人的奮鬪才行。

4. 改革的正負影響

教育改革的浪潮不僅衝擊着整個原東德教育領域的各個角落，而且也不同程度地波及到整個西德的學校教育。這場原本針對原東德學校教育體制的教育改革運動，也在不斷地影響着老聯邦州的教育發展。這種教育改革所帶來的影響，又不同層次地促成了新舊聯邦州所屬學校之間的新的矛盾，而在這些矛盾羣體中又產生出了新的競爭力量。然而，正是由於出現了這種新的學校教育競爭局面，才使得目前這種學校教育改革不至於停留在改革的表層上。相反，教育改革中所產生的新矛盾新問題使改革的進程不斷地更上一層樓。然而，改革的問題由於其難度較大，往往又不能以人們的主觀意志爲轉移，從而時常會產生問題的積累、矛盾的爆發，形成一種教育改革的阻力。

自東西兩德統一以來，東西柏林的合二爲一，往往又成了整個德國統一的縮影。因爲從東西柏林的統一發展中，可以窺視出整個德國統一後的發展全貌。同樣，在教育改革的發展中也是如此。自改革以來，東西柏林成了整個教育改革的中心焦點，這是由於統一前兩個城市各自所具備的政治文化教育特徵所決定的。

在教育改革的進程中，原東德最高學府洪堡大學自然成了整個教育改革的「制高點」。能否攻下這個「制高點」，對整個在原東德展開的教育改革運動有著舉足輕重的影響。洪堡大學的教育改革進程如何？或是如何繼續發展？不僅與原東德其他學校的改革命運息相關，而且也影響到其他老聯邦州學校的生存和發展問題。因爲這場教育改革運動雖說重點在於幫助原東德人民儘快建立起一套民主科學的教育體制，但這種大規模的教育改革勢必要直接或間接地影響到別的學校。例如：東西柏林合併之後，教育天地中形成了一種新的局面。在整個柏林的高等教育事業中，出現了「三國鼎立」的局勢：原東柏林的洪堡大學、原西柏林的自由大學和工業大學。這後兩座高等學府的未來命運如何，與洪堡大學的改革之路及改革結果有著不可分割的聯繫。如何調節好各大學之間的教育發展，成了目前東西柏林教育改革又一個不可忽略的重點。針對整個柏林的高教事業發展，產生出了形形色色的觀點和爭論，從而又形成了不少新的矛盾羣體。

教育改革發展以來，首先受到波及的是西柏林自由大學。這座大學，可謂是德國歷史發展的特定產物。幾十年前東西方世界開始冷戰之後，西方世界中的自由人士爲了與當時最大的紅色教育堡壘——洪堡大學進行針鋒相對的抗爭，於一九四八年在西柏林創建了一所綜合性大學，名為「西柏林自由大學」。所謂自由大學，就是針對當時非自由性質的洪堡大學而言，其實質是以西方世界的民主自由思想抗爭東方世界的獨裁專制。然而，歷史的發展往往令人難以預料，眞可謂是「三十年河東，三十年河西」。歷史發展到今天的結果，似乎是如今的西柏林自由大學的歷史使命已經完成，可以暫時告一段落了。旁人看來，這確實是順理成章的事。可是，這一歷史帶來的問題現在直接威脅到了已經生存了幾十年的柏林自由大學，而這所大學在這幾十年間也已發展到了相當大的規模，已成為一所非常有名的學校。可見，歷史有時實在是太捉弄人了。

在新的歷史條件下，需要有相應新的教育天地。具體說來，是自由大學重新回歸洪堡大學？還是洪堡大學乾脆由自由大學吞併？或是各自仍然獨立存在，形成一種競爭力量？這三個問題成了難以解決的矛盾點。由此，各種意見又紛紛出籠，許多人持懷疑態度，像洪堡大學這樣被共產主義意識形態控制達四十年之久的教育王國，仍有希望將其改造成一座嶄新的具有民主性質和科學精神，同時又能保持其傳統的支柱學府嗎？他們認為，自由大學雖說是在特定的歷史條件下產生的，可由於其幾十年的高度發展，已經形成了一座任何其他學校均不能代替的現代化大學。它的教育功能是未來整個柏林教育事業發展的關鍵。而洪堡大學由於其特殊的政治性、低下的學術水平和落後的教學設施，均無法代替如今的自由大學。但仍有爲數不少的人對此持樂觀的態度。他們認爲，洪堡大學擁有悠久的歷史和傳統，以及舉世聞名的知名度，這些都是自由大學所無法攀比的。像柏林自由大學這樣的高水準現代化學府，在世界其他地方也不難找到，而像洪堡大學這樣的傳統性學府，由於其歷史的特殊作用，在世界上則很少見。還有一種觀點是，柏林各大學應「各就各位」，保持其原有的風格，但所不同的是各有側重點，以避免雷同和不必要的「撞車」。當然，學校之間的競爭隨著教育事業的發展是不可避免的。

目前，在教育改革的進程中，西柏林自由大學已經感覺到了一種前所未有的生存危機感，因爲西柏林自由大學這所當時以抵抗原東德共產主義思想爲目標的「前哨大學」已經完成了其歷史使命，在這場教育改革浪潮中它宛如一個突然被自己親身母親拋棄的孩子一般，其生命價值遭到了來自老對手洪堡大學地強有力的挑戰。直到現執政黨的教育改革政策排除了自由大學自身生存的危機感，他們才喘了一口氣，但還是一絲都不敢鬆懈。原因在於洪堡大學的新發展，需要大量的人力、財力和包括自由大學在內的援助。因此，自由大學校長公開在報紙上抱怨道：「原東德的學校，特別是東柏林的洪堡大學，它們的教育改革不應該無條件地建立在犧牲自由大學自身根本利益的基礎上」（參見柏林《每日新聞》報，九一年六月十二日）。

統一後，爲了儘快地順利完成敎育改革的進程，迫切需要老邦的各所大學，特別是那些名流學府，無私地伸出援助之手，幫助新邦學校迅速步入正軌。與此同時，有關當局爲了湊足敎育改革所需的巨額費用，對老邦中的各所大學進行了大幅度的經費裁減，以保證新邦敎育改革的實現。爲了能讓原東德各大學獲得「脫胎換骨」的再生機會，西柏林自由大學和工業大學都被迫多次「放血」，也卽不斷地被當局勒令縮減財政開支，以便給原東德的大學積累資金，爲其「輸血」。然而，這種財政問題是得不到徹底解決的。雖然，原東德敎育改革成功與否，很大程度上取決於財政問題能否順利解決。可現實中，大多數老聯邦的學校都不情願在自身上「拔毛」，爲原東德的兄弟院校作出無私的貢獻。故原東德敎育界人士對這種情形大爲不滿和表示不理解，他們視這種作法爲「沒有遠見和魄力的膽小擧止」（參見《每日新聞》報，九一年五月二十八日）。人們從中可以看出，各種團體在現行的敎育改革中均從各自的利益出發，對敎育改革只做出必要的姿態，但缺乏一定的效用。從另一角度來說，德國統一唯一明顯的成果在於，使東西分裂的兩德最終合二爲一爲整體。但同時人們都忽略了這樣的事實，在形式上已成爲整體的國度中，卻隱含著無形的分裂。這是因爲幾十年的各自一方，使原東西兩德的兩個王國，早已具有了各自迥然不同的政治文化背景。正是這種不同點造成了敎育改革過程中的許多困難。

問題多固然不是好事，可一旦這些問題最終能得到解決，便可爲未來教育事業的發展開拓更廣泛的前景。因爲新的教育事業的發展，勢必促成老邦學校的發展。這種發展不只是局限於「硬件」的發展，而是更注重於「軟件」的發展。無疑，新的教育改革形勢勢必會產生一種新的競爭機制，比如柏林幾所高校間會出現競爭。但這是有利於整個教育改革的發展的。洪堡大學的新發展，有利於幫助柏林自由大學緩衝其多年來嚴重的「超生」現象。這種學生過多、師資不足、設置緊張的狀況，如此長久以往下去，勢必會影響到整個學校的教學質量和學術研究水平。而更新後的洪堡大學卽可起到某種至關重要的「分流」作用。柏林自由大學要想保住自己的地位，就必須朝更高更好的水準發展。換句話說，老邦的學校要想適應新的教育形勢和社會要求，則需要與原東德學校一樣，進行學校內部的改革。這種教育改革雖說不像原東德學校的教育改革那樣轟轟烈烈，可也是整個教育改革中不可缺少的一個重要組成部分。

人們不可將教育改革只看成是對原東德整個教育系統的批判和清算，也應該視其爲對老邦的學校教育事業的一種重新審定和考驗。唯有這樣，方可使整個德國的學校教育水平有個大幅度的提高。

5.中學教育新的生存之路

學校教育改革的烽火不僅燒遍了整個高等教育事業的每個領域，而且也點燃了中等學校教育改革的火炬。原東德的所有中小學教育與高等教育一樣，正處於一種特殊的歷史關頭，即要受改革烽火的新熔煉和新的洗禮。經過這種歷史性的篩選，將產生出一種新的教育生命，也即會出現一種符合和促進民主社會向前發展的新的教育體制。

兩德統一所引起的巨變，使原東德的整個中學教育事業，特別是中學教師深深地陷入了一種難以抑制的忐忑不安的境地。學校教職員工的生存危機感與日俱增，他們放眼望去，前途茫茫，失去了自己昔日對社會的認識感，取而代之的一切充滿著許多令人一時難以接受的陌生感。因此，對於這些以前習慣於國家決定一切社會生活的中學教師們來說，現在突然踏入一種新的社會環境之中，猶如雙腳離開了堅實的土地剛剛踏上沼澤地一樣，感到極大的恐懼和不安。昔日熟悉的東西，一夜之間便被陌生的一切所代替，而自己恍如「睜眼瞎」。社會的巨變，大大地超越了一般人的想像力和接受能力。原東柏林一所中學校長深有感觸地驚嘆道：「多少年來習慣於擁有個領袖人物的廣大師生們，突然間不知應該掛誰的像了？」（參見《明鏡周刊》，九〇年二月十二日，第七期）由此可以看出，無論是老師還是學生均已習慣了一種上有大人物決定、下有小人物執行的盲目服從的麻木生活。這種幾十年來由共產主義意識形態和社會主義專制政策所造成的非正常的社會運行方式，不僅造就了整個社會的專制網絡，而且使學校師生個性的正常發展受到限制。正因如此，當新的民主社會突然出現在眼前時，他們不僅缺乏最起碼的新的社會化能力，而且缺少對新社會逐步認識的勇氣，這種勇氣的缺乏，也正是幾十年來對領袖人物依賴性的結果。

新的社會變化一方面可謂將處於原東德共產主義意識形態統治下的學校師生，從單一專橫的教育制度下解脫出來。而另一方面則又將他們置入一種充滿著陌生感和非安全感的境地中。這些不僅嚴重地影響著教師的個性、自信心，以及其對生活的態度，而且也影響到了學校工作和課堂教學等方面的連續性。普遍遇到的最大問題是，老師不知給學生上什麼課、講什麼內容、如何上這些課？過去幾十年常用的教學方法、教學內容、教材甚至課堂用語等均一下子成了被歷史推翻了的東西，可新的一切又不是一夜之間所有教師都能掌握並能運用的。為此，這中間便形成了一種特殊歷史時期所造成的「教育層次斷裂」，這種斷層使原東德的教師處於一種其自身生存遭到最大挑戰的極度恐懼之中。「我自身仍掙扎於一種混亂不安的感覺之中，我對眼前所發生的一切，感到十分地突然和不理解。這種突然和不理解使我對周圍的變化，包括對我的學生以及學生家長的變化，產生出一種陌生感和恐懼感。我對自己和學校的前途缺乏足夠的信心。我現在必須做的是，以新的社會內容充實自己，並且以平等和誠實的治學態度對待我的學生們」（見同上）。這位中學教師的自述，代表了一大批教師的心態。在新的社會條件下，爆發出各種內心衝突，衝擊著這些長期過著「計劃教育」生活的人的靈魂深處。但正是這種靈魂深處的觸動，才能促使原東德教育制度的人們加快其轉變的過程。

中等教育事業的改革不僅改變了中學教師的生活，而且也改變了學生們的學校生活。學生作爲受教育者不像教師作爲教育工作者有著沉重的歷史包袱，相反，他們輕裝上陣，很快地投入了這種與自身學習利益息息相關的教育改革之中。社會巨變帶來的教育革命爲學生們創造了新的教育環境。這種新的教育環境，由於其具有民主性、自由性和平等性等教育特點，使學生們猶如籠中之鳥突然被放入藍天中自由飛翔一樣，可以盡情地發揮各自不同的個性以及自決能力。當然，這種個性的發揮和自決能力要經過民主自由土壤的多年培育，才可能開花結果。但無論怎樣，新的教育改革帶來的新環境，促成了學生們第一次的獨立意識和要求，也重新確定了和平民主平等教育與被教育的關係。例如：在教育改革的進程中，學生們已開始拒絕上那些缺乏新內容和新生氣的課程，要求學校給學生儘快地創建出一種適合於新社會發展要求的具有時代內容和形式的課程設置。由此又產生出新的矛盾羣體，這種由學生組成的矛盾體，不斷地促進學校教育改革的向前發展。

然而，中學教育改革進程中，同樣也存在著兩種不同性質的改革派：消極改革派和積極改革派。正是這兩種力量的牽制，使中學教育改革之路產生了不少人爲設置的路障。

所謂消極改革派，指的是那些原東德共產黨中的改革派人物，其教育改革方針仍然到處透露著原東德獨家大黨，即社會統一黨（SED）的氣息。「我們應該盡量在新的教育改革發展中，保存和利用原社會主義人民教育中的精華部分」（參見《明鏡周刊》，九〇年第七期，頁七三）。持這種觀點的保守改革派人物，反對在原東德的教育改革中進行「全盤西化」。相反，他們贊成有目的、有選擇的非全面性的部分改革或改體。這種消極改革派的觀點是建立在肯定原東德社會主義全民教育事業中的某些成就的基礎上的。這種改革思想自然缺少必要的勇氣和徹底性，當然，這是與這類改革派人物自身的歷史條件有著不可分割的關係。他們的改革思想難以脫離自身的黨派意識。原東德的民主社會主義黨，現改爲PDS黨，因其自身的利益，是不允許進行徹底的學校教育改革的，因爲這種改革會對黨的生存利益構成最大的威脅。所以說，消極教育改革派人物的妥協性和消極保守性是由其黨性所決定的。他們的影響雖說受到積極改革派的奮力抗爭而遭到限制，可其影響力仍然滲透到學校的三個主要方面：學生、教師、家長。特別是後兩者，因其以前特定歷史時期的生活經驗和目前由於改革所帶來的種種危機感，不同程度地靠近和認同消極改革派的觀點，因他們的觀點暫時符合了許多已面臨困境的教師和家長的利益，因而能得到一定程度上的共鳴。學校教育改革進程中所帶來的各種困難和問題，不是一朝一夕能解決的。作爲學校教育改革的主人，同時又是教育改革對象的師生和家長們，需要有個重新認識自己和社會的再認識過程，這一過程必然寓育著「自我否定」和「自我確定」。這種在新的社會條件下不斷自我完善的過程，是整個中學教育改革進程中必不可少的關鍵環節。

積極改革派是學校教育改革的主體推動力量，其改革思想基於反對社會主義專制及建立一種民主自由教育體制的精神之上。他們所要推行的學校教育改革，就其方針和具體措施而言，目的在於徹底否定原東德社會主義全民教育，在原社會主義教育廢墟上儘快地創建出新的教育。這種新教育之特點具體體現在下列幾條改革措施上：

(1)「全面地更正整個原有的教育方針和教育目的，在推出新的教育方針和目的之時，著重強調學生的個體利益、家長的教育權利以及憲法的法律效用」（參見《明鏡周刊》，九〇年第七期）。同時又特別指出，「廢除學校中的軍事教育，以便消除整個中學教育系統中的軍事異味」和「分清學校與社會政治團體的界限」（同上）。強調了學校的獨立性，反對那種將學校變成國家政治機器上的一個「零件」。例如：原東德學校的少先隊組織和共青團組織，均是學生所必須參加並要爲其服務的具有強烈政治色彩的青年活動團體。這種團體抹殺了青年人和孩子們的自然性、個性和自決性。因爲它實際上成了學生們的「政治生活太監」，故屬於教育改革中的廢除對象。

⑵在清除舊事物之時，也要盡量創建新事物，唯有這樣，方可保持學校教育改革的平衡關係。積極改革派強調：「要及時地引進新的教育方法和課程體制，要給予學生選擇課目的自主權，如第一外語的選擇自主權等。重視課堂教學中的自由平等因素，儘快創造出一種民主自由式的教學氣氛，並且鼓勵學校開設與生活直接有關的課程，例如：「烹調課」(同上)，以便擴大學生課外興趣及應付社會變化培養生活能力等。

⑶「擴大教師進修及家長繼續教育的可能性，注重提高教師的教學水平和與家長進行聯合教育培養下一代的合作精神」(同上)。積極改革派認爲，教師與家長是搞好學校教育改革不可忽略的重要因素。正因爲如此，其自身水平的高低，與學生的教育培養有著直接的關係。但與此同時又要注意到的是，不能因爲過分地強調家長對學生教育工作的重要性，而轉變爲家長或學校成爲對學生的「新的壟斷力量」。

兩德統一廢除了原東德國家的獨裁，而統一後的教育改革又在不斷地消除壓在學生頭上的任何非民主和自由的力量。總之，積極改革派所致力的目標是，推翻一切學校教育的壓迫制度，創建一種具有人性的科學民主的教育系統。中學教育改革雖說是整個社會改革中一個至關重要的環節，可由於原東德四十多年來長期社會主義全民教育的結果，給今天的學校教育改革造成了許多始料不及的困難和問題，並增添了很大的難度。原東德特定的社會主義教育目的和方法，促成了大批特定的教育活動（軍事教育、勞動教育、階級教育、資本主義劣根性教育），而這些具有特定教育內容的教育活動，又促使學生作爲教育對象，在其受教育的過程中逐漸畸形發展。糾正這種畸形發展的「矯形手術」，正是目前進行的這次學校教育大改革。

6. 改革中的將來

無論學校教育改革的進程遇到了多少阻力，其發展的趨勢仍然在不斷地向前，這是一股勢不可擋的歷史潮流。所謂教育大革命，除了廢除原東德那一套以馬克思主義思想爲理論指導的學校教育系統外，更重要的是要着眼於未來，使改革後的新教育成爲一種不僅僅能適應當前社會發展的節奏，而且也能促進現代社會更進一步發展的未來教育。所以，在這次在原東德大地上所進行的學校教育改革中，其具體的革改方案和措施均以世界未來教育爲主方向，以便使改革後的原東德教育事業趕上和超過世界最先進的教育水平。

學校師資力量的更新能否成功，也是整個學校教育改革能否成功的一個關鍵因素。除了不斷地排除那些具有「堅定的共產主義思想」的教師以及淘汰那些年齡超大、且學術水平太低的教師以外，更重要的是要設法對原有的師資力量進行速成培訓。從九一年中期開始，已有大批的原東德師資力量有組織、有目的地分批到西柏林或西德的同等學校中去進行培訓或是去旁聽。這一改革措施的目的在於，首先給那些原東德的教師進行「急診」，使其在較短的時間內有所「改頭換面」。即讓這些原東德的教師盡可能在短時間內掌握接受新事物的能力，學會新社會發展所要求的知識和技能，以便使其在未來的教育生活中發揮作用。為了達到這一社會目的，受培訓的原東德教師不僅要掌握各種現代民主的教學理論知識和教學方式方法，更重要的是通過其親身體驗，深入地了解一下西方教育世界中的民主性和自由性，這樣有利於其儘快地脫離原來舊的教育體系，從而眞正地進入一種嶄新的教育天地。與此同時，西德和西柏林各類學校也都派出師資力量赴新邦進行實地培訓和講課。這種雙向進行的教師進修、師資培訓，不僅有利於原東德新教育的再生，而且也有利於整個西方民主教育思想的傳播以及消除籠罩在原東德學校教育事業上的共產主義意識形態之陰影。民主與自由教育思想的建立與否，是整個學校教育改革的焦點。

如何使原東德的學制改革得以順利進行？主要在於具體的學校類型、課程設置、學時規定等改革措施的落實。原東德的各類學校教育無不滲透着政治因素，學校生活、學校專業、學校各類活動等一切的一切都充滿着政治色彩。基於這種嚴重的「政治污染」，原東德的學校教育以現在的觀點來看是社會教育中的一種畸形發展。要改變這一切，就要對原有的學制進行徹底地改革，使其形式與內容逐步民主化。在這種民主化進程中，不僅要體現出整個學制結構的民主性和科學性，也要尊重學生、教師等作爲學校主要個體以及學生家長的個性、平等和自主性。要達到這一民主教育目的，實非一朝一夕就能辦到的。這不僅涉及到整個學校教育宏觀上的改革進程，而且也涉及到具體的教學理論和教材等問題。所以改革要從教學理論的更新、教材的更換、課堂方法以及課堂用語的轉變等具體改革步驟入手，使微觀具體的措施給宏觀意義上的整個學校教育改革舖開一條道路。

強調「差別教育」是另一個使改革後的原東德教育事業在未來教育中不可忽略的重要因素。衆所周知，原東德的整個學校教育事業是由其國家計劃經濟結構所決定的，即學校教育要一律紅顏色，學校的課堂教育一律只許反映「神聖社會主義」的豐功偉績，凡事均要統一行事：統一的教學大綱、統一的上課模式、統一的教材、統一的學校生活等，無論是學生還是教師均被強迫納入這種壓抑人性的統一模式之中，使他們逐漸失去了一種本是正常的、對任何事物可以自我進行鑒定的社會能力。正是這種社會能力的缺乏，才構成了目前年輕人及成年人所面臨着的重新社會化的問題。多年來只習慣於那種統一模式的學生突然間失去了這種以往習以爲常的模式，反而感到一種深深的不安和恐懼。這是因爲他們在過去的學校教育中缺乏一種「差別教育」。

所謂「差別教育」，就是在教育過程中注重所出現的各種差異性，使學生在不斷認識其差異性中發展自己的個性和能力，這樣，整個教育和受教育過程也就不會存在着所謂的統一或單一模式，而學生個性的發展反過來又促成了整個學校教育的差異性和豐富性。可以說，這種差別性的教育方式正是原東德那種統一模式教育的「剋星」。要使新邦的學生們將來成爲未來世界所需的人才，就要先創造出一套科學民主的教育辦法來。目前的教育改革正是朝着這個方向努力。中小學教育改革中，人們在籌劃具體的改革方案時，無不注意到學生的利益。學校教育的安排均考慮到學生眞正的興趣、需求，以及整個校內校外的生活範圍和生活內容的開展。簡而言之，「差別教育」的功能在於，使學校課堂教育成爲學生生活內容的一部分，使學生的整個生活內容與學校教育內容有着必要的聯繫。另外一點是，使學生成爲整個學校教育內容轉換的主體，使其同時也成爲整個新社會教育體系的主體以及改革後新課堂設置的主要表現者。缺乏個性的學生羣體是無法步入未來教育的，因此，對原東德學校教育改革的一個重點就是強化學生的個性發展，強調發展學校教育中的自由性、多樣性、平等性，使原東德的學校教育在新的起點上有個新的飛躍。這種教育飛躍與將來新邦的經濟飛躍有着不可分割和相輔相成的關係。這是因爲，學校可以給新邦的「經濟開發區」輸送大量所需的各類專業人才，從而推進社會經濟的發展，而同時，新邦的經濟發展又會反過來促進學校教育的提高。由此可見，學校教育改革的成功與否，直接關係到整個新邦社會經濟的發展。

學校教育改革的另一個主要方向是面向未來整個統一的歐洲世界。兩德統一以及整個東歐世界的變化所帶來的希望，使人們看到了一條通往整個歐洲一體化的道路。爲了使學生將來具有成爲歐洲大家庭一員所需的基本社會能力，現在學校的教育內容及教育方法均要考慮到，如何使學生未來能在多種文化並存的社會中發揮出積極的作用。整個歐洲的和平趨勢給整個歐洲社會的政治、經濟、文化、教育等發展創造了一個良好的環境。

如何儘快地培養出未來歐洲世界所需的人才，是目前學校教育改革的一個重點，同時也是一個難點，這是由其原來的教育特點所決定的。雖說原東西兩德人民有着共同的語言和文化傳統，可由於歷史的原因，這種共同性變得極爲脆弱，它早被四十年來各自不同制度下的不同生活經歷所撕裂，東西兩德人彼此之間的陌生感以及統一後由此帶來的矛盾有時甚至超過了與外國人之間的文化距離。爲此，原東德的學校教育改革任務是任重而道遠的。原東德人不僅要消除與西德兄弟之間的陌生感和矛盾，而且同時要設法迎頭趕上整個歐洲的總趨勢，對此，學校教育改革的有關人士強調，要在新邦的各類學校中及時地開展「國際文化教育」，讓學生能夠經常接觸各種不同的文化，學會對不同文化進行鑒賞，並接受其精華部分。同時要不斷地強調和平教育、平等教育等等。可以說，學校教育爲學生創造出一種能充分發揮民主與自由的生活環境，是使學生面向未來的基石之一。

如果要求原東德的學校教育通過改革不斷地向民主化進程靠攏，不僅需要結構和形式上的民主化，更重要的是要有內容和實質上的民主化，這就涉及到學校教育內容的補充問題。對於原東德的學校教育來說，唯以共產主義意識形態教育爲尊，而對於那些於個性發展和社會發展至關重要的「義務感教育」或「責任感教育」卻不予以重視。要使一所學校有民主化的內容，就是要培養學生有一種對個體和社會高度重視的義務感和責任感，讓其從現在起或是將來無論是在私生活圈內，還是在工作範圍內，或是在其它社會環境中，都具有自行決定的能力以及積極參與的能力。學生將來對個體和社會所表現出的責任感程度高度，能直接反映該學校的民主化進程如何，因爲責任感是整個民主化教育的最高目標之一。

要實現學校教育的民主化，改革派人士認爲，應該先從學校的課堂入手，因爲那裏是學校教育天地的核心位置。原來以教授爲權威、以教師爲中心的課堂教學是不符合民主教育基本特徵的，所以，首先要在原東德的學校教育中確立師生之間平等合作的關係，而不再是過去「上下級」之間的關係。教與學或學與教的關係需要在整個民主化進程中重新調節，在課堂上充分重視學生和發揮他們的積極性，由此來不斷地激發學生對未來的責任感。如果這種教育能夠成功，那麼，世界就會變得更加美好，戰爭、污染、破壞行爲等一切阻礙社會良性發展的因素，就會在將來受到大大的抑制。另外，就德國而言，更具有現實意義，因爲這種「責任感教育」實際上也是一種防止和阻礙新納粹主義在原東德地區進一步發展和擴大影響的重要手段。

消除原東德學校教育系統中的共產主義意識形態的影響，是整個學校教育改革的首要衝擊點。但要說明的是，對共產主義意識形態影響的消除，不等於廢除當今社會所不能缺少的政治教育。因爲這種適應於社會和平發展的政治教育有利於學生儘快地成爲一名個性成熟、處事客觀、有獨立意識和批評精神的社會一員。毫無疑問，這種政治教育是建立在民主化進程的基礎上的。它的實行有利於反對任何社會專制和獨裁，同時也有利於幫助學生放眼全世界，爲將來致力於解決世界和平、人權、環境保護等等這些涉及人類本身生存的一系列問題而作好必要的準備。民主社會的形成與否，與政治教育的作用是休戚相關的。所以改革派們強調，政治教育不是單一的意識形態教育，而是一種與社會發展和個體生活息息相關的教育。

上述幾種着眼於未來的學校教育改革明確地告訴我們，要使原東德學校成爲西方民主式的學校，需要經歷相當長的「陣痛」階段。但願能達到「先苦後甜」的效果，無論學校教育改革的具體措施如何，都不應偏離民主教育的方向。也卽，學校應成爲學生和教師乃至家長願意與他人和平共處、願意奮發學習、沒有學習恐懼感以及可以抒發各自情感的生活樂園。在這種學校生活中，教師與學生處於一種平等的對話式的教育環境中，教師不是「家長」，而是隨時能幫助學生解決困難的「大朋友」。與此同時，學校老師應該注重發展學生的特長和個性，這樣作不僅僅是爲了幫助學生具備將來應付生活的能力，更重要的是使他們能更好地、更積極地生活。由此可見，改革後的原東德學校不僅是傳授科學知識的場所，而且也是進行民主化教育的場所。

爲了盡快地達到這一目標，教育改革派們提出了「開放學校門戶」的口號，讓學生的學校生活面向外部世界。他們認爲，學生的學習生活應該與現實生活相聯繫。學生所接觸到的社會問題在課堂上不僅不應該避免，相反，應該積極引入到課堂上來討論，讓學生自己來評判，以此來提高學生的自決能力，這也是促成學生成熟的一個重要標誌。這種讓社會矛盾與課堂教育進行掛鈎的大膽方式，有助於發展學生的自決能力（指發現和解決矛盾的能力）、容忍能力（指爲人寬宏大度的能力）、交際能力（指與社會環境交際的控制能力）等。而這些積極的社會能力正是原東德學生所缺少的，也正是這次學校教育改革的基本方向之一。

此外，學校要變成民主式的學校，自然不能忽略學校行政管理機構的民主化問題。原東德的學校行政管理機構純粹是黨對教師和學生言行負有監督作用的「警察機關」。如何使這些行政管理機構也成爲促進學校生活正常發展的具有民主性質的機構，的確也是學校教育改革中另一個棘手的問題。

二、論　述

1. 語言的分裂性

兩德統一後進行的學校教育改革，除了前面所述的主要針對原東德學校教育體制、教育內容、教育方法等方面外，人們還逐漸意識到了另外一個潛在的，然而卻是廣泛的新的改革問題，這卽語言問題。原東西兩德的「語言王國」並未能隨着兩國的統一而統一起來，相反，在國家統一形式確定之後，其分裂形式和異同現象則反而越來越顯出其「廬山眞面貌」了。雖說原東西兩德由於其政治上的原因而被迫形成單獨的國家，但有一點不可否認，各自一方的兩德有着共同的語言基礎—同一種母語，和共同的歷史文化背景—日耳曼文化傳統。然而這種歷史悠久具有傳統性的共同性，卻由於東西兩德長達四十年之久的分權割據而處於一種一時難以癒合的分裂狀態。很顯然，這種語言上的分裂局面是由於原東西兩德不同的國家制度所造成的非正常的語言結果。之所以稱之爲非正常的語言結果，那是因爲這種語言是非正常的國家政治機器下的一種產物，但這種產物並不會隨着國家政治機器的消亡而消失，相反，這種語言結果在一定階段內是難以消失的，因爲它的載體是有頭腦有思維的人，所以這種語言的轉變過程就牽涉到一種複雜的心理轉變過程。

早在一九六二年的一次日耳曼語言學學術討論會上，已故前西德日耳曼語言學家摩塞爾（Hugo Moser）就已明確斷言，「民族的分裂已經形成了兩種性質截然不同的語言世界」（參見法蘭克福《大衆報》，九〇年十二月十日政治版）。兩種不同的國家政治形式使各自所屬的民衆使用着兩種不同特色的語言。正是這兩種異同的語言世界加深了原東西兩德民衆之間的鴻溝，進而產生了不同程度的陌生感和不理解，儘管他們以前都有着共同的語言和文化基礎。然而這一基礎在學校教育語言、社會教育語言以及日常生活用語中逐漸被打破和異化，從而各自形成了一套爲各自社會服務的語言體系。尤其是原東德語言早已成了一種「御用語言」，成了國家政治機器下具有宣傳功能的工具。

語言的分裂性，多指其語言的社會功能的差別。但要指出的是，正是這種差別會促成同一種母語基礎上形成的語言自身的變化。從一九七〇和一九八三年分別在曼海姆德語語言研究所和法蘭克福歌德語言學院公布的研究成果來看，東西兩德不同的語言世界中，其最大的變化和差別不是整個的德語的語言結構（指德語語法、傳統的習慣用語或是最基本的句型結構等），而是在德語語言的詞彙、詞義等方面。詞彙的變化指的是特定的社會政治條件下，不斷地產生出爲另一種不同的社會所不能接受的新詞彙。詞義的變化主要指對原有詞義的人爲改變，卽在新的特定的社會環境中對原有的詞根據需要人爲地進行新的解釋。但是這些新的詞彙和詞義其生存力是很有限的，它們只能隨着爲其提供生存條件的社會環境的變化而變化，一旦這種社會條件消失，其生存條件也就隨之逐步消失。

而原東德社會條件下所使用的語言正是這一眞實的寫照。爲此學校教育改革的範圍不得不再次擴大。但是對學校教育語言的改革不是一種「硬性」任務，相反是一種不能立竿見影的「軟性」任務。再說原東德學校教育語言是整個社會主義條件下「紅色語言世界」的一個組成部分，所以對整個原東德學校教育語言的改革就不可能孤立進行。這種教育語言的改革唯有與社會語言的改革相結合，方可達到預期的目的。

如果人們仔細地回顧一下原東德的社會發展，就不難從中發現其特定語言的發展規律。在原東德的共產主義意識形態下不斷地產生出一大批具有特殊政治色彩的政治詞彙（如：人民民主專政、社會主義民主、工人階級、人民政權、人民集體、人民軍隊、革命政黨等等）。這些專門服務於專制政權的語言也烙上了專制特色的印記。這種語言詞彙形成了整個社會主義條件下語言世界的核心，對其人們不可隨意修改或貶低，否則就會構成語言性質上的政治問題。學校教師只會盲目地給學生灌輸這種語言，而學生也只能麻木地吸收這種令人難以接受的政治語言。無論是在課堂上還是在教材裏，到處都氾濫著這種特殊的政治語言。這種以政治內容爲核心的語言還以強迫的形式，利用各種途徑（廣播、電影、電視、文藝娛樂、宣傳品、各類會議、慶祝活動）進入廣泛的語言使用範圍之內，如日常用語。經不斷地重複，人們開始習以爲常（街頭巷尾到處充斥着歌頌國家領袖、人民英雄和擴大歪曲地反映西方社會黑暗面的宣傳品），由此而逐漸產生了一種新的語言成分，而這種語言成分又直接影響著人們的生活方式。

特殊的教育語言使學生形成了一種非正常的行爲舉止和思維方式，因爲這種語言對社會主義國家只褒而不貶，就彷彿是一種由人預先設計完畢具有不同側重點的計算機語言。難怪人們驚嘆，這哪裏是正常範疇中的語言，分明是一種以輸入政治數據爲主體的強權語言。而這種強權語言的具體落實是通過下列三條渠道來實現的：學校語言教育、社會宣傳教育、日常生活用語。自然，這三種途徑的實現過程均受到嚴厲地監督。

原東德的那種具有社會主義特色的語言實際上是一種從屬於國家機器並積極爲其服務的

「黨語言」。因爲這種語言的主人不是普通大衆，而是黨的上層掌握者。他們這些少數人控制著多數人的「語言開關」，因而人們的語言功能被強權人物人爲地扼制住，使其只能發揮「鸚鵡學舌」的語言模仿功能。現在看來這是一種剝奪人使用語言自由權的行爲。原東德的這種特定時期的語言不再是以民衆生存利益爲主的交流語言，而變成了一種只以國家和黨的利益爲中心的政治宣傳語言。基於這種狀況，原東德的學校教育語言已經完全喪失了原有的獨立性和客觀性，取而代之的自然是那些沒有任何民主自由思想的強權教育語言。原東德在過去與「黑色資本主義弟兄」西德的抗爭中，不斷地強調要強化自己社會主義國家的語言，所以才造成了四十年後的今天——兩德統一後，語言上的非統一。

目前，學校教育改革的任務之一，就是盡快地消除原東西兩德民衆之間的語言障礙，使人們在語言上重新達到一種共識，以便共同發展其統一國家形式下統一的民族語言和民族文化。爲了達到這一目標，人們首先要做的改革措施是，在各種公開的語言環境中（如：學校生活、課堂教學、社會生活環境、日常生活範圍等等）創造出一種自然的語言交際環境，使原東德人民重新獲得一種沒有國家黨派控制的非政治化語言，一種恢復人性和自然特點的民主生活用語，使統一後暴露出來的「語言陌生感」（不僅指特定的語言詞彙和表達方式，更多的是指語言內容），隨著民主、自由、和平的語言大氣候的形成而逐漸消失。唯有這樣，才能使兩德人民實現實質上的統一。語言的自然性是實現語言民主化的基本條件之一，也是結束原兩德之間所存在的語言分裂之先決條件。

2. 意識形態教育

二次世界大戰後不久，原德意志民主共和國在蘇聯占領軍有關部門的直接監督下，開始在一片教育廢墟上建立起一套獨立完整並且是完全統一的教育體制。爲了保證整個教育系統具有反納粹思想和堅持發揚共產主義思想的鮮明特色，並使之順從共產黨（自一九四六年改爲德國社會主義統一黨，ＳＥＤ）政治路線的指導，學校教育部門中所有重要的領導職位均由所謂堅定的共產主義者來擔任。由此可見，原東德的教育事業一開始便深深地烙上了一黨專制的印記。在原東德這樣一黨專制的社會主義國家中，由掌握了國家機器的社會主義統一黨獨家掌管整個國家的政治命脈是不足爲奇的。其他各種民主黨派只不過是順從共產黨的政治路線並爲其服務的奴隸黨派組織而已。在原社會主義教育體制中，政治法碼的份量可以說是無以擬比的。任何學校教育或是社會教育均明確規定了其維護共產黨利益的教育目的和教育措施。

由於原東德的整個教育體制均以馬克思列寧主義理論爲指導思想，故在整個政治教育中不是以啓發式提高學生對政治形勢的分析能力和鑒別能力以及激發個人的政治熱情等爲主要教育內容，而只是進行一種黨派政治教育。原東德社會主義統一黨利用其手中的國家政治宣傳機器，在學校和社會教育的各個領域裏大力渲染共產主義意識形態教育，同時全力壓制別的異端思想，強迫學生在學校或其他受教育者在社會教育中沒有任何別的選擇餘地，只有接受這種一黨專制的統一政治說敎。在學校課堂裏無不滲透着這種政治教育：教室裏牆上四周常常懸掛著領袖人物的頭像或是革命宣傳畫，學生一進入教室就猶如踏入了革命政治歷史博物館，教室裏的政治宣傳氣氛往往濃於學生的學習氣氛。

教學內容自然也是充斥著共產主義的意識形態教育。教材中常常以革命戰鬪故事爲主線，或是以宣揚社會主義制度的優越性爲主體，將成千上萬個育齡學生的心靈染上紅色的標記。這樣做是爲了使學生對社會主義有足夠的信任感和責任感。然而這種說敎式的意識形態教育在學生中往往引起相反的效應，這是因爲宣傳的東西與學生眼中的現實有著很大的差距。正是這種差別一針見血地指明了原東德的意識形態教育是如何違背了人性的基本特徵：誠實性、公開性、現實性。原東德達四十年之久的這種強迫性質的意識形態教育，對於教育者（教師）和受教育者（學生）來說無疑是一種「精神強姦」，而且正是這種「精神強姦」促使他們成了「謊言千遍爲眞理」的殉道者。由此可見，這種以共產黨政治爲法碼的教育制度是一種剝奪人自由意識的強權教育體制，這種體制的產生是原東德特定的強權政治制度的必然結果。

在這種以社會主義政治爲主體的學校教育和社會教育中，除了利用課堂、會議和青年活動等形式來實施其特定的意識形態教育外，還有一種更爲非人性化的強化教育手段，即軍事教育。這種軍事教育不僅僅是單純的軍事知識傳授，還是一種階級鬭爭式的教育。由於軍事教育是學校教育中一個不可分割的部分，原東德的學校從某種意義上來講便成了預備軍營，學生們都以今後能參軍爲榮。由於軍事教育在學校中廣泛開展，眞正需要的和平教育卻在一片「爲和平和社會主義而戰」的吶喊聲中淹沒。學生在受教育過程中不但沒有得到和平意識的啓蒙和教育，相反，得到的只是逆道而行的反和平教育。

在原東德社會主義特定的教育目的和教育方針指導下，必然會產生特定的非正常的教育活動和手段，使受教育者在這種非正常的教育過程中逐漸畸形發展。這不僅影響了社會個體正常的身心發展，同時也影響了社會整體的良性發展。統一後的德國，就其本質而言，離眞正的統一目標還相差甚遠。除了社會、經濟、文化等方面的原因外，教育內容的差異也是整個德國眞正統一的障礙之一。共產主義意識形態壟斷了原東德整個教育系統達四十年之久，爲其政治體制培養了大批特定的人才和後備力量。從宏觀上而言，它的教育體制和內容是在與西方世界的民主教育對抗的前提下建立起來的。

眼下雖說德國在國家形式上完成了統一，可是內容上才處於轉變的開始階段。在原東德的學校教育中，共產主義意識形態的教育一直占主導地位，教育本身無任何自由民主可言，實質上是強權政治壟斷了教育。所以統一後的原東德人民強烈要求學校教育改革中，首先要消除那種意識形態教育，也即搬掉那個重重壓在人們心頭上的「政治砝碼」。

然而，消除這種「政治砝碼」不等於取消學校的政治教育。政治教育作爲一門學科不同於原來共產主義意識形態的強權教育，它有利於人們盡快地成爲一個成熟、客觀、具有獨立意識和批評精神的社會個體，有利於社會向著民主和科學的方向發展。這種政治教育是預防產生另一個壟斷政治，創造民主和平社會的基礎之一。

三、結束語

東西兩德的統一，不僅是德國人民的幸福，同時也爲整個世界和平帶來了新的生機。它們的統一，也給歐洲大統一奠定了必不可少的基礎。然而，人們也不能忽略這樣一個事實，統一前，東西兩德之間橫着一座難以逾越的柏林圍牆，正是這大牆隔斷了兩國人民的交往，使他們成了陌生人。統一後，有形的牆是被推倒了，但無形的牆卻在人們心裏築了起來，心靈的鴻溝反而變得越來越深。四十年的隔閡比人們預料的結果更爲嚴重，這一點在教育領域裏也有著明顯的表現。

統一後，在教育改革中，原東德的教師和學生在不同程度上都受到了衝擊，這種衝擊波所帶來的負作用，嚴重地挫傷了原東德教育工作者和受教育者的工作、學習積極性。由此而產生的壓抑感和排擠感，使其在與原西德同行的交往中有一種自悲心理，無形中他們成了「二等公民」。當然，東西方教育者不能正常溝通的原因還在於，原東德的教師所具備的社會主義教育思想理論仍在一段時間內影響著其教育行爲和言行。而這種行爲舉止自然與西德同行的自由民主式教育思想格格不入了。學生之間也是如此，兩種教育制度所造成的差異，阻礙了原兩德學生之間的不斷認識和理解。這種不理解只有在今後漫長的歲月裏通過雙方不斷地努力才能得到逐步的解決。

「重要的是新的開始，而不是對過去如何審判」。這句話是原東德教育工作者的共同心聲，它強烈地反映了原東德人民對目前這種教育改革的不理解和不滿情緒。可見，教育改革的難度是很大的。但只要雙方努力，這場教育改革是一定會取得成功的。

與德國人相比，我們中國人似乎還沒有那麼幸運，具有共同文化傳統的中國人仍然被迫品嘗著民族分裂的苦酒。然而假如中國統一了，面臨的問題將和德國一樣，也許會更多。單就教育而言，統一後的中國將與現在的德國有著很大的相似之處。只要中國未來的教育事業建立在一種和平、自由、民主的基礎上，相信，它是會引起世界高度重視的。

德意志民主共和國國家安全部與它的陰影

許琳菲

一九九〇年十月三日，德意志民主共和國加入德意志聯邦共和國。德國在經歷了四十年的人爲分裂後合而爲一，達到了統一。第一個在原民主德國地區開展工作的聯邦機構爲「聯邦政府處理前民主德國國家安全部人事檔案特別委員會」。可見，如何處理前民主德國國家安全部（Ministerium für Staatssicherheit der DDR — MFS）問題是新生的統一的聯邦共和國所面臨的第一個難題。人們現在習慣上稱此一問題爲目前德國面對的諸多問題之艱巨、複雜的先兆。統一後的具體事實也證明，前民主德國國家安全部問題確是聯邦德國「繼承」的一筆沉重的遺產。它是德國統一後經久不衰的熱門話題。幾乎每天都可從新聞媒體獲知，誰與國安部有牽連，誰又如何受國安部迫害，又有多少國安部特務被挖掘出來……，國安部像一個巨大的陰魂出現在各行各業，其涉及面之廣之深非其它問題可相比擬，光是Stasi（國安部簡稱）這五個字母就足以造成心理上、道義上和社會性的崩潰。

那麼，民主德國國家安全部究竟是一個什麼組織？是一個完全獨立的，還是參與民主德國執政黨——德國社會主義統一黨（SED）決策的機構？其影響力如何？它是如何運轉的？它給統一後的德意志聯邦共和國帶來了怎樣棘手的問題？

一、民主德國國家安全部的建立

在希特勒政權崩潰以後，蘇聯占領當局便著手在蘇占區開始早期的支持組建德國警察系統的工作。一九四七年八月十六日，蘇聯占領當局下達第二〇一號命令，旨在加速蘇占區的非納粹化。

根據第二〇一號命令，㈠要盡快完成蘇占區之非納粹化；㈡將戰犯和希特勒政權領導人交付法庭審判。這個任務由剛剛組建的人民警察擔任。為了執行該項命令，在蘇占區的每一個大大小小，從上到下的警察部門都建立了一個「特警五署」（Kommissariat 5），以「K 5」為標誌。這一警官小組由經蘇聯安全部門特審過的共產主義者組成。小組的領導人都在蘇聯受過特殊訓練，必是堅定的共產黨員。

在執行第二〇一號命令的時候，「特警五署」不僅是執行著警方的命令，還履行著檢察官的職責。從案件的準備到起訴，從逮捕拘留受審人員到爲受審人員提供財產保護都屬於其工作範圍。因此，儘管「特警五署」的公開身份是人民警察的一部分，實際上在整個警察系統中卻占有十分特殊的地位。其權力之大實是使它成了政治警察，成了法律部門的必要輔助機構。

這個「特警五署」便是民主德國國家安全部的前身。一九四八年五月五日，根據德國經濟委員會秘書處決定，建立了一個輔助「特警五署」的機構——「人民財產保護委員會」。該機構的領導人是民主德國第一屆內政部主管人事的艾利希・米爾克（Erich Mielke）。

一九五〇年一月，民主德國政府發表公告，「隨著我國經濟的增長，民主秩序的鞏固穩定，敵人的間諜活動也在加強。敵方電臺的宣傳，非法傳單的散佈是敵人發起進攻前在意識形態上的準備。因此，建立一個我們自己的強大的安全部門勢在必行。……」於是，一九五〇年二月八日，人民議會通過了一項組建國家安全部的法案。一九五二年二月二十日任命威廉・蔡薩（Wilhelm Zaiser）爲國安部部長，艾利希・米爾克爲其秘書。其總部設在東柏林諾曼大街原財政部的一幢大樓裏。國安部又分別在各州設立分部，並擁有各自獨立的監獄。國安部的早期工作人員基本上是「特警五署」成員，但沒有經過正常的法律程序。

國安部擔負著兩大任務：保護政府和監視民衆。

二、國家安全部與執政黨——社會統一黨的關係

二次大戰後，蘇占區的德國共產黨（KPD）與德國社會民主黨（SPD）聯合，合併後稱爲社會主義統一黨（SED）。社會主義統一黨一直是民德的執政黨。

德國國家安全部與社會主義統一黨有著十分密切的關係。國安部是執政黨不可或缺的統治機制之組成部分。國安部也通過其與執政黨之密切關係在國家政策等方面起了很大的作用。

1.國安部與社會統一黨中央委員會之關係

按照德國社會主義統一黨黨章，中央委員會（das Zentralkomitee）是「黨的最高機構」，是黨在國家機器中的「最高代表」。

從國家安全部成立之日起，其部長卽爲中央委員會成員。這就在權力的等級中表明了國安部的政治地位。

威廉·蔡薩原爲薩克森州的內務部長，事先對黨務並沒有多少影響力，也不是社會主義統一黨執委會成員。但在被任命出任國安部長後，便旋風式地成了黨執委成員。一九五〇年

社會統一黨第三次代表大會後，根據德共傳統和蘇共之榜樣，黨執行委員會改稱爲中央委員會，蔡薩也通過黨代會正式補選而進入中央委員會。艾利希・米爾克也同時被選爲中央委員會成員。正因爲此，米爾克成了國家安全部僅次於蔡薩的「第二號人物」。

一九五三年六月十七日起義事件後不久，蔡薩被免去國安部部長職。一九五三年七月二十四日至二十六日，中央委員會召開了第十五次會議，會中取消了蔡薩中央委員資格，理由是他與魯道夫・漢恩斯坦（Rudolf Herrnstadt）等人陰謀分裂黨。半年後，在中央委員會第十七次代表大會上（一九五四年一月二十三日）蔡薩與漢恩斯坦同時被開除出黨。

恩斯特・佛爾維伯(Ernst Wollweber)接任爲國安部部長。佛爾維伯原主管航運業，被任命前同樣不是社會主義統一黨中央委員會成員。九個月後，在一九五四年黨的第四次代表大會上佛爾維伯被選爲中央委員。一九五七年十一月一日，佛爾維伯令人意外地由於「健康原因」辭去部長之職。幾個月後，其「禍因」昭然若揭。一九五八年二月六日之中央委員會第三十五次會議將佛爾維伯開除出中央委員會，理由是他參與黨內反對派之活動。

艾利希・米爾克接任國安部長職爲黨省去了許多麻煩，尤其是幹部政治問題。從一九五〇年起，米爾克就成了中央委員，並也是此後每一屆被選成員。

國安部部長必被選爲中央委員會成員，可以說是國安部發迹史中的一個里程碑。同樣的，正因爲伯魯諾・比阿特（Bruno Beater）和魯地・米梯希（Rudolf Mittig）擔任長期的國安部副部長職，而被選爲中央委員會候補委員，並最終成爲中央委員。

2.國安部與中央委員會政治局之關係

根據社會主義統一黨黨章，中央委員選舉「政治局爲中央委員會之政治領導」。政治局每周二舉行會議，決定黨的具體政策。政治局即德國社會主義統一黨之最高決策機構。在國家安全部存在的近四十年裏，只有一九五三年至一九七一年是沒有部長參加政治局領導人行列的。

蔡薩不僅在第三次黨代表大會上被選爲中央委員，而且也進而被選進政治局。從此他就成了「決策領導小組」成員。此一決策領導小組由社會統一黨中央委員會總書記直接領導，**負責制訂黨的總路線**。

蔡薩被選爲政治局委員是出由何因有待進一步考察。但此舉對於社會統一黨主席瓦爾特・烏布利希（Walter Ulbricht）是十分意外的，這顯然是對他本人的非難。烏布利希不僅迅速地與蔡薩保持距離，並且通過中央委員會決議將蔡薩清理出政治局。在烏布利希執掌社會主義統一黨的年代裏，國安部部長沒有能夠再次進入政治局領導班子。

一九七一年五月三日，社會主義統一黨中央委員會舉行第十六次代表大會，艾利希・何內克（Erich Honecker）取代烏布利希成爲社會主義統一黨主席。六周以後，何內克就設法將國家安全部部長米爾克選爲政治局候補委員。一九七六年米爾克躍升爲政治局委員，此職一直保持到國家安全部崩潰。於是，在何內克任內，國家安全部長又成了社會主義統一黨最高領導班子成員。

在何內克任內，國家安全部與執政黨之緊密合作達到了空前狀態。國家安全部之權力和影響也極度膨脹。米爾克也因此飛黃騰達：一九七五年十二月一日，他被稱爲「德意志民主共和國英雄」；接著被授與四星大將軍銜，在國安部成立三十五週年大會上，何內克宣佈：經社會主義統一黨中央委員會政治局和民主德國部長會議主席提議，鑒於國家安全部在強大民主德國和保衛社會主義各方面的出色成績，授予國家安全部卡爾・馬克斯勳章和社會統一黨榮譽旌旗一面。

從國安部與執政黨的關係可以看出，國安部是一個超權力機構，不隸屬於任何部門，不對議會負責，而只是聽命效忠於中央最高領導層。

三、民德國安部與蘇聯的關係

國家安全部的建立發展歷史中有一個令人費解的現象，就是國安部不是在德意志民主共和國宣布成立的同時誕生的，而是在幾個月以後才有一個建立國安部的法律產生。按照民德共產黨人經常引用的列寧的理論卻是：「任何一個革命，只有當它善於自衛的時候，才有某些價值」。那麼，當烏布利希等民主德國締造者當年在莫斯科與斯大林共同商討成立第二個德意志國家之時，難道存在著太多的政治顧慮，以至於沒在成立共和國的同時建立國安部？還是德國共產黨人從以往的反法西斯鬪爭中，一切聽命於蘇聯而變得弱小無力的痛苦經驗中感覺到不便採用蘇聯模式來組建自己的安全部？

烏布利希清理蔡薩一案的具體理由是蔡薩工作上的無能與官僚作風：「政治局以為，國家安全部部長令人失望。國安部沒有集中精力打擊法西斯分子的地下活動，而是把注意力集中在反對黨的正確性上，並在工作中形成了官僚作風。……在實際工作中，它沒有與工人階級打成一片。」但是，烏布利希的另一番話大概更揭示了事件的內核：「在政治局曾有過一位國家安全部部長，他自認為能控制政治局委員。我不禁要問：這本身是政治局委員要提倡的手法嗎？」

清算蔡薩事件可謂德國社會主義統一黨歷史上富有啓發性的事件，它也許表示了烏布利希想儘量避免類似蘇聯安全機構「契卡(Tscheka)」與蘇共的這麼一種關係在民主德國出現。

但不管怎麼說，何內克上臺後，重新將國家安全部部長請進政治局，卻是明確地想以國安部作爲其統治的支柱。除了何內克在中央委員會分管社會主義統一黨軍事、安全政策之時與米爾克結下了很深厚的關係外，更重要的是想以蘇聯模式建設其社會主義統一黨。因此，民德國安部成了蘇聯「契卡」在民德的再版。

事實上，民德國安部從組建到工作方式都無不參照蘇聯模式。它不僅是按蘇聯「契卡」的結構原則組織起來（參照表一），也直接搬用了「契卡」的實際工作經驗，甚至是秘密工作的程序、審問技巧以及拘留關押所的設備構造等等，在一九九二年開放國安部檔案起，民主德國的公民才知道，國安部在他們身邊做了何種令人恐怖的事情。許多醫生據揭露是國安部的幫兇。從一九九一年十月一日擔任薩克森州內政部長的艾格特（Heinz Eggert）受國安部迫害的事例讓人們很快就聯想到蘇聯勃列日涅夫時期十分普遍的對「持異見者的精神治療」方法。

艾格特出身於羅斯道克（Rostock），曾任東薩克森邦尤平（Oybin）地方的牧師和采濤（Zittau）地區大學生的傳教士。因爲在證道中經常抨擊時政顯要，觀點敏銳深刻，幫助願意離境者，因此，在他的周圍慢慢形成了一種民權運動。一九八九年參加「新論壇」，一九九〇年五月後加入基督教民主聯盟（CDU）。

表一：民主德國國家安全部組織結構圖

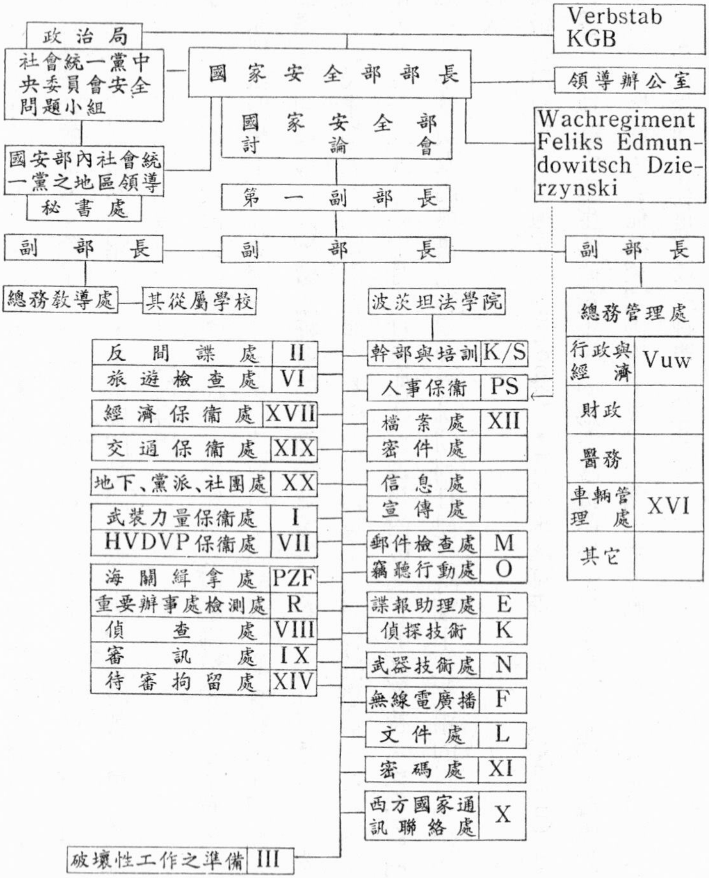

幾十年來，艾格特一直受國安部的盯踪，他的信件每封都被拆閱，電話被竊聽，甚至他的孩子也由同校學生暗中監視。當艾格特擔任大學生牧師後，米爾克的國家安全部就採用了更嚴密的手段對付艾格特。

一九八三年夏，艾格特一家六口去波羅的海渡假。國家安全部早就在那兒作了精密的安排，他的每一舉動幾乎都被拍照和記錄。回程中，艾格特開始發燒，周身疼痛，幾天來一直瀉血。不幾日他的全家也都發生了同樣的情況。雖然艾格特還沒有從他的國安部檔案中找到證據，是國安部人員在他們的食物中放了藥物。但是從檔案中記載的國安部做了很多手腳的情況分析，放毒是十分可能的。

艾格特因此被送進醫院。等待他的是更大的災難。一位被特殊推薦的醫生主治他的病。可是，艾格特的病不但不見好轉，並且強迫接受手術並服用藥水。事後才在他的檔案中發現，這些全是國安部謀殺艾格特的一種手段。自然地，艾格特日益喪失工作能力而不得不辭去給大學生傳道的工作。當艾格特在電視臺向觀衆訴說在「精神病院」的種種遭遇，如何被迫服用有損大腦神經的藥物，如何幾乎完全喪失動彈能力的經歷，有觀衆甚至打電話到電視臺，要求停止播放這一節目，因爲這樣殘暴的事例太刺激神經讓人受不了。

光是艾格特一人，國安部就動用了五十人對他和他全家作二十四小時的監視。這些人當中有不少是他本人親近的朋友。到目前爲止，已將二十二個出賣他的人對號入座。

此外，國安部的官員被毫無例外地送到蘇聯進行培訓。蘇聯方面能將民主德國長期嚴格地控制在自己手裏與其牢牢地控制了民主德國安全部有密不可分的關係。

正像米爾克在慶祝契卡成立五十週年紀念會上說的那樣：「社會主義國家的安全部門從蘇聯契卡學到了如何打擊敵人，民主德國國家安全部之成功經驗是最好的說明。」

民德國安部的個例不又是給東歐共產國家歷史發展提供了引人深思的佐證？

那麼，這個蘇聯「契卡」的翻版到底是如何運轉的？

四、國家安全部之特務機構

要想將國安部的內部運轉交代得比較清楚，了解其間諜系統十分必要。從其間諜組織系統我們也可以了解到民主德國的其它方面。

國安部官員將其下屬間諜稱爲「藍色的」，因爲間諜們的檔案有藍色標記。儘管後來檔案改成褐色，出於某種政治因素，「藍色的」的稱呼一直沿用，但間諜的本身並不清楚自己有這麼一個代號。

一九八九年秋，據估計有一萬名以上的間諜從事著積極的特務工作。從國安部成立到崩潰的四十年裏，大約有五十萬人次爲國安部做過特務工作。也就是說，包括老弱病殘，每三十位民主德國居民內有一位是國安部的間諜。許多人甚至不知道，自己是與一位間諜結了婚。因此可以說，誰將民主德國國安部以及其特務間諜系統了解清楚，誰就是看清了其五臟六腑。

幾乎可以這樣說，世界上沒有一個國家的安全部門能做得像民主德國那樣「完全」、「徹底」。其「成功」的重要原因是國家安全部在全民範圍內造成了一種相互不信任感。每位公民可以懷疑也可以被懷疑，就像恐怖片中的魔鬼，民德國安部無處不在。國安部將人與人之間的相互信任混淆於民衆與國家以及社會主義與社會主義敵人之間的關係，它探聽著，追踪著。幾萬萬民衆深深感受到自己被探聽被追踪。兩者構成了一種恐怖況狀的兩個面，使得追踪者與被追踪者，兇手和犧牲品之間緊緊地糾纏在一起。國安部特務幾乎無所不在也無所恐懼。比如，在教堂內聆聽牧師佈道的，或用微型相機偷拍照片的那些國安部特務大多是微笑著的謙謙君子。人們不會對這種人多加注意或產生懷疑。國安部檢查郵件，偷聽電話，控制報紙，但最好的信息渠道乃是人，通過人——那些特務分子。因此說，這個國家需要特務間諜。

那麼，國安部是怎樣發展其特務組織和培養特務分子？特務的具體工作又怎樣？

一位統一後接受記者採訪的女士這樣說：

「我在柏林市郊的蘇聯文化館畫過宣傳畫。文化館裏共有八位同事說德語，其他的都是俄國人，包括我們的領導。我們有個俱樂部，內設食堂、保齡球館、電影放映室和會議室。那裏經常放電影和舉行冷餐會。國家安全部的人和蘇聯「契卡」成員經常出入此地來打發他們的業餘時光。我在那兒整年地畫巨幅列寧畫像或其他被崇拜的革命導師畫像，或在大紅紙上寫大幅標語，我所畫的內容總是隨著節日的更替而變換。

「我很早就想爲國家安全部做事。這個願望來自那些描述地下工作者或漂亮的女間諜的小說和電影。那時我還很年輕，很理想主義化。不僅想成爲社會主義統一黨黨員，而且想爲之做更多的工作。

「我那時的未婚夫在軍隊裏服役。有一次回家休假被人毒打了一頓。因爲這件事，我在警察局被盤問再三。我後來才知道，這種完全與事件無關的多次提問是典型的『國安部提問』。也就是說，他們已經對我感興趣，可是當時我不知道這一點。

「他們是想以各種藉口與我聯繫並試探我是否同意與他們合作。有一年『五一勞動節』，我正專心畫著宣傳畫，有電話叫我去人民警察局。還沒等我走進警察局大門，有一英俊男士要求我上他的車先談談。我不知不覺地跟他來到一所房子裏。房間裏坐著另外兩人。

我們邊吃點心邊談，總之是，他們設法讓我對國安部的工作感興趣。我現任的丈夫尤力克（JUREK）也在場。他突然從手提包裏拿出一疊照片攤在我的面前。我一看幾乎暈了過去。照片上是我一九七二年在波羅的海療養時與另外兩位男士的戀情。有些照片連我自己都認不出來了。他說，若我不同意爲國安部工作，這些照片就拿去給我丈夫看。我被敲詐了。在我腦子裏只閃過一個念頭：國安部掌握你全部內情，你再也無法擺脫國安部了。於是我點頭同意。

「我爲自己選了羅蘭他（Loretta）這個名字。這是我小時候的一個願望，覺得有一個羅蘭他的名字是件很美的事。這個名字具有西班牙色彩，很有氣質。聽起來帶點冒險和神祕色彩。

「如果民德居民成了國安部間諜，就得到一個新名字。新名字不僅意味著秘密，還意味著此人從今後就成了兩個人，在他面前的是雙重人生。如今我眞的成了羅蘭他，一個我小時候就喜歡的名字。我簽押畫字，表示忠於國安部，嚴守秘密。我的任務是爲國安部觀察蘇聯文化館內部動向，記錄來訪人員姓名。我單線與尤力克（我現在的丈夫）聯繫。通電話都是按固定的套語開始。

「幾周以後來了一位新同事，他總是不停地纏著我問這問那，提許多怪問題。後來我才漸漸明白，他也是為國安部工作的特務。國安部派他意在掌握我的動向。

「那時我還與前夫生活在一起。我必須向國安部寫許多報告，因此都必須在他入睡以後偷偷地寫。我把給國安部的報告藏在女兒床底下。我的這種雙面生活給我很大的壓力，一開始只是精神上的，後來逐漸危及到健康。同時，我與尤力克之間的關係日益見好。這也危及到了我的婚姻。我只好與丈夫分手。後來與尤力克結了婚。……」

羅蘭他成為特務可以說是被國安部敲詐的結果，基點是願意為社會主義統一黨工作。但下面這位特務卻是完全出於對社會主義的信念。

一位國安部工作人員說：「我的世界曾是電話和竊聽器。」

「雖然我從沒有跟人具體地講過我到底幹什麼工作，但我從不隱瞞我在國安部工作的事實。我是出於堅定的信念為國安部工作的。我告訴自己：你必須要敢於吃酸蘋果。打擊社會主義的敵人一定會是十分艱巨的。那時我認為我所做的，是一件十分光榮的事。

「我是職業的國安部工作人員，屬於第廿六部門。這一部門分散在不同的範圍——所有能夠竊聽的範圍，除了無線電通話是由第三部門負責以外。我們竊聽電話，我們稱之為A措施；收聽電臺被我們稱之為B措施；X措施是一個反間諜行動，是找出是否有儀器安揷在我們的工作中；另外還有D措施，指的是對事件進行照相以提供充足的證據。

「我經過訓練成了收聽電話專家。稱專家主要是指對電話內容的分析上。工作要求我能有一種與講話者同時思想的能力，只有這樣，我們才能掌握事情的眞相。我們也得掌握一定的技巧，比如講電話的人將收音機開得很響，我依然能聽清他的講話。在一個區裏，每年都會有上千個電話被收聽。我們也對國安部特務的電話感興趣。我們收聽很多藝術家、教會的電話，目的在於了解他們與誰聯繫，有何新動向等等。」

國安部成功地將特務形象塑造得完美偉大。特務被看成是朋友，是深入敵後，保護我們的人。

那麼，原民主德國安全部有什麼與衆不同呢？可以簡要歸納如下：

①民主德國國家安全部在組織上與西方國家的安全部門不同。它不僅對內，還對外工作並實際執行著警察的工作。它擔負著維護憲法、反間諜、在國外進行間諜活動和政治警察的多重任務。這些工作在西方至少是形式上分開的。而民主德國國安部卻集大成於一身。

在民主德國持不同政見者只允許私下表達。因此，民衆對國家持何種看法必須通過安全部發掘出來。通過安全部可以讓持不同政見者靠邊站、受排擠，可以讓當權者了解民衆的思想和情感。安全部便成了整個社會。國安部偵察到的各種看法越多，民衆的不安氣氛就更強烈。人們將國安部看成是政治警察。

②民主德國國家安全部使用幾乎所有秘密渠道和手段來達到其目的。國安部用來對付居民的方法也是典型的秘密手段。也就是說，國安部不分對象，一概用以非常手段。

國安部的第一準則是：你不必知道；第二準則是：以後你就明白了。

它自稱爲謂「情報局」或「維護憲法機構」，這兩者其實是自相矛盾的。它最重要的特徵是進行秘密活動。正是這種非公開工作有悖於法律和憲法。

與所有秘密機構一樣，民主德國國家安全部的歷史亦即一段人力、物力、財力之陷阱的歷史。達到的結果卻往往違願。這一缺陷與其機制相關，也是所有秘密機構的普遍現象。特務貢特・高阿姆（Günter Guillaume）事件便是一個典型的例子。

民主德國國家安全部成功地將他安插在聯邦德國勃蘭特（Willy Brandt）總理的身邊當時，勃蘭特致力於改善東西方的冷戰局面。當聯邦政府與民主德國就幾項重要協約商討時，協約的各項細節雙方都十分明瞭。但國安部並沒有撤回高阿姆，當他已在違憲邊緣的時候，因爲國安部認爲他是一個油水豐富的安插。結果高阿姆被捕，勃蘭特也因用人不當而不得不辭職。國安部親手將這一東西緩和政策的設計者拖下了臺。

五、一九八九年十二月四日：一個結束的開始

這樣一個組織嚴密的秘密機構卻像是一座撲克牌疊起來的房子，當它的組織結構被公開化以後也隨著社會主義統一黨的倒臺而迅速崩潰。儘管事實如此，還是令人難以置信，為什麼這樣一個軍事化組織，一個將手伸進了各種社會環節，建立了良好運轉關係網，並用武器、成套工作室、交通工具裝備起來的秘密組織會在幾個月內自行倒塌。

一九八九年十二月初，也就是民德政權垮臺的幾周後，那些受國家安全部威脅的民衆開始了瓦解國家安全部的工作。十一月底，十二月初，當他們看到國安部大樓升起縷縷濃烟的時候，便包圍了國安部的中心建築。他們擔心國家安全部會在快完蛋的時候銷毀檔案。後來的事實證明，他們的估計是正確的。

十二月四日，民衆開始了解散國家安全部的行動。

在東德北部重鎭羅斯道克（Rostock），人們在「新論壇」的領導下向坐落在奧・倍倍爾大街的國安部中心推進。這是一個很大的建築羣，內有居住區和審訊關押區。這個高牆森嚴的建築羣給市民們帶來了很大的精神壓力。光是奧・倍倍爾大街的名字就會使人毛骨悚然。

這次行動的目的是阻止國安部銷毀檔案。人們舉起「確保我們檔案的安全」的標語來到大樓面前。近二十二點，被允許進去十來個人與國安部進行協商。民衆要求：將國安部交給人民警察，市民應參加檢查工作，所有房間都應由檢察官上封，成立獨立的國安部工作人員檢查委員會。

後來逐漸讓更多的人進入國安部大樓。羅斯道克地區國安部負責人米塔格(Mittag)上將只好宣布所有工作人員停止工作。這些工作人員在離開大樓前都受人民警察的檢查，這些人民警察是民衆叫來聲援其行動的。人民警察在這次行動中起了相當重要的作用。五日凌晨，人民警察接管了主要通道。民衆選出一個小組連夜將大樓的房間逐一封閉起來。人們也關閉了國安部在本地區內部通訊聯絡系統，並由一位「新論壇」成員和一位人民警察負責檢查，以防止國安部向其它地區或總部調兵遣將，爭取支援。

另一方面，人們請來醫生爲被關押在內的「犯人」檢查健康狀況。人們去請醫生這件事本身可以反映出他們對國安部的一種認識。

各地區國安部大樓也在相同時間被民衆占領。只有柏林諾曼大街國安部的總部是個例外。柏林總部是六周以後的一九九〇年一月十五日被攻占。當時，「新論壇」號召在國安部總部前舉行示威遊行，並建議人人都帶上石塊，以便將總部各出入口封住，來停止國安部的工作。但此一象徵性行動沒有取得預料的結果。中心的一個大門從裏面被打開，於是示威民衆湧進了大樓，他們打開不少房間，抄查、翻閱文件，有的乾脆拿走了文件。這樣混亂了一陣子之後，人們才搞清原來所抄查的是「反間諜部門」。人們對這一部門的檔案沒有多大的興趣，他們想看到的是國安部如何對付自己民衆的檔案記錄。至今都讓人懷疑，那個大門被打開是否是國安部有意將示威者的注意力引向那裏。

在解散國安部行動的最初階段，國安部的領導層還沒有意識到，這就是國安部時代結束的開始。他們以爲隨著社會主義統一黨的倒臺，自己仍可以改頭換面繼續爲民主德國效忠。一位國安部高級官員這樣表示：「我們沒有料到這樣戰無不勝的契卡組織會被自己的人民所推翻。」

六、高克委員會（Gauck Behörde）面對以公里計算的國安部檔案

統一前夕，經民主選舉產生的第一屆民主德國人民議會想盡自己的力量整理這一民主德國的遺產——國安部檔案。一九九〇年八月二十四日幾乎一致通過法案，統一管理國安部檔

案。這些檔案的處理不僅是個法律問題，而且是民德歷史和政治的有力佐證。整理這些檔案可以讓那些被國安部通過各種形式進行過干擾的居民弄清楚，國安部掌握了他們的那些資料，是通過什麼方式進行的。

遺憾的是這一法令沒有被兩德統一條約認可。東西兩方都沒有採納這一法令。民德前總理路德・狄米傑（Lother de Maizière）擔心這樣一條法令會導致兇殺。西德方面則以保護個人資料作批駁理由。於是，一種恐慌氣氛一直籠罩著全德，人們生怕有人利用國安部資料在公共生活中製造不安。檔案中有關政治人物的材料更被看成是烈性炸藥，尤其是在全德第一次大選前夕這一當口。也有人提議將國安部檔案歸入考伯倫茨（Köblenz）的聯邦檔案館。此一提案遭到強烈反對而沒有被採納。但有一點是一致的，那就是要充分利用國家安全部的檔案材料，儘管統一條約中將人民議會所作的法令作了很大的改動。

在八月二十四日人民議會通過的法令中就有組織專員處理該檔案之內容，規定由柏林及各地區分別處理。而統一條約中則規定，在其它五個新加入聯邦德國各州的支持下，由一個特別機構統一處理。各州沒有權力獨自處理此一檔案。根據統一條款，負責處理國安部檔案的專員應該是原民德公民，他由最後一任民德政府推薦，人民議會多數票通過並最後由聯邦政府任命。

約希姆・高克（Joachim Gauck）正是這位由民德政府提名，經人民議會審議通過並受命於統一後的聯邦政府來負責處理國安部檔案的民德公民。約希姆・高克生於一九四〇年，一直在羅斯道克做牧師。一九八九年十月加入「新論壇」，一九九〇年三月至十月爲「九十聯盟」的人民議會成員。一九九〇年十月三日的德國統一日當天接受聯邦政府該項任命。

在約希姆・高克的領導下，組成了一個一千名工作人員的專案組，負責看管、整理和處理原國家安全部留下的檔案。這一專案組即本文開頭提到的聯邦德國在東德境內開展工作的第一個特別委員會。此一工作之複雜是常人難以想像的，因爲受害者的道義權利往往會與高度原則的國家權利發生矛盾；其面對的工作量之大，也是出人意料之外。約希姆・高克成了統一後的大名人。好事的記者像無頭蒼蠅緊緊盯著這位肩負重任的北德佬，希望能從這一民德遺產中得到這樣或那樣的能引起轟動的細節。同時，成千上萬的國安部受害者寫信給約希姆・高克，希望從高克那兒得到幫助，讓他們了解國安部到底收集了他們的什麼材料，誰應該對他們的事例負責。

據估計，約有六百萬聯邦德國公民與國家安全部有關。其中四百萬爲原東德公民，二百萬則是原聯邦德國居民。但這個數字仍不是一個最後定數，因爲要將這浩瀚的檔案作一次清點，就需要一支檔案大軍。單只是對在柏林中心檔案館中未加整理的材料作一分類，據專業人員估計，就需要一個專業人員工作一百二十八年。

爲了告訴人們一個大概的數據，工作人員將檔案總量以公里作了計算。分散在各區域的檔案量約八十公里長。在諾曼大街原國家安全部總部的中心檔案館藏有一百公里長的案卷量。每公里檔案約含有七十宗檔案，約一萬張紙，約重三十公斤。

位於東柏林的國家安全部中心檔案館是一個沒有加窗的封閉式建築物，是該區（Lichtenberg）最重要的建築。其保安措施已達到非常地步。這幢九層大樓建於一九八四年，材料是特優的，牆和地面、樓層面都是加厚的，用以承受數量、重量浩大的檔案。在這九層大樓外面屹立著一棟十二層高的建築，所以外人不能直接看到這十二層高樓後的主要建築。沒有本館工作人員引路，任何人不得進入主樓。在這個中心檔案館原有工作人員三百四十四人。

僅僅這些數據就告訴我們，民德國家安全部書面材料之管理是個異常艱難的任務。一小部分早期的檔案是可靠的，較易處理的；而絕大部分檔案是在民德垮臺時仍在手頭進行的，這部分檔案散布於各個機關、各個部門。也就是說，只有當一個國安部非編制人員——用國安部的專用名詞是 IM（Inoffizieller Mitarbeiter），不再爲國安部工作或者一個案件告終時，其檔案才會收集進檔案館。那些在一九九〇年一月解除國安部時還未進入檔案館的材料，由當時的居民委員會送到了檔案館來，光是整理這一部分檔案已是使人汗面。

中心檔案館以外的地區檔案情況更糟。許多地區根本就沒有正式的檔案館。在敍爾（Suhl）地區，國安部的檔案是堆放在一個牢獄裏；德累斯頓（Dresden）、萊比錫（Leipzig）、艾福特（Erfurt）等地是存在國安部地區行政部大樓內；辛姆尼茨（Chemnitz）地區的檔案存於一片森林中的一個舊廳房內，此廳房被改建爲避彈的現代化建築；在考特步斯（Cottbus）和波茨坦（Potsdam）的檔案保存和工作條件就更是缺乏。只有在敍維林（Schwerin）、羅斯道克和給拉（Gera）的情況稍好些。很顯然，高克機構首先要做的是「搬家」，將部分檔案搬存到較爲合適的地方。

檔案歸類的程度與革命的進程有關：在各地區，人們先後已從一九八九年十二月四日開始占領了國家安全部，並開始做歸類等檔案材料的保護工作。柏林總部是在一九九〇年一月中才被占領的。在考特步斯，人們出於謹慎，將國安部的檔案用圍牆圍起來，以便統一後由國家統一處理。但是，糟糕的是不少文件已經被國安部有系統地毀滅了。民主德國國家安全部與執政黨社會主義統一黨一起近四十年的歷史構成了一部民主德國專制統治史的主線。國安部遺留下的這些檔案資料涉及到了社會生活的各個面：經濟、文化、教育、政黨、社團、教會，是垮臺了的民主德國歷史核心的書面見證。

爲了更好處理這些事關衆人的檔案，在高克委員會的協助下，聯邦議會於一九九一年六月十三日作出決定來制訂法律條規。經過較長時間的討論，有關處理國安部檔案的法律被制訂了出來。這一條律法擔負了從歷史、政治、法律角度對國安部作出分析的責任，當然也爲執法機構提供必要的法律依據。所有國安部的檔案文件必須歸終於聯邦調查委員會——高克委員會，個人占用之有關材料必須交與委員會，違者按情處罰。法律從國安部對涉案者的影響深淺作爲準則對個案分別處理。同時也是爲了防止造成對該當事人的任何不利後果。並決定從一九九二年一月二日起開放檔案。

該法規定，那些原東德的政治犯，被開除國籍的和被迫從邊境遷走的居民等有權優先查閱檔案。不論是東德或西德居民，都可以到高克委員會詢問，自己是否被國安部登記入册。高克委員會爲此制作了申請查閱表格。但是由於人力、物力等各方面的條件限制，申請人有可能會等上幾個月才能看到所希望的資料。儘管後來事實上像美國前總統雷根無須申請，就有人將檔案送去給他自己看。在高克委員會管轄的檔案中，大約有二百萬人的檔案。其中約四十萬是國安部官員和非編制人員之檔案。

一九九二年一月二日，開放檔案的第一天就有三千人次塡寫了查閱申請表，申請人出於不同的動機。例如，有一職員曾在原民德旅行社任職，他認爲一定有人向國安部打他的小報告。他想知道這人是誰；再如一位退休老人，曾在五十年代被人指控間諜而投獄坐牢。他想了解這一切應該「歸功」於何人，如有可能，他將要求司法部門重審該案，爲他平反昭雪。

開放檔案後，人們也漸漸發現不少檔案是不眞實的，要求銷毀這部份檔案。但根據一項法令，那些已發現不確切的資料將加上旁注或者另加頁說明。但高克委員會還不能將這些錯誤檔案銷毀或封存。依法，涉案者或者第三者只能從一九九七年一月一日起才可以申請取消這些檔案資料。

如此浩繁的檔案量在高克領導下經過一年的整理就公開開放，可見其工作作風和能力值得高度讚揚。但是，從開放檔案以來，聯邦政府中對高克委員會以及高克本人也生出過不少非議。認爲高克過多地評論個案，他不該去充當法官的角色，他不過只是個檔案管理員。更有甚者，認爲高克的作風太獨斷、太自作聰明，波昂提醒高克要多加節制，但不管怎麼說，高克委員會面臨的工作量是驚人的，成績也是顯著的。從工作量來說，他所領導的約一千名的人員是遠遠不夠的。尤其是開檔以後，光是一月份就有近三十萬人申請查閱檔案。去年收到的三十六萬份申請表也只受理了其中的三分之一。

所以高克一直努力向波昂政府爭取更多的資助和工作人員。聯邦政府雖早就許諾將委員會人員增加到三千五百人。但由於種種原因，直到一九九二年二月中旬，聯邦議會最後才亮起綠燈，給了高克委員會一千二百個新的職位。估計這批人投入工作後，效率就會大大加快。

七、最難處理的還是人

國家安全部遺留下的這二百零二公里長的檔案固然嚇人，但它是死的，靜止不變的，寫下這國安部四十年歷史的卻是活生生的人。對這六百萬爲國安部工作過的人作出處理是一個更棘手的問題。人們幾乎可以每天從不同的報紙、廣播上得到民德國安部的新消息。

・「昨日清晨七點一刻，Charité（民德最著名的醫院）的技術行政樓：五十四歲的行政主管 Thomas 在沒有得到預先通知的情形下被立即解職。『高克委員會』查明他曾是原國安部人員。一位同事說：他目光滯呆，臉部僵硬，默默收拾了辦公室，無聲地離開。……」（《柏林早報》，九一年六月一日）

・「『高克委員會』指出，洪堡大學校長芬克(Fink)有國安部前科，必須去職。……」（《每日鏡報》，九一年一一月三〇日）

・「基督教會開始從上層核查國安部歷史……」（《每日鏡報》，九一年一二月一〇日）

・「到一九九一年十二月三日止，柏林市政府系統的工作人員已有四五九人因為國安部歷史被解職。這一系統共有工作人員二九、九一一〇受檢查，至今仍有六、九〇六人的

歷史還沒有最後審定。……」（《每日鏡報》，九一年一二月三日）

其中在新聞媒介中最引入注目的當推統一後擔任黨政要職的原東德領導人。對他們是否與原國安部有過合作的歷史，引起了公衆的關注。現擇要介紹幾個案例。

1. 狄米傑（Lother de Maiziére）

狄米傑是首屆也是最後一屆自由選舉出來的民主德國政府首腦和統一後的聯邦政府部長，因爲捲入國安部事件而不得不辭職下臺。

現年五十一歲的狄米傑出身在一個胡根諾頓（Hugenotten）家庭。一九七五年前擔任交響樂團的中提琴師。同年通過函授學習結業成爲律師。一九七六年參加東柏林的律師講習班，目前民主社會主義黨（POS）主席根西（Gregor Gysi）和何內克案辯護人Friedrich Wolff 都是那時候的律師同事。狄米傑從一九五六年起便是東德基民盟（CDU）成員，但並沒有在黨內任要職。作爲律師，他主要爲持異見者、基督教徒和反對社會主義統一黨政府人士出庭辯護，來反對官方的專斷和國安部的干涉。

一九八五年，狄米傑參加基督教東德邦會議競選，並於一九八六年擔任該會議副主席。從一九八七年起在東德基民盟「教會問題」部門工作。一九八九年十一月初參加基民盟主席競選，以絕對多數獲勝當選。同月十八日身爲基民盟主席的他成爲社會主義統一黨莫多羅夫（Modrow）政府內的副總理和宗教部長。之後，他得到聯邦總理科爾和西德基民盟的競選支持，在一九九〇年三月十八日的東德首次自由選舉中獲勝，並於四月十二日當選東德總理。他領導的政府以平等的身份擔負起了兩德統一的談判。

一九九〇年十月三日，東德加入聯邦德國，同日，狄米傑結束了他東德總理之任期，成了聯邦科爾內閣的不管部長，並被選爲全德基民盟副主席。

從高克委員會管理的檔案材料中可見，從一九八一年十二月起有一位假名「Czerni」的國安部非編制人員。該人被派往監視基督教會。八十年代後半期該人也應該是東德基督教宗教會議成員。但資料中卻沒有發現該人做過何種口頭或書面的報告。與該人接頭聯絡的國安部官員的資料至今還沒找到，但是狄米杰和"Czerni"的檔案都留有明顯的被部分撕去的痕跡。這些資料中的「Czerni」與狄米傑完全符合，但全部資料並不表明該人自己知道是國安部非編制人員。

狄米傑表示在他律師工作範圍內自然與國安部有過交往，但他從沒有簽字爲之工作或者接受過金錢物質之報酬。沒有人因爲他而遭受不幸，他從來就不曾是國安部的非編制人員。

但不管如何，因爲狄米傑解釋不清資料中的事實，迫於壓力不得不辭職歸鄉。

2. 根西（Gregor Gysi）

從開檔以後，有人發現自己的醫生爲國安部工作，有人又發現自己的律師也爲國安部工作。

在原民主德國民主鬥士，女畫家波利（Bohley）和九〇聯盟／綠黨議會成員波柏（Poppe）的檔案中，發現有一假名「Notar」的國安部非編制人員。這一「Notar」很可能就是他們當時的律師，現今的民主社會主義黨（PDS）的主席根西。「Notar」的任務是「防止地下政治活動的開展」。從檔案材料看，他不僅將他委託人的情況報告給國安部，而且還提供了個人的法律評語。

在波柏的檔案中記載著，在他與律師根西於一九八四年一月四日會談後的同一天，這位「Notar」就將波柏的材料送給了國安部。波柏指出，如果根西與「Notar」無關，那麼此一「Notar」也必定是根西周圍的人，或者該人是運用技術工具偷聽了根西與其委託人的談話，否則就很不可思議。因爲材料中的各種細節只有當天在場的人才能描述得如此精確。

稍後，一九八二年去世的東德政府批評人哈佛邁（Havemann）的遺孀在她丈夫的檔案中也發現當時她丈夫的律師根西與一位叫「Gregor」的非編制人員有關。這位「Gregor」

把與哈佛邁談話的內容送去了國安部。她認爲，這位非編制人員「Gregor」只能是律師Gregor Gysi。

根西多次表示從沒爲國安部工作過，但作爲這些政治人物的律師曾與社會統一黨中央委員會國家律法部代表進行過公開對話。他深恐身邊可能存在的這位「Notar」，並希望儘快能將案子搞清楚。

在本文前半部分談及過國安部在民德政治中的重要地位，因此不少人以此一超權力機構爲跳板，在政治上獲取資本，進入統治上層。有人猜測根西是否也出於此一動機而效忠於國安部。根西反駁道，他那時若想有政治影響力的話，就用不著以這種方式，他儘可以從其他渠道直接進入中央委員會。

直到今日，高克委員會沒有再發現關於根西的新材料。據高克委員會發言人意見，一般情況下假名不會直接用該人的本名，當然也不能排除例外。

3. 斯道坡（Stolpe）

現任布蘭登堡邦總理的斯道坡（社會民主黨）也被指責在他擔任民德基督教會領導人時曾與國安部合作過。並且要他趕緊下臺其中來自基民盟的呼聲最高。一九九二年二月中組成了斯道坡專案小組，調查斯道坡與國安部的關係。斯道坡的態度遠較狄米傑強硬，表示自己雖與國安部人員有過接觸，但他本人絕不是非在職國安部人員，並拒絕辭職。社會民主黨幾位正副主席先後替斯道坡的名譽作保，但基民盟則認爲斯道坡明顯地與國安部合作過。而斯道坡本人在多次新聞發布會上強調：「我決不是告密者。」

狄米傑去職後彷彿從政治舞臺上銷聲匿迹。但一九九二年年初起又有人提議他重返政壇。例如，基民盟的一位女部長就指出，若斯道坡仍在位，就沒有理由將狄米傑排斥於政壇之外。按這位女部長的意見，狄米傑的案子與斯道坡的案子相似：兩人都受聘於基督教會要職，都與國安部人員有過交談。兩人都被列爲國安部非編制人員名單而本人聲稱不知有其事。因此，對他們的處理也不能造成目前這樣的兩種結論，彷彿狄米傑是特務分子，而斯道坡卻是民主鬪士。她給狄米傑打氣，表示支持狄米傑東山再起，重新在黨政機關任職。

關於根西案，從三月中旬以後很少有激烈的文章出現。絕多報導沒有從國安部檔案中發現更新的材料。由此可見，除非有一天有誰在國安部檔案中發現關於根西的重要材料，否則，根西案便會不了了之。

在斯道坡案件的處理過程中，一向對國安部歷史持偏激態度的基民盟慢慢察覺到，對國安部的歷史不能像處理狄米傑那樣匆忙草率，必須比以前更愼重對待之。因爲在國安部非編制人員名單上的人，並沒有充足的理由證明該人也爲國安部工作過。

處理國安部檔案實質上是如何面對民主德國歷史的問題。如果將一九八九年、一九九〇年稱作爲歡呼德國結束分裂達成統一的自由、歡樂、期望之年；那麼，九一年和九二年則是高潮後的痛苦時期。前民主德國國家安全部問題實是這一痛苦時期最棘手的問題。它像一個巨大的陰魂久久不會散去。它將會再將聯邦德國折騰上幾十年，乃至更遠。

從馬列主義到民主社會主義

——「民主社會主義黨」的意識型態轉變與困境

孫善豪

一、「召喚亡靈」

列寧在一九一七年「十月革命的一聲砲響」中，號召「丟掉骯髒的舊襯衫，穿上整潔的衣裳」。於是各國「社會民主黨」(SP: Sozialdemokratische Partei) 中激進的革命家們紛紛獨立出來另組「共產黨」(KP: Kommunistische Partei)，成立「第三國際」。彷彿社會主義運動至此已不必再「召喚亡靈」、不必再用過去熟悉的母語來翻譯初學的外語，而可以用自己的新的符號大大方方地表達新的世紀了。

但是七十餘年之後，這件「整潔的衣裳」終於被指認出只是「國王的新衣」而已。共產黨國王從衆人的讚美阿諛聲浪中一下跌落成恥笑羞辱的焦點——一九八九年十月十七日，匈牙利國會率先刪除了憲法中對共黨領導權的規定；十月廿九日捷克斯洛伐克；十二月一日德意志民主共和國（東德，DDR）跟進：十二月廿二日，羅馬尼亞修塞斯古（Nicolae Ceausescu）倒臺：十二月廿九日波蘭：一九九〇年一月十五日保加利亞：一月廿二日南斯拉夫，共黨都失去了憲法上所規定的一黨專政特權：蘇聯老大哥，這個社會主義祖國，也在三月十五日取消了一黨專政，九一年八月廿二日，立陶宛禁止共黨活動，九一年十一月六日，十月革命前夕，俄國總統葉爾欽（Boris Jelzin）宣布解散俄國共產黨——。倉皇的共產黨國王手足無措，慌亂間順手抓起那件一度被丟棄的「骯髒的舊襯衫」來遮蔽裸露的瘦弱的軀體——八九年十月九日，匈牙利社會主義工黨（USAP）解散，另組匈牙利社會黨（USP）；九〇年三月保加利亞共產黨（BKP）改名保加利亞社會黨（BSP）。東德的共產黨國王在撿起舊襯衫時還不忘把它翻過來穿，以免和那個始終穿著舊襯衫的同僚相混淆——九〇年二月四日，「德國社會主義統一黨」（SED: Sozialistische Einheitspartei Deutschlands，一九六四年由東德境內的德共KPD和德國社民黨SPD合成）正式改名爲PDS: Partei des Demokratischen Sozialismus：「民主社會主義黨」。

「召喚亡靈」的鬧劇又上演了。正如同路易・波拿巴召喚他叔父拿破崙一樣，共產黨現在也在召喚那個它所由出的社會黨或社會民主黨。甚至，就像倒着放映一部紀錄片一樣，歷史的次序被倒著重新排列了一遍：在一九六四年併入SED的「德國共產黨」（KPD），九〇年一月卅一日又重新成立了；之前在一九二二年近乎解散的「德國獨立社民黨」(USPD)在稍後的九〇年二月十八日又再成立一次——儘管它們的勢力是微不足道的。

回到過去的起點、叫死人復活，誠如馬克思在《路易・波拿巴的霧月十八》中所說的，只是「廻避在現實中去解決某一任務」，只是「使舊的革命幽靈重新遊蕩」。左派已經束手無策了，只能用「吃大鍋飯」的精神自我安慰：柏林自由大學退休教授福列希坦（Ossip Flechtheim）說：「馬克思主義在危機中，好。但是今天什麼不在危機中？民主政治不也在危機中嗎？」柏林洪堡大學教授克藍那（Hermann Klenner）說：「馬克思已經沒有回頭路可走了，正如同霍布斯或黑格爾也已經沒有回頭路可走一樣。」哥廷根大學教授倭希那（Walter Euchner）在回答哈維（Václav Havel）「社會主義」一詞已成了用慣了的警棍，不如丟掉」的批評時說：「社會主義是一個觀念，而觀念是不會保持緘默或讓自己消滅的。觸礁的只是馬列共產主義，而不是整個社會主義觀念。」於是社會主義的未來只能在它的過去裏尋找：首先要從史達林主義倒退回馬列主義，然後回到馬克思主義，甚至回到馬克思還沒有成爲社會主義思潮中「超級大師」之前的那個各派社會主義紛雜並陳、百家爭鳴的時代。「社會主義」重新成了一個衆說紛紜、莫衷一是的概念。「整合」、「團結」是當前的任務——一如是上個世紀末所彷彿已經完成了的任務。

二、從SED到PDS

分裂預設了統一，一如統一預設了分裂。而德國左派在東德由統一退回分裂，正是從德國由分裂邁向統一那一刻開始的。

使用「分裂」這個字眼來描述德國左派，顯然並不恰當，一如「統一」這個字眼並不能精確地表達「聯邦德國兼併民主德國」此一事實。但是如果「資本主義社會市場經濟戰勝了、並依照自己的形象改造着社會主義計畫經濟」的過程可以稱作「統一」（這裏令人想起列寧的名言：「和平，就是把敵人徹底消滅乾淨」），那麼，「分裂」也就可以意指：德國社會主義統一黨（以下簡稱SED）失去了它所一度取得的左派陣營中的勝利者地位：被它打倒在地的對手現在又「從地上汲取新的力量並且更加強壯地挺立在它面前」了。

八九年九月十日，匈牙利開放了對奧地利的邊境。東德居民於是蜂湧地從這個缺口進入西德。十月四日，東德政府急急忙忙地收回社會主義兄弟國之間自由往來的情誼，限制德匈的免簽證過境。但是數萬名東德居民已經在短短幾十天裏升入西方天堂世界了，其餘大多數還沒有出走或是沒有能力出走的東德人的旅行機會卻頓然被取消。這在整個東歐當時動蕩的氣氛的背景下，當然地點燃了東德人民長久被壓抑的不滿情緒。自九月初以來陸陸續續的示威活動於是漸次升高。反對派的口號此時並非德國統一，而主要是集中在「旅行自由」和與此直接相關的政治民主化。

十月七日，民主德國四十周年國慶，在歐杭尼恩堡（Oranienburg）非法成立了東德社會民主黨（Sozialdemokratische Partei der DDR）。這個黨的成立是饒富意義的：首先，它並不是由 SED 脫離出來的。儘管 SED 是由 SPD 與 KPD 合併而成，但是 SPD 的組織、意識型態卻在 SED 中一無保留：SED 與其說是兩黨的「統一」，毋寧說是 KPD 對 SPD 的「兼併」。於是東德社民黨的成立，如果有它自己的典範，那麼這個典範也不是「在夙昔」，而是西方的各社會民主黨——主要的當然是德國社民黨（SPD）。因此，其次，東德社民黨的成立也標誌了日後德國統一的起點——儘管「德國統一」當時尚完全不在日程表上。

德國統一就是東德完全依照西德的形象而被改造——首先是在政治、意識型態領域，然後是在經濟領域。在政治領域中，西德的主要政黨：基民盟／基社盟（CDU/CSU）和自民黨（FDP）在東德都向來存在著相應的組織：東德的基民盟（CDU）和自民黨（LDPD）——儘管它們只是所有社會主義國家中都有的尾巴黨。這些相應的「對口黨」立刻在西德各黨強大勢力的支持下發展成了它們在東德政治中的代言人。而正是由於東德政黨西德化，於是在九〇年三月十八日大選之後，德國統一乃能完全依照西德執政的基民／基社與自民聯合政府的意志而順利地完成。

西德的社民黨當然並沒有在這個建立「對口黨」的競賽中缺席：東德的社民黨順利地成爲了它在東德的代表。儘管東德社民黨的主要組成分子是教會人士，他們的想法並不與西德社民黨（以工人和中小企業主爲主幹）完全搭調，但是西德社民黨並沒有與 SED 這個工人政黨聯盟的意思——SED 或是後來的民社黨（PDS）不僅被它的天敵資本家們，甚至也被它的階級兄弟們，避若蛇蝎：它被拒斥在從聯邦到各邦、各市的所有聯合政府的門外。

八九年十月十八日，SED 中央委員會第九次會議選出克倫茨（Egon Krenz）繼何內克（Erich Honecker）爲總書記。十一月八日，中央委員會第十次會議上，克倫茨宣布黨的「向革新邁步」（Schritte zur Erneuerung）：「社會主義社會只能夠是一個民主的社會」；「我們的社會過去已經做到了社會安全、高度而多面的教育，這些都是個人自由發展的前提。現在仍然必須去做的，是那些對個人自由發展所必不可免的：公民在社會未來發展與個人自我發展之更佳條件等大問題上的實際的發言權」。但是主要生產工具的社會佔有、工人與農人的政治權力、共黨與其他民主黨派的領導則是「革新的基礎」，是不容動搖的，否則將帶來「社會的混亂」、「社會主義與資本主義間界限的混淆」、「不穩定的工作」和「社會不安全」。

新的領導向革新所邁開的第一步並不是憲法第廿七、廿八條所規定的意見、言論與集會的自由，而是在十一月九日開放了捍衞東德廿八年的柏林圍牆。在此之前，東西兩德在圍牆的兩側各自建立了它們自己的國家認同，任何人都不會認眞地相信分裂的德國會有統一的一天。但是這堵認同的藩籬一旦開放，德國統一也就提上日程了。

十二月九日，在一波高過一波的示威反對聲浪中，在「一個勝似一個的革命戲劇效果」中，SED 召開臨時黨大會，選出居希（Gregor Gysi）爲黨主席。十七日，改黨名爲 SED-PDS（德國社會統一黨—民主社會主義的黨）。同一天，東德基民盟的臨時黨大會則提出了改革的新方向：「反對社會主義，立刻統一德國」。儘管十一月廿五日一項問卷調查還顯示，多數東德人仍然支持社會主義，但是現在擺在東德人民面前的兩條道路已經不是「社會主義或者野蠻」，而是「統一或者不自由」了。

九〇年二月四日，SED 決定放棄價値卅億馬克的黨營企業，並且將「SED」字樣從黨名中刪除。自此，民主社會主義黨（以下簡稱 PDS）表明了與它過去的全面決裂。

三月十八日，原被看好的社民黨在東德大選中慘敗。「左派」勢力一步步被擠出德國政壇。十二月二日全德大選，大勢底定：右派的基民盟／基社盟與自民黨組成聯合政府，而左派的社民黨、PDS 與綠黨／九〇聯盟，則彼此分立地成爲聯邦下議院中的反對黨。

三、社會主義的主要流派

在德國上演的這齣左右分合的戲，是全世界九〇年代舞臺中的一幕：當歐洲共同體(EG)正不斷向著單一化邁進的時候，東方社會主義集團卻在加緊分裂。

社會主義或共產主義，是資本主義如影隨形的鬼魅。亦卽：資本主義是什麼樣子，就會有什麼樣子的社會主義——《共產黨宣言》如是說。

依此觀點來看：旣然一次世界大戰是資本家對抗資本家的戰爭，那麼在這個戰爭中，由工人所聯合起來的第二國際也就似乎是不可避免地會分裂了。二次大戰後美國雖然成了西方國家的領袖，但是卻沒有對其他西方國家強制性的宰制力量，那麼，蘇聯在社會主義世界中相應的卻是強制性的領導權，也就顯得極不相稱以致一再受到挑戰了。現在，當西歐資本主義國家還在跌跌撞撞地走在統一之路上的時候，如果東歐集團卻仍然是統一的，倒反而將是件奇怪的事情了。換言之，十月革命應該被看成是一場早熟的革命，而在東方所建立的

「社會主義天堂」也應該被看成是因陋就簡的違章建築。

社會主義運動在十月革命中達到它的高潮，此後就在東方和西方分別退落成不同的形式：在東方的蘇聯，變成史達林主義和托洛斯基主義；在西方，則變成民主社會主義和歐洲共產主義。

十月革命的理論指導，是第二國際的馬克思主義（它是由恩格斯所詮釋的、與馬克思本人的思想已有所出入的一套學說）經由列寧予以加工後的「馬列主義」。第二國際的馬克思主義者們相信：二十世紀初已是資本主義全面崩潰的前夕，大革命卽將到來，工人階級必須（必定會）團結起來消滅資本主義，建立以生產工具公有爲核心的社會主義社會形式。但是幾乎所有主要的第二國際領袖都沒有預想落後的俄國會是革命的主力，卽使俄國的無產階級革命成功了，那也只意味了點燃西歐革命的引線而已。而列寧在馬克思主義理論上的貢獻則在於：他打破了西歐社會民主黨人對「國家」的迷信（認爲非等到時機完全成熟，亦卽，非等到工人階級壯大到足夠的程度，就不能奪取國家政權），而主張利用適當的時機（例如一次大戰在俄國所造成的大災難）由城市工人聯合農民進行革命，先建立無產階級專政，然後由這個專政政權來建設一個社會主義的（社會化的）經濟（與此相反，第二國際理論家們認爲必須先由資本主義造成社會化的經濟，然後才能有社會主義革命）。

這樣的大革命，無疑是人類史上一個嶄新的實驗。現實不斷向實驗者提出一個又一個「怎麼辦？」的問題。列寧並沒有來得及在有生之年一一解答，而不同的方案則在他身歿之後分裂成了史達林主義和托洛斯基主義，分裂的焦點在「一國社會主義」或「不斷革命」。史達林主張在蘇聯範圍內先行建設社會主義（包括工業化、集體農場等），以抵抗西方資本主義，由此乃造成了高度集權、以國防工業帶動其他工業、剝削農業以便進行工業化，以及龐大官僚化、特權化的「史達林體制」。與此相反，被史達林驅逐而另組「第四國際」的托洛斯基則認爲：社會主義成果必須被保證在全世界（尤其是西方資本主義國家）的社會主義革命上；蘇聯的任務並非先行建立社會主義，毋寧是向全世界推銷革命；「一國社會主義」其實是民族主義，是與「國際主義」背道而馳的；「第三國際」在史達林主義的引導下，只能成爲蘇聯外交部的附屬組織，而完全喪失了原應具有的意義。

在另一方面，由十月革命所刺激的西歐各國革命紛紛挫敗了。革命的退潮把西歐社會主義者們刷向自己民族的範圍（例如葛蘭西〔Antonio Gramsci〕，他認爲義大利革命的時機儘管已經成熟，卻因爲它的特殊文化背景而阻礙了革命的進行，所以義大利共黨的首要任務毋寧是爭取「文化霸權」〔Hegemonie〕，爲革命的主觀條件奮鬥）、刷向社會中的邊緣分子（如馬庫色〔Herbert Marcuse〕，他認爲工人已不再是革命的動力了，取而代之的將是那些沒有被社會整合進去的邊緣分子，如學生、婦女、少數民族等等）、刷向學院的宮牆之內。當他們從猛烈的浪潮拍打中清醒過來的時候，卻發現他們的跟前佇立著一位笑盈盈的舊友：那是沒有被捲進革命的、「冷靜的」各國社會民主黨人。

當史達林「一國社會主義」在東方逐漸勝利鞏固的時候，西方的共產黨（作爲蘇共的如影隨行的鬼魅）和社會（民主）黨也從五〇年代起有了它們的新發展。

「歐洲共產主義」（Eurokommunismus）雖是七〇年代才出現的詞彙（有三個人都宣稱他們是這個字的發明者：義大利記者巴比利〔Frane Barbieri〕、義大利一日報〔*La Stampa*〕主編李維〔Arrigo Levi〕和神學家德拉諾瑟〔Auguste della Noce〕），主要用以指涉義大利共產黨（KPI）和西班牙共產黨（KPS）的獨立路線，但是早在一九四六年東柏林的德共領袖阿克曼（Anton Ackermann）就已提出過以異於蘇聯的方式通往社會主義的主張了。而五〇年代起，更有共產主義理論家如奧地利的費舍（Ernst Fischer）和法國的嘉洛迪（Roger Garaudy）與「世界革命進程理論」保持距離，轉而認爲民主是通往社會主義之路，而社會主義也必須是完全的民主主義。此後，「社會主義」與「民主主義」間的不可分離的連續性就愈來愈鮮明地標誌了歐洲共產主義。一九八一年底，義共更認爲：波蘭的局勢已證明自十月革命以來的發展至此終結，此後社會主義的發展愈來愈賴於

「發達的資本主義國家，尤其是西歐，之觀念以及其民主的和社會主義的成就」。一九八八年義共第十八次黨大會上更指出：民主並非「一條」通往社會主義之路，反而是「唯一」通往社會主義之路。一九九一年三月，隨著東歐局勢的演變，義共也像 SED 一樣脫掉了「共產」的舊襯衫，換上了新衣裳，改名爲「民主左翼黨」（PDS: Partito Democratico di Sinistra），並試圖結合共產主義者、左翼天主教勢力、綠黨以及其他民主運動而成爲一個新的左翼全民政黨。

類似的發展也見諸西班牙與法國：一九八七年西共中央委員會要求「『工人運動』與『新的社會改造運動之價值與內容』間的綜合」；一九九〇年法共總書記馬榭（Georges Marchais）則認爲「社會的社會主義轉型，亦即社會中所有領域的徹底民主化」，是法國擺脫資本主義危機的唯一出路。

如果「社會主義」與「民主」之間的緊密聯結標誌了「歐洲共產主義」與「東方正統共產主義」間的差異，那麼，「社會主義」與「資本主義」之間的對立則標誌了「歐洲共產主義」與（社會民主黨之）「民主社會主義」間的差異：儘管西歐各共黨皆強調民主程序，以致很難與傳統的社會民主黨有所明顯區別，但是共產黨始終沒有放棄向社會主義過渡之目標；而各社會民主黨則由於甚少再批判資本主義、甚至不再使用「資本主義」這個字眼，以致往往已被看成不再是左翼而是中間政黨了。

「民主社會主義」（demokratischer Sozialismus）一詞是一九五一年新成立的「社會主義國際」法蘭克福╱M第一次大會上所提出的：「社會主義只能經由民主而實現，民主也只有經由社會主義才能完成」（《民主社會主義之目標與任務》）。一九八九年社會主義國際斯德哥爾摩大會上更對「民主社會主義」之原則作了進一步說明：它是「一個國際性的自由、社會正義與團結的運動」，其目標是「一個和平的世界」，使每個個人都可以「在民主社會範圍內的人權與公民權的保證下」，「充分發展她的或他的個性與才能」，以營一有意義之生活。

社會主義國際中居領導地位的德國社民黨(SPD)一九八九年制定了新的《柏林綱領》。綱領中認爲：迄今的「僅只追求進步」的發展已經「沒有前途」了；「社會目標」應該優先於個人經濟之利益；社民黨要「在整個社會中、在經濟中、在工作職位上實現民主，並限制經濟權力，對之加以民主控制」，此外也要求全民對話、要求普遍的關於社會改革之共識、要求強化工會、要求決策的多元化等等。這些要求，毋寧皆可視爲是對「民主社會主義」內容之補充。

四、PDS的「民主社會主義」

現在，當「實際存在的社會主義」全面崩潰的時候，社會主義意識型態也必定要相應地有所改變了：馬列主義乃至史達林主義開始放棄自己，轉而向民主社會主義靠攏。於是SED擷取了它的新的意識型態的標記：「民主社會主義」。

單從字面上看來，似乎從十九世紀末以來分合無定的社會主義思想運動，現在終於「萬流歸宗」，滙聚於「民主」這條航道上了。確實，就九〇年二月《民主社會主義黨綱領》來看，PDS的主張實在並無所異於社會主義國際的民主社會主義主張：「民主的社會主義，對我們而言，意味了對一個和平、人性與團結的社會的主張，在這個社會中，每一個人都能夠與別人共同地發展，並且平等地參與經濟、政治與精神文化的生活。民主的社會主義對我們來說不是個封閉體、不是個我們在短期內就要在德國土地上建立起來的社會體系，反而是一條道路、一個恆久的任務和要求」。

PDS所抱持的價值是：一、個體性；二、團結；三、正義；四、有意義的勞動與休閒；五、自由、民主與人權；六、自然保育；七、〔社會〕內部與外部的和平。它所欲完成的目標則是：個人的自由發展；法治國；具有高度社會安全與生態安全、機會平等與個人自由的市場經濟；兩性的眞正平等；保障扶助社會中老幼殘障等弱者；地方自治；青年在政治、職業、文化上的多元可能發展；一個各方面自由發展的文化社會；全世界的和平與合作。

但是PDS畢竟不是SPD，在它們主張的一切相似性之外，仍然有所差異：亦卽歐洲共產主義與民主社會主義間對資本主義態度之差異：前者認爲資本主義是向社會主義過渡之基礎，後者則認爲在資本主義內部就可以完成社會主義之理想。PDS雖然承認：「資本主義是經濟上有效能的，並且也豐富了世界文明」，但是也同時指出：資本主義「不能解決整體人類對保障和平、裁軍、自然生態平衡的要求、不能保證社會正義。強大的資本主義工業國家大多以發展中國家爲代價，來保障它們自己的財富。它們阻止了一個正義的世界經濟秩序的建立」。

要解決這個問題，就「需要當代全部的現代進步社會理論思想的財富」。PDS批判地汲取了「卡爾・馬克思和菲特烈・恩格斯、威廉・李布克內希和奧古斯特・貝貝爾、艾德伍・伯恩施坦和卡爾・考茨基、蘿莎・盧笙葆和卡爾・李布克內布、W.I.列寧和安東尼歐・葛蘭西的觀點以及他們的後繼者的各種發展」（這些耳熟能詳的思想家之間的許多歧異與爭論，顯然是被輕易或有意忽略了），但是它並不宣稱壟斷了眞理。它明白地：它表示作爲「德國的社會主義政黨」，是「廣大的追求和平、民主與社會進步的國際性民主與左派運動」中之一員，它將「與所有致力於以人性方式解決當代整個問題的各種勢力共同努力」。

這些勢力，主要包括了：社會民主黨、綠黨，以及新社會運動（環保、婦女、民權、學生等等）。其中社會民主黨無疑是最龐大的勢力。PDS 的主流派（以黨魁居希爲首）即認爲：「在社會正義的方向中改變社會結構，如果沒有 SPD 甚或反對 SPD，則這種改變幾乎是不可能的」。《綱領》也反映了此一觀點，因此特別呼籲「與社會民主黨的伙伴關係」。而黨內的死硬派（以副主席之一的史托騰〔Inge Stolten〕爲代表。他是漢堡的作家，原西德共黨〔DKP〕黨員）則認爲：任何「改革」都會在資本主義社會中被「導入軌道」，因而只會延長資本主義的宰制。此派因此拒絕與社民黨合作，主張「反抗文化與反社會」（Widerstandskultur und Gegengesellschaft）。

然而，無論 PDS 本身的合作意願如何，SPD 卻是堅定地不與 PDS 同流的。九〇年九月 SPD 黨大會上，當時的黨魁弗格（Hans-Jochen Vogel）就對 PDS 黨員進行心戰喊話：「或者，你們認眞，那麼你們就是多餘的；或者，你們欺瞞，那麼你們就是不可信賴的。二者必居其一，沒有第三種可能」。PDS 的理論家們抨擊 SPD 的壟斷德國左派勢力的企圖，認爲九〇年全德大選時 SPD 主張百分之五的門檻規定對 PDS 一體適用，就是企圖將 PDS 摒除於聯邦國會之外的表現。在 PDS 理論家們看來，這種壟斷的心態是昧於現實的，因爲自八〇年代起，就已經有另一個左派政黨存在於 SPD 之旁了：綠黨。這種情況，在瑞典、丹麥、義大利等國家皆然。因此，在社會民主黨之外存在著其他的左派勢力，毋寧已非理論上的問題，而是實踐上的現實了。正是這個現實，證成了（rechtfertigen，justify）PDS 的繼續存在；也正是這個現實，驅迫著各個左派力量在和平共存的基礎上進行合作，以彼此增長擴大。

儘管左派勢力的分立在西歐各國皆然，但是德國情況的特殊卻使得 PDS 的處境格外困難。首先，德意志民主共和國的自行解體，完全不是 PDS 或它的前身 SED 的設計。換言之，PDS 對於「以資本主義社會市場經濟改造社會主義計畫經濟」完全沒有任何準備。倉卒之間，它成了整個統一過程中的犧牲者，只能抗拒統一而無力參與統一，於是它只能被排斥於政治中心議題的討論之外，任由西德強大的勢力凌駕東德。較乎各西歐共產黨，PDS 顯然是格外無力的。其次，SED 的昭彰惡名——主要是國家安全部（Stasi）和龐大的黨營企業——並沒有因爲換一個名字就完全與 PDS 絕緣：任何人都知道它是 SED 的繼承者，因而它也繼承了一切黏附在那個舊標籤上的惡劣的印象。事實上，黨魁居希也承認：PDS 目前工作的重心並不是在聯邦國會，而是在與調查國安部的高克委員會(Gauck-Behörde)

和清查黨營企業的託管局（Treuhandanstalt）打交道。這些沉重的歷史包袱，把PDS壓縮成了彷彿只是個破產自殺者的遺孤，只等債務清理完畢，它就立刻可以被歷史埋葬一樣。它的未來只是它的過去，除此別無他物。根據黨中央統計，它的黨員從過去的二百三十萬驟減到十八萬，而在西德則只有六百人。這樣一個沒有前景的處境，使得PDS面臨了一個連僅僅保存自己存在都成了問題的危機。而這也是西歐各個有久遠歷史的共產黨所未曾經歷過的。

「勸誰，就是認誰做主」。當PDS企圖勸說SPD放棄壟斷德國左派勢力的時候，其實正好證明了它自己的無力。而一個無力的政黨，是沒有資格要求其他政黨與它合作的。於是，德國範圍內的左派勢力仍然必定在可見的未來停滯在分立分裂的狀態之中：一方面是一個較龐大的勢力：SPD，它尋求以最便利的方式（或是與自民黨結盟、或是與綠黨結盟、甚或是與基民盟結盟）而非最符合意識型態的方式來組織政府，另方面是各個力圖擴大自己勢力以便具有更多談判本錢的勢力，如綠黨、如新社會運動，或者，如PDS。左派在德國，不僅不是相互扶持的，甚且反而是相互競爭對立的。而吊詭的是：這些互相競爭的對手卻都宣稱：它們所要解決的問題正是起於競爭、並且只有經由全體人類的合作才能被解決的。

如果「實際存在的社會主義」確實可以被視爲資本主義胎盤中所孕育的它自己的對立

物，那麼歷史經驗證明，這只是個夭折了的早產兒。但是，如果資本主義終將如一個半世紀之前的預言那樣生產出一個與它自己全然相反的生產方式以便解決它自己所無法解決的困難，那麼，這一次，就需要人們格外加倍的謹慎，需要更多深思熟慮的智慧。

是否能在這個謹慎的行動中提供出最深邃的洞見，是 PDS 乃至所有仍然執迷於社會主義理想的人的唯一機會——儘管是一個現在看來極爲渺茫的機會。

永恆與瞬間

——民主德國歷史簡介

唐再亮

一、引言

一九四五年五月，第二次世界大戰以反法西斯聯合力量的勝利而告終。但戰後不久，就開始了東西兩方對壘的冷戰歲月。德國的分裂隨着冷戰的發展而逐漸發展成爲至少在當時看來是難以更改的歷史現實。冷戰在歐洲乃至世界範圍內給共產主義思想帶來了付諸實踐的機會；而德國的分裂則給德國，這個馬克思主義的故鄉帶來了馬克思主義的實踐。這一切都給歐洲戰後四十年的歷史打上了烙印。對歷史來說，這可能只是一瞬間；但對很多個人命運來說，則是很長的時間甚至是永恒。溫故而知新，在這段歷史已成爲過去的今天，如果我們能努力儘量客觀地看看這一段歷史的話，那麼我們所能得到的，可能不僅僅是對這段歷史的初步的理解；它也將幫助我們在一定程度上理解世界的今天和明天，因爲今天和明天畢竟不可避免地帶著許多昨天的烙印。

在這篇短文裏，我把民主德國的歷史分成下面幾個階段一一加以敍述：民主德國的建立：一九四五年—一九四九年；德意志民主共和國的「社會主義建設時期」：一九四九年—一九六一年；民主德國的穩定時期：一九六一年—一九七〇年；作爲社會主義大家庭中的一員的民主往日：一九七一年—一九七六年；在穩定和危機的夾縫中：一九七六年—一九八一年；從僵化走向崩潰：一九八二年—一九八八年；一場夢幻的終結：一九八九年。

在開始正文之前，我想簡單解釋一下下面兩個概念：在一九四九年以前的德國土地上建立的兩個德國的全名爲德意志聯邦共和國和德意志民主共和國。前者簡稱聯邦德國或西德；後者簡稱爲民主德國或東德。在本文中，我使用聯邦德國和民主德國這兩個簡稱。

二、民主德國的建立：一九四五年—一九四九年

一九四五年四月，蘇美兩軍於奧德河畔會師。四月三十日，納粹元凶希特勒自殺身亡，之後，蘇聯紅軍攻入柏林。五月八日，德國法西斯正式宣布投降，第二次世界大戰以盟軍的勝利而結束。

但是，在戰爭結束以後，各盟國追求的目的並不相同。就蘇聯來說，在第二次世界大戰期間，蘇聯曾多次修改其對德政策。一九四三年十一月的德黑蘭會議和一九四五年二月蘇美英雅爾塔三方會議中的一年多中，史大林總是在分割德國和保持統一的德國然後提出強硬的和平條件二者之間舉棋不定。戰爭結束後，蘇聯的對德政策有兩個出發點，一是要徹底鏟除德國的納粹和軍國主義政權以及摧毀德國的戰爭機器；二是爭取得到盡可能多的戰爭賠款。毫無疑問,因爲蘇聯在戰爭中受的損失最爲慘重,所以它提出這樣的要求也是有其合理性的。從鏟除納粹的想法出發，蘇方的長期目的當然是要將德國納入自己的勢力範圍。蘇聯認爲只有這樣才能徹底杜絕法西斯主義死灰復燃，因爲法西斯主義是資本主義發展的必然結果。

基於上面兩點考慮，戰爭勝利後蘇聯必須修改自己的政策。最初，蘇聯對分割德國是持保留態度的。這裏的原因有三點：第一、蘇聯對西部被美國占領的魯爾區的煤感興趣；第二、從戰略角度看，爲了能盡量擴大自己的勢力，也需要保留一個完整的德國；第三、蘇聯在大戰結束後需要時間從事經濟建設，所以竭力想避免給人留下它在進行擴張出口共產制度的印象。這就導致了一九四五年五月八日德國投降後蘇聯首先想在不分割德國的基礎上解決德國問題的設想。

這是蘇聯對德國問題的打算。就蘇占區的情況來看，那裏的經濟情況總的來說並不是很壞，整個工業被破壞的情況遠不像人們預料得那樣嚴重，亦有足夠的勞動力。蘇占區的最大的問題在於交通系統的破壞和經濟發展的不平衡：蘇占區缺乏礦產資源和重工業的發展基礎；而且戰爭賠償大大加大了經濟發展的難度，到一九四六年年底爲止，蘇聯拆走了德國的一千多家工廠，幾乎所有的雙軌鐵路都被拆走一軌，鋼鐵企業的百分之八十，水泥生產的百分之三十五被蘇聯作爲戰爭賠償拆走。

在農村，蘇占區開始了反法西斯民主改革和土地改革。一九四五年九月八日德國共產黨中央委員會作出了將大地主的土地分配給農民的決定。這爲日後建立共產制度打下了基礎。在進行土地改革的同時，德共開始了工業的國有化。由此，人們可以看出，在經濟這一層面上，蘇占區的發展很快就爲社會主義制度的建立打下了基礎。

從政治發展的層面來看，如果說戰後初期在蘇占區通過傳統政黨的重建還有發展多黨制民主制度的可能的話，那麼這種可能就隨着一九四六年四月德國社會主義統一黨的建立而破滅了。

這裏，我想簡單敘述一下德國社會主義統一黨的建立暨德國共產黨和蘇占區中的社會民主黨的合併這一歷史事件。

鑒於一九四五年十一月共產黨人在匈牙利和奧地利大選中失敗的事實，德共也擔心會遭到同樣的命運，因此急於想在四六年的大選到來之前實現和社會民主黨的合併，這樣德共內部對合併問題就達成了共識。但社會民主黨內爭論卻很大：有些人認爲法西斯政府之所以能上臺的一個重要原因就是因爲左翼力量不團結，因此贊成和德共的合併；但另一部分人則對蘇聯占領軍親德共而排擠其它民主力量的作法表示不滿，同時對德共是否眞正有興趣實現社會的民主化表示懷疑，因此對合併持謹愼態度。西占區社民黨領袖庫特・舒馬賀說服了西占區的社會民主黨的地方領導人堅決不和共產黨人合作。這同時也爲日後冷戰中雙方的敵對打下了基礎。但蘇占區的社會民主黨的領導人不願意也不能夠接受西占區領導人的這種觀點。他們身在蘇占區不能不考慮蘇聯占領軍的想法，而這時蘇聯占領當局正在加大對社會民主黨人所施加的壓力。

在這種情況下，一九四五年十二月二十日至二十一日在柏林召開了由來自蘇占區的各三十位德國共產黨和德國社會民主黨的代表參加的「六十人會議」。這時的社會民主黨人還懷有誠心，但兩黨統一後，社會民主黨人的政治活動空間也就不復存在了。

三、德意志民主共和國的「社會主義建設時期」：一九四九年—一九六一年

一九四九年十月七日，「德意志人民參議院」作爲「臨時國民議會」在東柏林舉行集會並宣布在蘇占區的領土上建立德意志民主共和國；集會還通過了新的憲法。在此之前，在美、英、法占領的西區，已成立了德意志聯邦共和國。這裏値得注意的是，從表面上看，民主德國的成立是對在西區成立聯邦德國的回答。但事實確非如此簡單。從四七年開始，東西對壘的局面卽開始嶄露頭角，蘇美兩國已開始爭取將各自占領區的德國領導集團納入自己的影響範圍，以便爲日後的歐洲力量的再分配贏得籌碼。因此，兩個德國的成立，標誌着德國的分裂，同時也標誌了東西方對抗時代的到來。

十月十一日，「臨時國民議會」和新選出的州議會選舉威爾海姆・皮克爲民主德國國家總統；十二日選舉前社會民主黨人澳托・格羅特沃爾爲總理，社會統一黨人瓦爾特・烏布列希特、基督教民主聯盟成員澳托・奴施克和自由民主黨人賀爾曼・卡斯特納爲副總理。表面看來，在第一屆民主德國的政府中各黨都有自己的代表，但眞正權力已掌握在社會主義統一

黨手裏。在基民盟和自由民主黨中是否參加政府的問題曾引起了很大的爭執，以奴施克爲首的基民盟領導階層認爲，參加政府將能擴大自己對民主德國政治發展的影響，並以基民盟已取得外交部長一職爲佐證。但人們很快發現，社會統一黨並無眞正的興趣實現多黨民主制，而是在盡一切力量擴大自己的勢力範圍。

這樣，一九四九年的民德憲法很快就被架空。一九四九年的民德憲法中還有很多威瑪共合國留下的影子：它規定德國應成爲統一的德國。新的憲法規定國民議會爲民主德國的最高權力和行政機構，這實際上是背離了民主政治中權力分立的原則，爲日後的一黨專制打下了基礎；但另一方面，四九年的憲法也規定了將舉行普遍、平等、直接和秘密的選舉。從這一點上可以看出，這本憲法中，畢竟還保留有一些民主政治的影子。值得注意的是蘇聯對民主德國建國的表態：史大林認爲民主德國的成立是「歐洲歷史的轉折點」。當然，沒有莫斯科的支持就不可能有民主德國的成立。反過來看，民主德國的成立說明，隨着冷戰的發展，蘇聯已經認識到，要想將全部德國納入自己的勢力範圍已不復可能，只得退而求其次了。

從社會統一黨和民主德國領導集團這方面來看，二者從其脫胎之日起就和蘇共有着千絲萬縷的聯繫：一九四九年九月民主德國正式成立前，德國社會主義統一黨的主要領導人，政治局委員皮克、格羅特沃爾、烏布列希特和郁爾斯納曾在莫斯科逗留了兩個月並和蘇共逐條商討了成立民主德國的有關事宜。這表明，在德國社會主義統一黨內已就全面執行親蘇路線達成了共識。

但這時德國社會主義統一黨所宣布的正式目標還是：德國社會主義統一黨致力於德國的統一；民主德國的建立只是對聯邦德國的建立的反應而已。有趣的是，聯邦德國的各政黨在這一點上的說法和民德社會主義統一黨的口徑是一樣的，大家都堅持統一德國的原則，但都認爲自己的國家是將來統一的德國的出發點。

事實上冷戰的不斷發展加劇了兩個德國的分裂。在總書記瓦爾特・烏布列希特的領導下，德國社會主義統一黨很快變成了一個眞正的史達林式的黨：對內，黨內民主變成一句空話；對外，一黨專政占了上風。

爲了穩定對國內的統治，社會主義統一黨很早就開始籌建一套龐大的情治系統。一九五〇年一月八日，民德人民議會決定成立「國家安全部」。在以後的四十年裏，「國家全安部」雖然從法律規定上來說，是政府的一個部，但卻不受政府的領導，而只受社會主義統一黨中央政治局的直接領導。

一九五〇年十月的人民議會選舉，對民德日後政黨組織的發展，有着舉足輕重的作用：這次選舉以後，各民主黨派就一步步失去了自己的獨立性，成爲了社會主義統一黨手下的棋子。社會主義統一黨雖然名義上還奉行民主集中制的組織原則，但實際上已成了中央集權，少數人說了算的黨。從一九五〇年開始，社會主義統一黨就開始了一次又一次的清黨運動。

一九五〇年七月，烏布列希特在社會主義統一黨的第三次代表大會上宣布經濟工作是一切工作的重點。這時候的烏布列希特已是社會主義統一黨中的一號強人，並被選爲總書記。在這次會議上，還通過了一九五一—一九五五年的五年計劃。它規定，在這五年中，要把生產水平提高到戰前一九三六年的兩倍。在經濟發展問題上，民主德國建國以後，社會主義統一黨就提出了進行社會主義建設的口號，並認準了蘇聯史達林式的經濟建設方針：在所有制的問題上，民主德國堅持實行「全民所有制」；在經濟發展戰略上，實行計劃經濟和集中精力發展重工業。

一九五〇年九月，民主德國加入了經濟互助會（經互會），這就大大加強了和蘇聯及其它社會主義國家的經濟關係。一九五〇年和一九五五年間，民主德國和社會主義國家間的貿易額增加了三倍；到一九五六年，和東歐集團的貿易已占了民德外貿總額的四分之三。

在建國的頭幾年裏，儘管沒有像美國給聯邦德國的馬歇爾計劃式的援助，民主德國的經濟建設還是取得了一定的成功。但是時間越長，兩個德國之間的經濟上的差距就越大。這個問題，在整個民主德國的發展歷史上，都沒能得到解決。

一九五六年二月蘇共二十大以後，蘇聯開始了反史達林化運動。在烏布列希特領導下的民德也隨後進行了反史達林化運動。但實際上，民德只是很表面化地反了一下個人崇拜和恐怖手段，史達林式的統治結構卻日趨穩定。前面所提到的農村集體化過程更從經濟上促進了這一過程。

一九五六年三月民德社會主義統一黨第三屆代表大會作出了竭盡全國力量發展經濟的決定。但在此後的幾年內，由於其政治制度所帶來的弊病，使得經濟的發展不能令人滿意，這就造成了國民的不滿，由於不滿又形成了人員，特別是專業人才的外流。一九六一年八月十三日社會統一黨和民主德國政府決定嚴密封鎖民主德國和聯邦德國的邊境，並在東西柏林之間建起一道水泄不通的界牆，這就是後來舉世著名的柏林圍牆。

四、民主德國的穩定時期：一九六一年——一九七〇年

民主德國自稱是「德意志土地上的第一個工農國家」，但民主德國的國民深受西面聯邦德國的影響。所以它從建立之日起就致力在經濟領域裏超過自己政治上的對手聯邦德國；同時，民德依賴蘇聯進入東歐集團，社會經濟基礎較爲發達卻受更落後的蘇聯的影響，所以從

這一方面講，民德也努力想成爲社會主義國家經濟建設的一面旗幟。

一九六一至一九七〇年這一時期是民主德國社會、政治和經濟相對穩定和發展時期。在反史達林化運動結束以後，民德社會主義統一黨逐步認識到了發展經濟的重要性，並把建設的重點轉移到了經濟建設上來。在這一個十年裏，民主德國逐步發展成爲社會主義國家陣營中經濟效率最高、技術相對發達、發展最爲成功的工業國家，儘管矛盾重重卻還相對穩定。

這樣一種發展是有它的內在原因的。一九六一年柏林圍牆建成以後，民德老百姓的心理發生了變化。外流既不復可能，很多人就開始安下心來在這樣一種社會中生活。外在的原因是赫魯曉夫在六一年十月蘇共二十二大以後開始了又一輪反史達林化運動。在這種背景下，民德社會主義統一黨不得不在一定程度上放鬆了一些對內的控制，而這種相對的寬鬆對經濟建設是有促進作用的。隨着經濟發展日見成效，人民生活也有了一定的進步。

一九六三年一月，社會主義統一黨召開了第六次代表大會，會上通過了新的黨的綱領。新的綱領主要有三個重點：重申德國社會主義統一黨爲馬克斯主義、列寧主義的黨；強調了建設社會主義的重要性；最後，新的黨章規定，德國社會主義統一黨的最終目的是重建統一的德國。這說明，到此爲止，德國的分裂雖然已成爲歷史的事實，但雙方都還沒有從理論上放棄統一的可能。

社會主義統一黨六大以後，一批各行業的專家們進入了黨和國家的領導階層，這一方面說明社會主義統一黨的人事制度開始有了變化，另一方面也說明了社會主義統一黨從事經濟政策的決心。

在這十年裏，從形式上講，民德的各「民主黨派」還在繼續存在，他們的領導人都還在國家機關中擔任職務，但他們事實上都已失去其獨立性，他們所能做的，只是去忠實地執行社會主義統一黨中央的決議。在發展經濟的同時，社會主義統一黨並沒有放棄對社會生活的所有重要領域的控制。一九六二年到六三年間，民德的政治民主生活曾有過一段較爲寬鬆的時間，到了一九六五年，就又收緊了。

一九六七年的社會主義統一黨第七次代表大會再次強調了發展經濟和科技，強調了發展社會生產力的重要性。這時的民德社會主義統一黨擁有一百八十萬黨員，其中知識份子佔的比例遠高於知識份子佔國民的總比例，而領導階層越高，知識份子的比例就越高，在這一點上，民德社會主義統一黨明顯有別於很多發展中國家的共產主義政黨。

在這十年裏，社會主義統一黨一再強調民主集中制的原則，但民主一詞逐漸成爲一句空話，社會主義統一黨對一切的指令性的集中領導佔了上風。

由於民德經濟的發展和別的社會主義國家相比相對地富有成效，民德成了社會主義集團中的第二強國。這一地位增強了社會主義統一黨的領導人的自信心。烏布列希特這時甚至想從蘇聯的影響裏解脫出來。民德領導人認爲，民主德國已成了社會主義工業化的樣板；民主德國的發展證明，馬列主義理論也適用於高度發達的社會主義工業化國家。他們還表示，民主德國願意幫助其它國家實現這一目標。這實際上就是說，民德領導人想和「蘇聯老大哥」平起平坐了。蘇聯領導集團當然不能容忍民德領導集團的這種爭權和離心傾向，德蘇關係不可避免地出現了緊張。一九七一年，在民德掌握了二十五年大權的社會主義統一黨第一書記、國家主席團主席、國防委員會主席烏布列希特的去職就是這一發展的結果。

在內政上，社會統一黨雖然在經濟建設上取得了一定的成效，但也碰到了很多問題。其中最根本的問題是，如何解決發展經濟和穩定自己的權力之間的矛盾。

在這十年中，民主德國在對外政策方面也有重大突破。隨着民主德國在經濟領域中的不斷發展，它在國際上的威望也越來越高。到六十年代中，承認民主德國的只有十二個社會主義國家；到六十年代末，由於民主德國在阿拉伯國家和以色列的衝突中堅決站在反以色列陣線一邊，所以得到了許多阿拉伯國家的承認。但由於民主德國和聯邦德國之間的關係沒有解決，所以它還沒有得到國際社會的廣泛承認。

在兩德關係問題上，民德社會主義統一黨一直到一九六六年還堅持統一的德國的原則。

但事實上，兩個不同的德國的存在已早成爲歷史的現實。

一九六六年，社會主義民主黨和基督教民主聯盟在聯邦德國組成了大聯合政府。在此之前的聯邦德國政府一直執行了一套僵硬對立的東方政策，這就使得以前的民德政府有機會以緩和的使者的面目出現，把兩德之間的緊張局面歸罪於西方。但當一九六六年聯邦德國大聯合政府開始執行一套比較現實和靈活的東方政策後，民主德國在兩德問題上的主動地位很快就轉爲被動。民德的領導人們被迫重新認識歷史發展，調整兩德關係政策。

一九六七年五月，民德總理斯多夫建議兩德就有關問題進行談判，聯邦德國政府一反常態同意了這一建議，由此第一次在事實上承認了民主德國的存在。此後，聯邦總理勃蘭特認識到，如不考慮到民主德國的存在就無從實現緩和和保障和平。在這一背景下，兩德開始了直接對話。一九七〇年聯邦總理勃蘭特和民德總理斯多夫在民主德國的愛爾富特進行了會談。在這次訪問中，勃蘭特受到了民主德國居民的熱烈歡迎。本國國民對西邊「資本主義德國」來的客人表現得如此友好，使民德領導人深感不安，一九七〇年三月在聯邦德國的卡塞爾舉行的兩德總理第二輪會談上，民德總理斯多夫遂提出，不存在什麼「德國內部的談判」，兩德間的承認是「國際法意義上的一國對另一國的承認」。從這個例子上我們可以看到，民德的對聯邦德國的政策常常是受到其內政發展的左右，是其內政的一面鏡子。

一九七〇年，聯邦政府在勃蘭特的領導下在對蘇聯和波蘭的政策上取得了重大突破。這使得民主德國在外交上一步步陷入困境。外交上的失利，經濟發展中出現的問題，再加上蘇聯對烏布列希特離心趨勢的不滿，最終導致了一九七一年五月烏布列希特的去職。

五、作為「社會主義大家庭」中的一員的民主德國：一九七一年—一九七六年

一九七一年五月，在社會主義統一黨中央委員會第十六次會議上，烏布列希特出人意料地請求社會主義統一黨中央委員會基於「年齡原因」解除他所擔任的社會主義統一黨中央第一書記的職務，並提議埃里希・何內克繼任社會主義統一黨中央第一書記。和以往一樣，社會主義統一黨中央委員會一致通過了這一提案。但這一次人事變動決不是一次簡單的人事變動，而是民主德國的一次戰略調整。隨着烏布列希特的去職，民主德國的發展進入了一個新的階段。在新的總書記何內克的領導下，民德社會主義統一黨重新確認了蘇共對社會主義陣營的絕對領導和蘇聯模式的絕對正確性。這樣，民德又建立起了五十年代那種對蘇聯的絕對依附關係。

在這一段時期裏，民德政府大幅度調整了自己的對內對外政策。在對外政策上，蘇聯開始實行緩和政策，以保障和平；民德爲了緊跟蘇聯，亦不得不開始實行一種較爲溫和而求實的外交政策。在對內政策上，民德領導集團逐漸看到，儘管和社會主義陣營中的其它國家相比，民德的經濟發展是比較成功的，但民德居民比較的參照對象不是其它社會主義國家，而是西邊的另一個德國，而和聯邦德國相比，民主德國就顯得落後了，而且發展趨勢是這種落後還在不斷擴大。這就導致了民德國民對政治經濟發展的不滿。爲了改善這一局面，民德政府對內政進行了較大幅度的調整：一九七一年七月，社會主義統一黨在東柏林召開了第八屆代表大會。會上，何內克宣布：社會主義統一黨今後的任務將繼續是「不斷提高人民的物質和文化生活水平」。在此之後，社會主義統一黨在經濟政策上，加強了消費品的生產和改善了社會福利；在政治層面上，開始比較注意基層對政治發展的看法，允許基層在一定程度上對政治決策發表意見。當然，在本質上，社會主義統一黨堅持自己對所有政治、經濟領域中的領導地位，黨的領導集團抱着自己的特權不肯放棄。它雖然容忍某些變化，甚至推動了某些改革，以穩定自己的統治基礎，但在關鍵問題上，還是堅持着「雷池不可逾越」的原則。何內克甚至在一九七四年表示：「隨着民主德國社會主義社會的發展，社會主義統一黨所扮演的角色還將不斷得到加強。」

在對歷史問題的處理上，何內克竭力淡化人們對烏布列希特年代的記憶。這一點，在一九七三年烏布列希特死後表現得更爲明顯。這一作法具有內政、外交兩方面的意義：在內政這個層面上，是想使國民忘記掉五十年代社會主義統一黨在烏布列希特領導下實行史達林式的高壓恐怖統治的做法；在對外政策上，是想向蘇聯表明，新的社會主義統一黨的領導集團將不會繼承烏布列希特的離心做法，而是徹底臣服於「老大哥」。

一九七四年，民主德國國民議會修改了一九六八年的憲法。引人注目的是，新的憲法中去掉了一切有關統一的字眼。這一事實表明，民主德國的領導階層到這時已認識到，建立統一的社會主義的德國的設想已不再現實；不僅如此，東西兩方的發展所帶來的差異使得民主德國的國民人心思外，現在的問題是如何把和聯邦德國有關的聯想從人們的大腦中驅逐出去。

從一九七一年社會主義統一黨第八次代表大會到一九七六年社會主義統一黨第九次代表大會這一段時間裏，社會統一黨把很大一部分精力放到了鞏固自己的統治地位上。爲了達到這一目標，它需要一套等級森嚴的黨的機器和「鐵的紀律」。

在這一段時間裏，各「民主黨派」雖然也繼續參與民主德國的社會政治生活，民主德國人民議會的議員也是通過選舉產生，任期四年。但事實上，社會統一黨控制和操縱了整個社會。

在這一段時間裏，社會主義統一黨本身的領導成員的組成成份也有了相應的變化。六十年代，進入高層的多是技術官僚型的專業人員；到了何內克時代，專職的黨的幹部得到了更多的晉升機會。但另一方面，社會統一黨的基層幹部的學歷也在不斷提高。

一九七六年五月，社會主義統一黨在東柏林召開了第九次代表大會。這次代表大會通過了新的黨章。何內克在黨內的地位在這次代表大會以後得到了進一步加強。

客觀地講，在一九七一年到一九七六年這一段時間裏，民主德國的經濟有了一定的發展，儘管在世界範圍內出現了經濟和原料危機，但民主德國的經濟在紙面上還能避免失業並能保證基本食品物價的穩定。然而，這種發展只是表面現象，事實上，民德經濟的發展和世界先進國家的差距是越來越大。這裏可以看到筆者在本文中已多次談到的民德經濟的兩面性：一方面，經過多年的發展，民主德國變成了社會主義陣營中經濟最爲發達的國家；另一方面，由於民德經濟和西面的聯邦德國的經濟相比非常落後，就導致了國民的不滿。這種不滿到了七十年代中期以後已經達到了無法輕易壓制的地步。

六、在穩定和危機的夾縫中：一九七六年——一九八一年

如果說何內克在自己掌權的前五年裏，即在一九七一至一九七六年還能保證民主德國政

治社會制度的相對穩定的話，那麼在七十年代中期以後，社會各領域中的危機就已經逐漸暴露出來了。

造成這種局面的原因是多方面的：從經濟方面講，七十年代世界經濟危機的後果這時也影響到了民德經濟的發展；由於何內克上臺時作出了許多發展經濟和改善人民生活的許諾，這時的失望就顯得更爲突出。從政治層面來看，一九七五年開始，社會主義統一黨放棄了七十年代初何內克上臺伊始所執行的比較務實和自由的文化政策，而重新轉向文化高壓統治。當然，這時社會主義統一黨的手段有所改變，很多不受執政者歡迎的藝術家和作家這時被獲准移居西方。在國民中，一九七五年赫爾辛基歐洲安全會議以後，由於受到緩和政策的影響，對民主、人權和旅行自由的要求越來越強烈。經濟上和政治上的雙重失望導致了不滿，而這種不滿正在不斷加強。

社會主義統一黨的領導階層很快察覺到了這一危險的發展趨勢。對於社會主義統一黨來說，這是一種進退維谷的局面：一方面，爲了穩定自己的政權，社會主義統一黨必須在一定程度上顧忌國民的想法，但當國民的想法對領導階層的利益構成威脅時，當權者們便轉向高壓手段，以保護自己的利益不受影響。這是一種危險而又缺之不可的權力機制。

一九七六年以後，社會主義統一黨恰恰就走入了這一惡性循環。國民中對政治的不滿，這時已波及到了社會主義統一黨內部。七十年代中期，在社會主義統一黨基層，出現了廣泛的關於「歐洲共產主義」的討論。爲了鞏固自己的統治，社會主義統一黨在第九次代表大會以後開始了一場大規模的全黨大學習運動。這實際上是一次強化意識形態的運動，其目的是將黨員的思想重新扭回蘇聯式的社會主義的軌道上來。

一九七九年十月，民主德國慶祝建國三十周年。社會主義統一黨中央藉此機會不惜篇幅地宣傳黨的歷史，並希望通過這一活動來證明社會主義統一黨的合法性。

一九八一年四月，社會主義統一黨在東柏林舉行了第十次代表大會。這次大會再次重申了社會主義統一黨的總路線：「對內實現經濟政策和社會福利政策的統一；對外堅持維護和平的政策和發展和蘇聯的友好關係」。民德社會主義統一黨十大以後，社會主義統一黨一方面努力完善黨的統治機器，另一方面更加注意對其它「民主黨派」和羣衆團體的控制，政治上日趨僵化。

在兩德關係上，民主德國這時採取了比較務實的策略。儘管困難重重，兩個德國間各個層面上的交流在這段時間裏還是得到了很大的發展。雖然政治上的分裂已成事實，但雙方的交流卻能加強相互間的了解，使得兩邊的人們不至於過於疏遠。從今天的角度看，這一作法對後來的發展是很有利的。

七、從僵化走向崩潰：一九八二年——一九八八年

八十年代初民主德國政策的三大重點是：保證體制的穩定、爭取更多的外交上的成果和改善與聯邦德國的關係。

一九八一年社會主義統一黨十大以後，社會主義統一黨只看到了自己的權力和特權而沒有能夠正視社會現實，不願通過深入的改革來解決日益嚴重的經濟和社會問題。但是，要想維護一黨專制，就必須建立一支龐大的黨的幹部隊伍，但這又會對經濟帶來不利的影響；經濟發展的失利會導致國民對執政黨的不滿；爲了對抗這種不滿，又必須擴建黨的機構。八十年代初的民主德國，正是深深陷入了這樣一個魔圈。幾十年一黨專政和計劃經濟所造成的陳痾已深，到了非動大手術無法解決的地步。

國際形勢的發展，特別是社會主義陣營內部發生的變化也使得舊的招數不再靈驗了。由於民主德國和蘇聯之間存在着千絲萬縷的聯繫，所以蘇聯領導階層中在八十年代初以後發生的巨大變化不能不給民主德國的發展帶來很大的影響。特別是一九八五年戈巴契夫上臺以後，社會主義統一黨的領導階層就遇到了很頭疼的問題。以前，何內克自掌權以來，歷次

都是緊跟莫斯科路線的，那時在民主德國流行的口號是「學習蘇聯就是學習勝利。」但這一次，他卻看到，改革開放遲早會使他失去手裏的權力和特權，所以社會主義統一黨這時對改革開放持堅決拒絕的態度。社會主義統一黨決定，還要死死抓住史達林式的統治結構不放。對外，社會主義統一黨突然強調起「各國社會主義建設有自己的特點」，表示「鄰居要刷牆，不等於我們一定要跟着刷」。

歷史的發展有時是很具有諷刺意味的。恰恰是自稱爲「歷史唯物主義者」的社會主義統一黨人這時卻忘記了歷史唯物主義中的一條最基本的原則：歷史的發展是客觀的，是不以某一個人或某一個集團的意志爲轉移的。恰恰是由於社會主義統一黨的領導集團不肯放棄史達林式的統治模式，拒絕進行改革，才最後徹底失去了民心，導致了國民和領導集團的決裂。可是，一系列的警告信號都沒有能引起社會主義統一黨領導階層的重視。一九八六年四月，社會主義統一黨在東柏林召開了第十一次代表大會，蘇共總書記戈巴契夫在致大會的賀詞中，曾含蓄地警告社會主義統一黨：「自我批評是一個黨取得成功的必不可少的前提。」何內克對此的回答是：「社會主義統一黨和人民之間的信賴關係是牢不可破的。」從這件事上可以看出，社會主義統一黨的領導集團的設想已是遠遠脫離現實了。

除了政治上的原因，經濟發展的失利也是民主德國社會危機的主要原因之一。當時，外界對民德經濟的發展情況有很多猜測，但人們並不了解具體情況。兩德統一以後，人們從公佈的材料裏看到，事實上，八十年代初，民主德國的經濟就已經處於崩潰的邊緣。一九八一年，民主德國在西方國家的外債高達一百多億美元。國民收入的提高速度，連續數年低於計劃值。面對這種發展，民主德國的知識界甚至社會主義統一黨的基層已經悄悄開始了對改革的討論。一九八三年之後，民主德國內的不同政見者在教會的支持下開始建立統一的組織。這些持不同政見者多是對現實不滿的年輕人，他們以前大多積極參加過和平運動和生態保護運動。

一九八五年三十四位持不同政見者聯名上書，要求言論自由、旅行自由和集會自由等。(但九一年兩德統一後，人們發現，當年三十四人的簽名者中，竟有多人是國安部的線人。由此可見國安部對持不同政見者控制的嚴密程度。)

一九八八年一月的紀念卡爾·李柏克內西和羅莎·盧森堡的遊行裏，持不同政見者打出了李柏克內西和盧森堡的口號：「自由永遠是持不同政見者的自由」。民主德國的情治機關沒有料到國民中的不滿竟會如此快的爆發出來，驚慌之中，再次動用大量軍警對付持不同政見者。在此之後的很短一段時間中，民德政府將數位持不同政見者驅逐到了西方。

八、一場夢幻的終結：一九八九年

但到這時，社會主義統一黨和民主德國國民之間的矛盾已經到了不可調和的地步。一九八九年五月民主德國地方選舉以後，社會政治的發展更顯示了這一矛盾的激烈程度。在這次選舉中，社會主義統一黨有組織，有計劃，大規模地作弊修改了選舉結果。這一做法引起了選民們的極大不滿。在此之後，首先在萊比錫出現了示威遊行。

五月二日，匈牙利宣佈開放匈牙利和奧地利之間的邊境。隨後，近二百民德公民衝進聯邦德國駐奧地利大使館。八月初，百餘民德公民衝入聯邦德國設在東柏林的辦事處。八月十八日，六百多民德公民利用在匈牙利參加「泛歐洲聯盟大會」的機會，繞道奧地利到達聯邦德國。九月十一日，匈牙利官方正式同意所有在匈牙利的民德公民前往聯邦德國；到九月底，就已有兩萬五千餘人通過這一途徑到了西方。此外，從九月十一日起，萊比錫的市民們每星期一定期舉行示威遊行。很多社會主義統一黨的黨員這時紛紛退黨並參加到了遊行隊伍中去。

從夏天起，在很多人設法離開民主德國遷居西方的同時，還有很多持不同政見者不願意離開民主德國，他們要留在國內，改變現狀。這些人這時也開始走出地下活動，公開建立組織。九月十九日，反對派的最大組織「新論壇」正式申請註册，被政府拒絕。直到這個時候，社會主義統一黨還相信能用高壓解決問題。

十月七日，民主德國舉行了建國四十周年的慶典。戈巴契夫也參加了這一活動。在東柏林，戈巴契夫公開表示：「誰來得晚了，生活就要懲罰他。」

十月九日，七萬人參加了萊比錫的大遊行。面對這種情況，政府調集了大量軍警，暴力衝突一觸卽發。但最後，理智佔了上風，經過著名音樂家庫特・馬祖爾等人的努力，促成了遊行者和市政府的對話，一場流血事件這樣才得以幸免。

十月中，社會主義統一黨的最高領導集團終於不得不對政局的發展作出反應：十八日，社會主義統一黨中央委員會解除了總書記何內克的職務。埃貢・克倫茨繼任總書記。但儘管二十三日萊比錫三十萬人大遊行，反對新的、過份的權力集中，克倫茨還是在二十四日被選爲國家主席和國防委員會主席。這說明，民主德國領導階層的政策和現實政治的發展之間的距離是如何的大。

十一月四日，人口爲一百八十萬的東柏林市有一百萬人走上街頭，要求言論自由、新聞自由、移居自由和集會自由。

十一月八日，社會主義統一黨中央委員會舉行會議，改選了中央政治局。

九日晚，民主德國政府宣佈：立即開放民主德國和聯邦德國以及東西柏林之間的邊境。柏林街頭人羣雀躍，幾十萬人連夜走上街頭慶祝。

十一月十三日，民主德國國民議會選舉漢斯·莫德羅爲部長會議主席。

邊境開放以後，民主德國的公民有機會到了西方。他們看到了聯邦德國的生活水平和政治發展情況，這時，統一的想法就取代了對民德社會進行改革的願望。人們認爲，統一是迅速提高生活水平的捷徑。

十二月初，社會主義統一黨召開了特別代表大會，會上，格里高·基希當選爲新的總書記；社會主義統一黨宣佈放棄黨的領導。

一九九〇年二月，社會主義統一黨改名爲「民主社會主義黨」。

三月十八日，民主德國舉行了四十多年以來的第一次自由大選。基督教民主聯盟取得了大選的勝利。四月十二日，民德基民盟主席路塔·狄米傑當選爲新的民主德國的政府首腦。四月十九日，狄米傑在他的政府工作報告中表示「將儘快實現德國的統一」。

七月一日，民主德國和聯邦德國成立了經濟、貨幣和社會聯盟。七月六日，兩德就統一問題在東柏林開始進行談判。

九月十二日，蘇美英法四國外長和狄米傑在莫斯科簽定了「關於最後解決德國問題的協議」，按照這一協議，統一的德國將全面行使自己在內政和外交上的主權。

九月二十七日，兩德的社會民主黨宣佈合併。

十月一日，兩德的基督教民主聯盟宣佈合併，狄米傑當選爲全德基民盟副主席。

十月三日，兩德統一。民主德國的歷史劃上了句號。

九、結束語

德國統一到今天只有一年半的時間，要想對這一歷史發展階段做出一個比較準確客觀的評價，目前還爲時過早，因爲對歷史事件進行評價的前提是評價者和被評價的事件之間要有一定的距離。所以，這裏我只能從今天看問題的角度出發，談幾點淺見。

第一、如果我們仔細觀察一下歐洲近十年的歷史發展的話，就知道，德國的統一並不僅僅是，就像很多德國報刊所力圖證明的那樣—德國人民努力的結果。誠然，德國國民對「現實存在的社會主義」的不滿和對自由民主的追求是德國發生變化的內因，而蘇聯的變化是外因。但這個外因是起決定作用的，是促成德國歷史發生質變的導火線。德國統一的前提是蘇聯政局的變化和蘇共領導集團人事變動。在這個意義上看，德國的統一不僅是德國歷史發展中，而且是歐洲乃至世界歷史發展中的一個重要事件。德國統一的歷史影響也必須放到歐洲範圍中去考察。隨着德國的統一，歐洲出現了新的勢力劃分。以前的蘇聯現在問題重重，西歐，包括法國，已沒有國家有和統一的德國抗衡的實力。德國成了歐洲沒有爭議的第一強國。這就打破了老的、冷戰時期的力量的平衡。這種新的力量劃分對歐洲的發展有着舉足輕重的影響。在兩德統一之前，歐洲統一化就已開始，當時熱中歐洲統一的德法兩國在力量對比上可說是旗鼓相當，但統一後的德國的力量已超出了法國，這就直接影響了歐洲今後的統一化進程。其次，在東歐發生變化之前，西歐統一的目的之一是建立起一股和東歐社會主義陣營抗衡的力量。這一佈局，目前已不復存在。現在東歐和中歐原社會主義陣營中的國家也積極要求參加歐洲統一的過程。對西歐來講，爲了保證歐洲的平衡發展和保障歐洲長期的和平與穩定，也有必要將原社會主義國家納入統一的軌道。但因爲東西歐幾十年來經歷了截然不同的政治、經濟和社會的發展，所以歐洲統一的任務就更爲艱巨。

第二、有關德國統一的速度的討論。因爲現在發展中的問題很多，所以很多人認爲，統一的步伐太快了，甚至有人說當時應給民主德國兩三年的時間用於發展，然後再談統一問題，這樣，很多經濟問題就可以避免。這初聽起來，並非完全沒有道理。但從另一方面講，在歷史的發展中，很多機會千載難逢，一去不再復返。去年八月蘇聯政變以後，很多人更是看到了前蘇聯發展的不可預測性。從這個角度上講，當時很多人強調時不我待，願意儘快實現統一，也有其合理性。從內因上來看，經過這麼多年的社會主義統一黨的統治，國民已不再願意聽見社會主義這個概念，不管這個社會主義是教條的社會主義還是民主的社會主義。在民主德國剛開始發生變化時，很多人還相信，能把民主德國發展中的一些積極的東西保留下來。他們開始討論，什麼東西值得保留，什麼東西在新的社會條件下有可能保留下來。但邊境的開放突然打開了人們的眼界，大多數國民不僅很快拋棄了社會主義統一黨所推行的「現實存在的社會主義」，而且對有關民主社會主義理想的討論也毫無興趣了，他們相信統一是致富的捷徑，所以統一就成了東邊的民心所向；西邊的國民對統一的代價並不清楚，這樣，統一就成了歷史發展的大潮。

第三、政治法律上的統一固然來的不易，但經濟、社會乃至文化的統一更爲艱難。現在，人們嘗試着把很多在原聯邦德國有效的做法原封不動地照搬到原民主德國去，但這樣做是否可以，是很值得懷疑的。因爲這裏的社會、經濟結構和原聯邦德國的社會、經濟結構截然不同。從政治的層面上看，由於原來民主德國國民對民主制度的誤解，很多強權制度下潛在的矛盾現在都爆發出來了。東歐各國民族主義的大爆發就是一個典型的例子：在原來的制度下，各國的民族政策中都存在着很多問題，但鑒於強大的中央政權的控制，民族矛盾雖然存在，但是沒有爆發出來，在共產主義的歲月結束以後，代之而起的就是民族主義。在多民族國家裏，民族主義的表現型式是分化和獨立，如以前的蘇聯、南斯拉夫、捷克等國。在單民族國家，民族主義就表現爲強烈的排外情緒，如德國。因爲各國經濟發展中出了種種問題，所以民族主義所表現出來的消極後果就顯現得格外明顯。從經濟這個層面看，在德國，社會主義制度所遺留下來的經濟問題遠比人們事先預想的要多得多。兩德的統一雖然結束了一黨制和中央集權式的計劃經濟，但從原來計劃經濟到市場經濟的過渡還遠遠沒有完成。原來的民主德國是東歐集團中工業最發達的國家。但原東歐集團是一套閉關自守的體系，所以民德的工業產品並沒有國際競爭能力。兩德統一後，東德馬克不存在了，原民主德國的企業生產的產品突然變得要用硬通貨來支付了，而東歐國家又沒有足夠的硬通貨。這樣，原民主德國的企業就失去了老的買主，但因爲這些產品缺乏國際競爭能力，所以在西方也找不到新的買主。經濟上失去了舊市場，新的還沒有找到，這就導致了大量失業。另一方面，統一後，東邊的房租、交通費和生活費不斷上漲，這就造成了國民的抱怨和不滿。這種情況，雖然最近開始略有好轉，但要使原民主德國趕上西邊的生活水平，還要較長的時間。

德國的發展證明，政治局勢的發展只是給經濟的發展創造了條件，但經濟和社會的發展比政治的發展更爲困難，它有待於全體國民多年的不懈努力，通向民主富強的路是漫長而艱巨的。

柏林—波昂首都之爭

郭恒鈺

一九八九年柏林圍牆倒了，兩個德國重新統一。一九九〇年柏林—波昂首都之爭，又使統一的德國「一分爲二」。國會議員不分黨派立場，全國上下不問東西南北，不是「波昂幫」，就是「柏林派」；上自聯邦總統，下至販夫走卒，都直接或間接地捲入這場糾紛，參與論戰。自從一九九〇年六月三十日聯邦總統魏塞克揭開論戰序幕，到一九九一年六月二十日聯邦議會表決的這一年中，柏林—波昂首都之爭是一件重大的政治事件。談談這個具有「德意志特色」的首都之爭，對於了解今日德國，不無補益。

一、波昂—「臨時首都」

一九四八年六月，蘇聯對柏林進行全面封鎖。從此東西兩大陣營開始對立，英、美、法三強決定在西佔區成立新的德國政權。同年九月一日，艾德諾任英、美、法西佔區制憲委員會主席。一九四九年五月，該會提出「基本法」，由英、美、法三國軍政府批准後，於五月二十三日公佈實施。

這部「基本法」是「爲了建立過渡時期國家生活新秩序」的「臨時憲法」，其適用範圍以英、美、法三國佔領區爲限。因此，根據「基本法」而成立的「德意志聯邦共和國」（聯邦德國）是一個過渡政權。「基本法」中沒有提及首都問題。戰前的「德意志國」（Deutsches Reich）首都柏林，根據「大柏林管制法規」，由英、美、法、蘇四國共同佔領，不是聯邦德國的構成部分。因爲這個關係，聯邦德國就必須找一個「臨時首都」。

當時法蘭克福呼聲最高，但艾德諾是萊茵人，他痛恨普魯士的柏林，也不喜歡法蘭克福，因爲那裏是「德國社會民主黨」（社民黨）的大本營。艾德諾有意問鼎第一屆聯邦政府總理，必須全力阻止這個「紅色都市」成爲「臨時首府」。一九四九年五月八日，制憲委員會通過「基本法」，兩天後，討論臨時首都問題，並於半夜進行表決：波昂三十三票對法蘭克福二十九票。但是制憲委員會的「首都表決」沒有法律根據，只能算是「民意測驗」。因此，一九四九年八月十四日第一屆聯邦議會選出後，於十一月三日對臨時首都問題再度進行正式表決，結果是：二百名議員贊成波昂，一百七十六名議員支持法蘭克福。艾德諾志在必得，用盡手段；議員受賄之聲，甚囂塵上。新聞媒體，口誅筆伐，聯邦議會也不得不組織專案委員會進行調查。雷聲大，雨點小，沒有結果，不了了之。

十一月三日，聯邦議會投票決定波昂爲聯邦德國的臨時首都之後，全體議員又一致通過一項決議：

「在柏林及蘇聯佔領區實行普遍、自由、平等、秘密、直接選舉的時候，重要的聯邦機構卽遷往首都柏林。聯邦議會在柏林集會。」

此一決議，自從當時全體國會議員一致通過之後，既未修改，亦未收回；歷屆聯邦政府一再強調重申，而且長達四十年之久。一九九〇年十二月二日，在柏林及全德（包括前蘇聯佔領區）舉行普遍、自由、平等、秘密、直接選舉。但時過境遷，統一後的聯邦政府，對四十二年前的國會決議，四十多年以來的政府諾言，死不認帳。根據一九九〇年八月三十一日東西德國簽訂的「統一條約」第二條：「德國首都是柏林」，但這一條的下一句是「議會及政府所在地問題，在德國統一之後另行決定。」這句話是畫蛇添足，那有一個國家的首都是沒有議會和政府的光棍首都?!對於這句「但書」當時東德代表抗議無效，因爲這個時候，柏林—波昂首都之爭已經進入熱戰階段，執政黨還沒有明確態度。

二、柏林—波昂首都之爭

贊成聯邦議會及政府繼續留在波昂的「波昂幫」，由基督教民主聯盟（CDU）的勞工部長卜呂姆和德國社會民主黨議員恩姆克教授帶頭，包括國會議員、部會首長、波昂地方政府、北萊茵·威斯特伐倫邦政府以及販夫走卒。「波昂幫」首先發動攻勢，製造輿論。他們反對柏林爲統一後德國首都的理由有三：

㈠柏林在歷史上前科累累，紀錄不良（普魯士、希特勒）。

㈡「首都」大柏林勢將危害尚未生根的德意志聯邦體制。

㈢搬家要錢——估計約需六百億馬克，聯邦政府銀根吃緊。

贊成「首都柏林」的「柏林派」，缺少地利、人和、利益團體的大好條件，處於劣勢。一九九〇年六月三十日，聯邦德國總統魏塞克在接受「柏林榮譽公民」的儀式上，針對「波昂幫」反對柏林的三點理由，發表了一篇擲地有聲的演講。因爲此後「首都之爭」的雙方論點不超出這篇演講的範圍，値得詳細介紹一下：

㈠在德國的城市中，柏林不是最老，也不是最美的城市，但它是一個開放的、自由的、擁有容忍異己傳統的城市。在二十年代，柏林人爲了建立一個民主的共和國而投入戰鬥。在希特勒統治的年代，納粹黨在柏林所得的選票最低，低於南部。在柏林發生了反對希特勒的抵抗運動，而不是在其他地方。德國在近代史上所犯的錯誤、罪行，由柏林及其市民代罪負責是非歷史的，也是不公平的。

在戰後的四十多年，柏林人民在蘇聯「柏林封鎖」的艱苦無望的日子裏，表現了不屈不撓的抵抗精神，也從而導致聯邦德國的建立。一九五三年六月十七日，在東柏林發生了反抗東德暴政的行動。柏林圍牆築成後，又使柏林站在反共前線，成爲西方世界的自由象徵，正因爲這個關係，美國總統甘迺廸才在柏林圍牆前面高呼：「我是柏林人！」沒有柏林，不會有今天的統一德國。

㈡聯邦憲法以及各邦在憲法中的地位及權力，是聯邦體制的保障。認爲較小的，對整個社會影響不大的城市適合爲聯邦國家首都的說法，是缺少自信的表現。

㈢柏林是德國分裂的象徵，也是德國統一的象徵，只有在柏林才能面對統一所帶來的諸多問題，只有在柏林，東部人民才能認同這個統一的德國，東西德國人民才能眞正地滙合在一起，柏林與四十年來波昂的偏安局面不同。

㈣統一以後的德國變了，歐洲也跟著變了，爲了整個歐洲的安全與和平，爲了東西歐洲今後在各個領域的合作，柏林是一個地處歐洲中間、開放的城市，自由的象徵，可以扮演橋樑的角色。

㈤遷都要錢，但只談錢而忘記了政治上的基本原則，就是沒有政治原則。如果只爲了省錢而留在波昂，德國將來會付出更大的代價。

㈥一九四九年十一月三日的國會決議，從未收回。民主的德國，不能言而無信，失信於民。

總統魏塞克的「柏林講演」引起「波昂幫」的普遍不滿。有些議員認爲總統無權過問「首都問題」，也有人指責總統的「柏林講演」不無企圖影響議會、逾越權限之嫌。無論如何，魏塞克的論點不容忽視。兩本由專家撰寫的、支持波昂爲聯邦德國首都的專書出籠，提出反駁。一本是羅美耳主編的《波昂——德意志民主政治的象徵》（Alois Rummel, Herausgeber: *Bonn-Sinnbild deutscher Demokratie.* Zur Debatte um Hauptstadt und Regierungssitz. Bouvier Verlag, Bonn 1990）。這是一本論文集，由名家執筆，如史學家戈羅・曼（Golo Mann）、史圖沫耳（Michael Stürmer）、費雪（Fritz Fischer）以及布蘭德的前政治顧問哈伯雷賀特（Klaus Happrecht）等人，他們異口同聲反對柏林，贊成波昂。另一本是「波昂幫」的積極分子，也是「理論專家」史密特寫的《柏林——一個重大的錯誤》（Thomas Schmidt: *Berlin-Der kapitale Irrtum.* Eichborn-Verlag, Frankfurt 1991）。這本書是一個人寫的專書，論點比較集中，值得介紹。

史密特認爲，柏林不是德國歷史上的首都，那是普魯士強迫別人接受的，而這個「德意志國」在一九四五年已經消失了。柏林在戰後四十年來的諸多表現，不能引申提出是統一德國首都的當然要求。從歷史來看，柏林是德國在易北河以東殖民化的領土的象徵，也不適合負起東西歐洲橋樑的作用。歐洲國家的各大首都，都是政治、經濟權力過度集中。在德國，民主的聯邦體制尚未生根，不能讓強大的首都給吞掉了。統一後的德國是西部六千萬人面對東部一千六百萬人，沒有必要爲這區區之數遷都柏林，使普魯士的軍國主義再度復活。

總統魏塞克是今日德國受人尊敬的一位政治家，他的特點是，在適當的地方，適當的時間，就事論事，發出與衆不同的逆耳忠言。在上面引述的「柏林講演」中，魏塞克以總統之尊不便指出的是，「波昂幫」的地方利益和私字當頭。

在波昂，今天有四萬三千六百人是公務員或僱用人員，其中有二萬三千五百人在議會及政府機構服務，連家帶小，超過十萬人。遷都柏林，波昂地區房地產勢將跌價，孩子轉學，重新建立人際、社交關係，一動不如一靜。社民黨議員柯什尼克（Hans Koschnick）說，「波昂幫」大多數都在波昂有女朋友，遷都柏林以後多麻煩！每天從萊茵・法耳茨和北萊茵・威斯特伐倫兩邦前往波昂工作的人高達十一萬六千八百多人。遷都柏林，這些人的工作就要發生問題，也將使波昂城每年在經濟上受到二十四億馬克左右的損失。此外，波昂城與聯邦政府簽有「首都條約」（Bonn-Vertrag），根據此約，聯邦政府每年要付給波昂城九千二百萬馬克，用於「首都所需的必要支出」，遷都柏林，這筆大收入就沒了。當聯邦議會於一九九一年六月二十日多數表決柏林爲德國首都以後，波昂城在憤怒之餘，於今年三月初，向聯邦政府提出賠償要求一百億馬克，每年付五億馬克，二十年付清。另外還要求解決一萬二千個工作位置。反對普魯士的軍國主義，維護民主的聯邦體制，都是遮羞布；將國家利益，置諸腦後，一切「向錢看」！

一九九一年六月二十日是聯邦議會表決首都問題的日子。六月初，德國社會民主黨召開黨代表大會，討論首都問題，表決結果，贊成波昂仍爲首都的提案以一票的多數獲勝。這一事實，不僅使社民黨自己，也使其他黨派提高警惕，因爲這不是兩個城市的對決，這種情況不能在六月二十日聯邦議會的表決時重複出現，否則那將是統一以後的再分裂，不能等閒視之。議員中有人提出折衷路線：聯邦議會遷往柏林，政府留在波昂。這個妥協方案不外說明，四十多年的諾言不予兌現，「良心」不安，給柏林一個不太重要的聯邦議會，安撫一下，波昂仍爲首都。社會民主黨建議舉行公民投票，執政黨沒有把握，也害怕失去選民，斷然拒絕。折衷路線和公民投票，在在說明那些操縱國家命運的人民代表，畏首畏尾，左右逢源，拿不出總統魏塞克那樣的道德勇氣，表示明確的意見和堅定的立場。難怪有人在報紙上的讀者投書中嘆息地說：「首都之爭丟盡了德國人的尊嚴！」中東戰爭時就是如此，德國政府怕得罪猶太人，又想與阿拉伯人繼續維持生意關係，最後遭到美、法、英聯合圍攻，才放棄「中立」態度，反對伊拉克的海珊，德國人要八面玲瓏，「我們的朋友遍天下」。

進入六月，「波昂幫」加強「公共關係」，請客送禮，邀請議員遊船，欣賞萊茵河的美好風光，舉辦展覽會，發動四千多人的大遊行，聲勢浩大。波昂一家叫「南極」(Südpol)的啤酒館，高掛告示：「禁止聯邦總統魏塞克入店，拒絕侍候！」

三、首都柏林

一九九一年六月二十日，聯邦議會討論「首都問題」，六百六十二名議員全體出席，一百二十人發言，每人五分鐘。在長達十一小時的辯論中，各家發言不出已知的範圍，了無新意。值得一提的是內政部長邵易伯（基督教民主聯盟，Wolfgang Schäuble）的發言。他首先指出，國會議員不只是對他自己的選區負責，也要代表整個民族。首都柏林，還是波昂，不是這兩個城市的對決，而是一個關係到德國人民未來的問題。首都的選擇，要首先考慮到德國的眞正統一還有待德國人民的共同努力。統一的德國不是西德聯邦的擴大，人們必須接受這一事實，因此，波昂不能一切照舊不變；德國的將來在歐洲，它比西歐大，比統一的德國更大。邵易伯的發言，多次爲掌聲中斷，發言結束後，全體議員起立，報以熱烈掌聲。反對黨社民黨的元老布蘭德（屬於柏林派）第一個走到政府席，向坐在輪椅上的內政部長握手致意，兩人相對無言，盡在不言中。

當晚十時，表決結果揭曉「首都柏林提案」以十八票多數獲勝。議員總數是六百六十二人，投票議員計爲六百六十人，就中一票棄權，一票無效，有效票數是六百五十八張，分佈如下圖：

政黨	柏林	波昂
基督教民主聯盟（CDU） 基督教社會聯盟（CSU）	154	164
德國社會民主黨（SPD）	110	126
自由民主黨（FDP）	53	26
民主社會主義黨（PDS，前身是東德共產黨）	15	2
九〇聯盟(Bündnis 90，前東德民主陣線與西德綠黨聯合)	6	2
合計	338	320

柏林洪堡大學政治系的希特教授，對這

次議會投票進行分析。根據他的研究報告，表決前夕，「波昂幫」佔盡地利優勢，有百餘名議員態度不明。但在議會進行討論期間，「波昂幫」志在必得，毫不妥協的跋扈態度，使贊成折衷方案和猶疑不定的議員倒向柏林，共有八十七人之多。希特沒有提到內政部長邵易伯；他的發言，情詞並茂，眞誠感人，使很多對柏林持懷疑態度的人，堅定了自己。正如邵易伯結束發言時說：「我衷心地請求你們跟我一同投柏林一票！」

在「波昂幫」反對首都柏林的三個理由中，除了遷都費用誇大不實，不足取信外，其他軍國主義、聯邦體制等理由，並非儘是藉口，它也同時反映了德國人對於自己歷史認同的矛盾心情。從意識形態來看，在「波昂幫」中，德國（西部）的左派知識分子又佔多數。

德國人沒有強烈的歷史意識和民族國家意識，也不像英國人、法國人或西班牙人對他們的首都倫敦、巴黎或馬德里具有深厚的歷史情感。

九六二年，奧圖一世加冕爲「羅馬帝國」皇帝之後，德意志人才有了一個「帝國」，但還不是自己的帝國，因爲它包括了意大利和勃艮第兩個王國。到了一四三八年，「神聖羅馬帝國」（一一五七年起，加上「神聖」一字）的統治以德意志王朝的領土爲限，改稱「德意志王朝神聖羅馬帝國」（在中國，那時候已經是大明正統年代了）。但是這個「帝國」只是一塊金字招牌，有名無實；這個「帝國」沒有首都，沒有中央政權，沒有軍隊，沒有稅制，沒有法律，皇帝連一個固定住所都沒有，根本談不上「號召天下」。所謂「帝國」，不過是一千八百多大小領邦各自爲政的割據局面，跟這個「帝國」沒有血肉關係。

一八〇〇年奧法交戰，當法國取得萊茵河左岸的時候，萊茵河左岸德意志的大小諸侯，給法國外長塔列蘭暗送紅包，都想藉此機會擴大自己的勢力範圍，沒人想到「國家」、「民族」利益。一八〇六年，當拿破崙橫掃歐洲，佔領德意志人的帝國的時候，萊茵及南部領邦諸侯又向征服者拿破崙宣誓効忠。一八〇六年，大哲學家黑格爾稱讚征服者拿破崙是超越的「世界精神」，是統御世界的「宇宙之靈」。大文豪歌德也歌頌這位法國皇帝是「神化的英雄」。在歐洲其他國家，這些將是令人費解的罕有現象。

一八七一年，俾斯麥一手建立的「威廉帝國」，實際上是普魯士的擴大，構成這個帝國的其他領邦，特別是西南德國的領邦，並不心服口服，更談不上認同了。威瑪共和國，那是美國總統威爾遜逼出來的，當時的左中右派都不滿意；威瑪共和也是戰敗屈辱、黯然無光的十四年，沒人願意回首當年。至於納粹德國，今天的德國人只有口誅筆伐，誰敢認同?!從德國歷史的發展來看，今天的聯邦德國，與羅馬帝國、德意志王朝神聖羅馬帝國、威廉帝國、威瑪共和以及納粹德國，沒有歷史的連續性。德國人有了自己的「首都」，那是一八七一年以後的事。而這個首都柏林又是普魯士和納粹德國的權力象徵，也與兩次世界大戰和屠殺猶太人有密切關係。具有領邦自主傳統的德國人和西德的左派知識分子，拒絕柏林爲統一德國的首都也就不足爲奇了。

從德國的歷史來看，神聖羅馬帝國時間最長，但有名無實，談不上認同問題。威廉帝國三十七年，威瑪十四年，納粹短命，只有十二年，對這三個德國也沒人願意認同。在第二次世界大戰以後成立的東西德國存在了四十年，在德國人的國家歷史上時間最長。這兩個德國都有自己的意識形態、國家體制、經濟制度、生活方式、價值觀念。因爲統一無望，德國人不得不接受永遠分裂的事實，東西德國人民，不論出於自願還是在無可奈何的心情下，也都接受和認同了自己的「德國」。

一九九〇年八月東德決定根據西德「基本法」第二十三條加入聯邦德國，這並不是聯邦德國的擴大，而是兩個政經體制完全不同的國家及其人民的重新組合。但德國統一是從天上掉下來的，東西德國人民都沒有心理準備。除了在財政上救濟加入進來的一千六百萬東德窮親戚之外，西德堅持一切不變，保持「我們」、「他們」的現狀。東德人民沒法一下子丟掉四十年來的政治、思想包袱，也不想當二等公民，當然拒絕認同這個聯邦德國。

在柏林—波昂首都之爭中，除了地方利益、私心作祟之外，主要是大部份德國人不願接受統一後的德國不是西德聯邦的擴大這一事實。統一後的德國有兩個課題：對內必須謀求德國內部的眞正統一，對外要從整個歐洲來看統一德國的角色與任務，不能還是「從波昂看天下」。

六月二十日，聯邦議會討論「首都問題」，氣氛嚴肅。出席議員沒有黨派之分；「波昂幫」和「柏林派」，雙方發言態度認眞，據理力爭。「首都柏林提案」終以十八票多數取勝；事實勝於雄辯，眞理愈辯愈明。德國的議會政治給人留下了深刻印象。

三民叢刊書目

1. 邁向已開發國家　孫　震著
2. 經濟發展啓示錄　于宗先著
3. 中國文學講話　王更生著
4. 紅樓夢新解　潘重規著
5. 紅樓夢新辨　潘重規著
6. 自由與權威　周陽山著
7. 勇往直前　石永貴著
8. 細微的一炷香　劉紹銘著
9. 文與情　琦　君著
10. 在我們的時代　周志文著
11. 中央社的故事（上）　周培敬著
12. 中央社的故事（下）　周培敬著
13. 梭羅與中國　陳長房著
14. 時代邊緣之聲　龔鵬程著
15. 紅學六十年　潘重規著
16. 解咒與立法　勞思光著
17. 對不起，借過一下　水　晶著
18. 解體分裂的年代　楊　渡著
19. 德國在那裏？（政治、經濟）　郭恆鈺・許琳菲等著
20. 德國在那裏？（文化、統一）　郭恆鈺・許琳菲等著
21. 浮生九四　蘇雪林著
22. 海天集　莊信正著
23. 日本式心靈　李永熾著
24. 臺灣文學風貌　李瑞騰著
25. 干儛集　黃翰荻著
26. 作家與作品　謝冰瑩著
27. 冰瑩書信　謝冰瑩著
28. 冰瑩遊記　謝冰瑩著
29. 冰瑩憶往　謝冰瑩著
30. 冰瑩懷舊　謝冰瑩著
31. 與世界文壇對話　鄭樹森著
32. 捉狂下的興嘆　南方朔著

三民叢刊33

猶記風吹水上鱗

余英時 著

本書以紀念錢賓四先生的文字爲主，賓四先生爲一代通儒，畢生著作無不以重發中華文化之幽光爲志。透過作者的描述，我們不僅能對賓四先生之志節與學術有深入的認識，並對民國以來學術史之發展有一概念。

三民叢刊34

形象與言語

李明明 著

藝術是以形象代替作者的言語，而在形象與言語之外，仍還有其他種種相關的問題。本書作者從藝術與時代、形式與風格、藝術與前衞、藝術與文化五個方面剖析西方現代藝術，使讀者能對藝術品本身及其相關論題有一完整的認識。

三民叢刊35

紅學論集

潘重規 著

本書爲「紅學論集」的第四本。作者向來主張《紅樓夢》一書爲發揚民族大義之書，數十年來與各方學者論辯，更堅定其主張。本書爲作者歷年來關於紅學討論文字的總結之作，也是精華之所在。

三民叢刊36

憂鬱與狂熱

孫瑋芒 著

輕狂的年少，懷憂的中年，從鄉下的眷村到大都會的臺北，從愛情到知識，作者以詩意的筆調、鋪陳豐饒的意象，表現生命進程中的憂鬱與狂熱。以純藝術表現出發，而兼及反應社會脈動，不但樹立了獨特的個人風格，也爲散文藝術開拓了新境界。

三民叢刊37

黃昏過客

沙究 著

「爲樸素心靈尋找一些普通相的句子」沙究在獲得時報短篇小說推薦獎時曾對他的寫作有如是的感言，他的作品就是最好的實踐。本書將帶領您從浮生衆相中探索人類心靈的面貌。

三民叢刊38

帶詩蹺課去

徐望雲 著

我們都或多或少的讀過現代詩，但對現代詩的了解卻很少，於是許多譁衆取寵的文字便假借現代詩的名義出現，讓「詩人」成爲一種笑話。本書以輕鬆的筆調、嚴肅的心情，引導讀者更接近、更了解現代詩。

三民叢刊39

走出銅像國

龔鵬程 著

「有筆有書有肝膽，亦狂亦俠亦溫文」，身處時代之中的讀書人，傾聽時代之聲，即使漠然獨立，又豈眞無關切奮激之情？看龔鵬程如何以慷慨纏綿之筆，爲當今的社會文化現象把脈，提出處斷的良方。

三民叢刊40

伴我半世紀的那把琴

鄧昌國 著

本書爲作者歷年來對工作及生活的感懷之作。作者以深厚的音樂素養和經歷，娓娓細訴生命中的點點滴滴。一把琴，陪伴走過半世紀的歲月滄桑，樂音寄託壯志，也撫平了激越胸懷。

三民叢刊41

深層思考與思考深層

劉必榮 著

本書收錄作者過去三年多在中國時報所發表的社論、專欄，以及國際現場採訪報導。不僅是世紀末的歷史見證，也代表了臺灣新一代知識分子，對國際局勢的某種思考與詮釋。

三民叢刊42

瞬間

周志文 著

在本書蒐集的短論中，作者以敏銳的觀察來分析這個急遽變化的世界，試圖找尋一些既存於人類心靈的永恒價值，這些價值並不因現象世界的崩解而全然消失，反而藉著不斷的試煉、考驗而更具體地存在。

三民叢刊43

兩岸迷宮遊戲

楊渡 著

本書收錄作者對兩岸關係一系列的分析報導。作者以新聞記者敏銳的觀察力，探索臺灣命運與前途，並試圖帶領大家由「統獨」「兩岸關係」的迷宮中走出來。

三民叢刊44

德國問題與歐洲秩序

彭滂沱 著

近一世紀來，德國的興衰分合不僅影響了歐洲的政治秩序，也牽動了整個世局。本書以「德國問題」的本質爲經，以歐洲秩序的變化爲緯，探索一八七一年至一九九一年間德國與歐洲安全體系的關係。

三民叢刊45

文學關懷

李瑞騰 著

本書作者長期關懷文學的存在現象與發展趨向，十年來除學術性論述以外，更不時以短文形式直指文學現實。其所爲文，或論本質、或析現象、或記實踐，上下古今，縱橫馳騁。作者筆意凝練，文風篤實，本書六十幾篇短文皆有可觀者。

三民叢刊46

未能忘情

劉紹銘 著

充實的人生，不必帶有什麼英雄色彩或建立什麼豐功偉績。如果我們遇到難以忘情的機緣時，能夠認識其滋潤生命的價值，人生就不會白活。本書作者即以此爲觀點，記錄人生種種未能忘情的機緣巧遇，文字流暢而富感情，讀來實令人著迷。

三民叢刊47

發展路上艱難多

孫震 著

本書回顧了過去五、六年間臺灣經歷的經濟、政治、社會等種種變局。作者衷心期望臺灣在經濟發展、社會富有之後，能建立一個富而好禮的社會，而不是熱中私利、踐踏他人尊嚴的貪婪社會。

三民叢刊48

胡適叢論

周質平 著

本書是作者最近三年來有關胡適研究的論文集。文中以胡適爲中心，對五四以來科學與民主思潮的內涵進行分析；對整理國故、民主與獨裁等論爭加以探討；並將胡適與馮友蘭、趙元任、魯迅做比較研究。期能爲研究胡適的學者提供一些方便。

三民叢刊49

水與水神

王孝廉 著

從泰國北部的森林到雲貴高原的村落……從漢民族到少數民族，從神話傳說到民俗信仰……行萬里路固然是爲了好玩和興趣，也爲了保存民族文化的精髓。本書爲作者近年來關於中國民族和人文的文字總集，深情與關懷俱在其中，值得細細品嘗。

國立中央圖書館出版品預行編目資料

統一後的德國／郭恒鈺主編. --初版. --
台北市：三民，民81
面；　　公分. --(三民叢刊;54)
ISBN 957-14-1941-9 (平裝)

1. 政治一德國-1949-

574.43　　　　　　81005610

©統一後的德國

主編者　郭恒鈺
發行人　劉振强
著作財產權人　三民書局股份有限公司
印刷所　三民書局股份有限公司
地址／臺北市重慶南路一段六十一號
郵撥／〇〇〇九九九八——五號
初　版　中華民國八十二年一月
編　號　S 74009
基本定價　肆元陸角柒分
行政院新聞局登記證局版臺業字第〇二〇〇號

ISBN 957-14-1941-9 (平裝)